1001 아동을 위한 치료적 활동

2판

1001 PEDIATRIC TREATMENT ACTIVITIES

Creative Ideas for Therapy Sessions

SECOND EDITION

1001 아동을 위한 치료적 활동

2판

1001 PEDIATRIC TREATMENT ACTIVITIES

Creative Ideas for Therapy Sessions

SECOND EDITION

AYELET H. DANTO, MS, OTR/L

MICHELLE PRUZANSKY, MS, OTR/L
Head Pediatric Therapist & Clinical Coordinator
School #19
Passaic, New Jersey

영 문 출 판 사

■ **옮긴이**(가나다 순)

고유정 한영대학교 작업치료과 교수
고주연 대구보건대학교 물리치료과 교수
김미점 충남도립대학교 작업치료과 교수
김한나 Song아동발달센터 작업치료사
박우권 경복대학교 작업치료과 교수
양영애 인제대학교 작업치료학과 교수
윤정애 대전보건대학교 작업치료과 교수
조승현 서울시 강동구 치매안심센터 작업치료사

1001 Pediatric Treatment Activities : Creative Ideas for Therapy Sessions, second Edition
by Ayelet H. Danto/Michelle Pruzansky

The Original English language work has been published
by SLACK, INC.
Thorofare, New Jersey, U.S.A

주의: 이 책에서 설명한 절차와 방법은 각각의 특정 위치에 적용되는 상황에 대해 전문적인 기준 설정에 부합하는 방식으로 구현되어야 한다. 정보의 정확성이 제시된 것을 확인하고 일반적으로 허용되는 관례(practices)와 올바르게 연관이 이루어지도록 모든 노력을 다하였다. 저자, 편집자, 발행인은 오류 또는 포함되지 않거나 여기에 제시된 자료의 결과에 대한 책임을 지지 않는다. 이 책의 묵시적 보증 또는 그것에 의해 전달된 정보는 표현된 것이 없다. 치료는 약물의 선택에 주의하고 투여량은 현재 허용/추천하는 관행에 따른다. 인가되지 않은 약품의 사용은 논의 될 수 있다. 정부의 정책과 규정, 약물 반응과 상호작용의 다양한 효과의 변화에 대한 연구가 계속되기 때문에, 독자는 신규 또는 자주 사용되지 않은 모든 성분과 각 약품에 제공되는 문헌을 주의 깊게 검토하는 것이 좋다.
이 책에 나오는 일부 약품과 기기는 식품의약품국(Food and Drug and Administration, FDA)에 의해 제한된 연구 환경에서 사용이 허가된 것이다. 각 전문가는 어떤 약물이나 기기를 실제로 사용하기 전에 FDA 상태를 확인해야 한다.
특정 회사나 제품의 어떤 평가나 언급은 저자나 출판사(발행인)에 의한 보증 선전 같은 것은 의도된 것이 아니다.

1001 아동을 위한 치료적 활동(개정 2판)

2019년 6월 5일 초판 인쇄
2019년 6월 12일 초판 발행

지은이 : Ayelet H. Danto, Michelle Pruzansky
역 자 : 양 영 애 외
발행인 : 박 병 조
발행처 : 도서출판 영문출판사
등 록 : 1987년 12월 21일 제2-419호
주 소 : 서울시 강남구 삼성동 69-1
전 화 : (02) 514-5590, 776-5590
팩 스 : (02) 756-8943
E-mail : yeongmunsa@empal.com
홈페이지 : www.ymsbook.net
정 가 : 28,000원
ISBN 978-89-7224-451-6 93510

※ 파본은 교환해 드립니다.

헌정
DEDICATION

나의 아버지, Azriel Golowa A "H, 그리고 나의 여동생, Cvora Golowa A" H의 사랑의 추억에서.
그들이 나에게 준 자부심은 영감으로 작용했다.

– *Ayelet*

나의 빛나는 4개의 별들에게: Jason, Samantha, Ally, 그리고 Nicole. 사랑과 함께.

– *Michelle*

차례
CONTENTS

감사의 글
ACKNOWLEDGMENTS

먼저, 우리에게 이 책을 쓸 수 있는 기회와 능력을 주신 하나님께 감사하다.

두 번째는 나의 어머니 Judith Golowa와 그녀의 남편인 Sheldon David, 나의 사위만큼 잘하는 Dr. Joseph와 Marilyn Danto 모두의 지지, 격려 그리고 무조건적인 사랑에 감사하다.

세 번째, 엄마가 원했던 가장 멋진 아이들 Avraham Simcha, Moshe, Sara, Aharon, Nechama, 그리고 Racheli, 너희가 아는 것보다 훨씬 더 사랑한다고 말한다.

마지막으로, 나의 가장 친한 친구이자 파트너인 나의 남편 Netanel의 끝없는 사랑, 성실한 지지와 지혜, 모든 것이 감사하다.

– Ayelet

나를 지지해주고, 믿어주고 항상 그 자리에 있어준 부모님과 사위, Brenda와 Bill wiener 그리고 Amy와 Lawrence Pruzansky에게 감사하다. 당신의 사랑과 인도는 나에게 세상을 의미했다.

나는 또 나를 고무시키고 영감의 원천이 된 나의 모든 동료들에게 감사하다. 특별히 내 생각과 아이디어를 검토하고 심사해준 존경받는 물리치료사 친구 Julie Bergeria와 Maria Fajardo에게 감사하다.

마지막으로, 나의 남편인 Jason과 우리 아이들 Samantha, Ally 그리고 Nicole에게 내 인생에서 가장 소중한 보석인 것에 대해 감사드리고 싶다. 여러분은 나에게 매일 기쁨을 주고, 끝없는 미소를 주며 매일 바쁘게 한다.

– Michelle

저자에 대해
About the Authors

*Ayelet H. Danto, MS, OTR/L*은 폭넓은 진단이 있는 다양한 학교 환경에서 근무하는 작업치료사이다. 그녀는 Yeshiva University Stern College for Women에서 심리학 학사 학위를, Columbia University에서 직업 치료 석사 학위를 받았다. 그녀는 현재 뉴저지주 파사이(Passaic, NJ)에서 남편과 아이들과 함께 거주하고 있다.

*Michelle Pruzansky, MS, OTR/L*은 자폐스펙트럼장애 소아치료를 전문으로 하는 소아작업치료사이다. Michelle은 Yeshiva University Stern College for Women에서 학사 학위를 받았으며 Columbia University에서 직업 치료 석사 학위를 받았다. Michelle은 현재 뉴저지주 베르겐필드에서 남편과 아이들과 함께 살고 있다. 그녀는 뉴저지주 파사이(Passaic, NJ) 19번지의 학교에서 작업치료 실장과 임상 코디네이터를 맡고 있으며 Passaic Regional School의 아동 및 가족과에서도 근무하고 있다.

소개
INTRODUCTION

많은 소아치료사들이 아는 것처럼, 동일한 환경에서 오랜 기간 동안 아동을 치료할 때 새롭고 흥미로운 치료 활동을 개발하거나 발견하기는 힘들다. 효과적인 치료를 위해 치료사는 특정한 장애만 치료해서는 안된다. 따라서 아동의 집중과 흥미를 유지하기 위해서 창조적이고 전략이 많은 기술을 가져야 한다. 이러한 이유들로 이 책이 발간되었다.

역사 *History*

다양한 영역의 치료사들이 공립학교 환경에서 일하는 동안, 우리는 우리 스스로가 반복적으로 같은 활동들을 사용한다는 것을 발견했다. 이것은 치료사에게 끊임없이 새로운 아이디어를 만들어야 한다는 도전이 되었다. 설상가상으로, 많은 아동들은 섹션 이후에 같은 활동에 참여한 것을 언급했다. "우리 이 게임 하지 않았어요?", 또는 "이거 또 해?" 들리는 말은 마음에 드는 말은 아니었다. 새로운 아이디어를 찾기 위한 노력으로 우리는 이 문제를 해결할 수 있는 여러 자료와 책을 조사하였다. 그러나 우리는 특정 치료영역에서 다루는 몇몇 자료를 찾을 수는 있었지만, 소아치료세팅에서 전형적으로 다루는 치료를 전반적으로 보여주는 자료는 찾을 수 없었다.

우리는 소아 치료에 전형적으로 존재하는 치료 영역의 리스트를 만들기 시작했다. 우리는 다양한 지식분야에서부터 다른 치료사를 돕는 각 치료의 다양한 활동과 흥미 있는 활동을 엮어 편집하기 시작했다. 매일 우리는 우리의 리스트에 새로운 활동을 추가하였다. 이 "작은 리스트"에 모든 활동이 들어가기 시작했다. 우리는 이 리스트가 창의적이고 경험이 많은 치료사가 새로운 아이디어로써 도움을 받을 수 있다는 것을 깨닫기 시작했다. 이 깨달음은 우리가 이 책을 써야겠다는 결심을 한 시기이다.

목적 *Purpose*

이 책은 치료사들에게 도움이 되는 치료 지식을 강화시키는 것에 목적이 있다. 이 책은 우리 전문가의 치료 지식을 더해주고, 넓은 영역에서 치료 활동 아이디어에 접근하도록 해준다. 이 책은 어느 소아 치료사가 치료 세션동안에 새로운 아이디어를 찾을 수 있도록 빠르고 간편한 참고나 핸드북이 되도록 만들어졌다.

이 책의 사용방법 *How to use This Book*

이 책은 빠르게 정보를 참고하기 위해 만들어진 경향이 있고, 다양한 주제에 대한 자세한 활동 분석은 제공되어 있지 않다. 이 책은 사용자가 새로운 아이디어에 대한 챕터를 빠르게 찾고 훑어 볼 수 있도록 구성되고 쓰였다.
활동은 신중하게 구성하였는데 가능한 간결하도록 간단한 언어로 썼다.

대부분의 활동들이 짧은 문장으로 설명되었고, 몇몇 활동들은 더 설명이 되어 있다. 또한 이 책에서 많은 활동들이 활동의 설정(set-up)과 의미를 조금 더 쉽게 설명하기 위해 그림을 첨부하였다.

목차와 구성 Contents and Organization

이 책의 정보는 여러 장과 함께 각 7개 세션으로 나누어져 있다. 각 챕터에 대한 정보는 아래와 같다.

- 소개
- 치료 주제에 대한 간략한 설명
- 특정한 기술이 왜 중요한지에 대한 설명
- 특정한 기술이 결여되어 있는 아동을 치료하는 보상적 전략 리스트
- 세부적인 치료 목표를 이루기 위한 치료 아이디어와 활동 리스트
- 치료 목표에 사용될 수 있는 상업적 상품에 대한 예시

일반적으로 치료활동들은 가장 적절한 세션에서 행해진다. 그러나 많은 활동들은 한 번에 하나의 목표보다 더 많이 행해진다. 이러한 이유로 몇몇 활동들은 다양한 세션에 나열되어 있다.

이론의 틀 Frame of Reference

이 책을 만들 때 생체 역학적 이론의 틀과 감각 운동 모델을 포함한 다양한 이론의 틀을 사용하였다(Giroux Bruce & Borg, 2002). 이런 구성의 취지는 많은 다른 영역으로부터 넓고 다양하고 얻기 쉬운 활동을 제공하기 위해서이다. 그러나 이 책의 목적은 이미 정해진 치료 방법을 지시하는 것이 아니라, 더 나아가 다양한 치료 활동에서 치료사에게 필요한 도구를 제시하는 것이다. 각 아동에게 사용할 적절한 이론의 틀은 치료하는 치료사에게 달려있다.

이 책을 이용하는 대상 Who Should Use This Book

이 책은 주로 소아 작업치료사와 소아 물리치료사가 활용하도록 쓰였다. 그러나 이 책은 교사, 심리학자나 다른 아동 교육자에게도 유용하게 사용될 것이다.

이 책에서 제공된 많은 활동들은 아동 치료과정에서 숙련되고 능숙한 지식을 요구한다. 그리고 이런 활동들을 잘못된 방법으로 사용한다면 아동에게 해롭거나 비효과적일 수 있다. 그러므로 이 책을 사용하는 비전문가들은 어떤 활동을 사용하기 전에 물리치료사나 작업치료사에게 상담을 받아야 하는 것이 중요하다. 또한 만약 어떤 활동이 불확실하면 숙련된 소아 작업치료사나 물리치료사와 함께 검토하는 것이 중요하다.

대상자 Populations Intended For

이 책은 넓은 범위의 대상자와 아동 환경에서 일하는 사람들이 사용할 수 있도록 쓰였다. 특별히 이 환경은 소아클리닉, 학교에 기반을 둔 환경, 병원, 가정에 기반을 둔 치료를 포함한다. 이 책을 쓸 때, 소동작과 대동작 지연이 있는 아동, 외상성 손상, 선천성 기형, 출산 전후의 손상, 주의력 결핍 과잉 행동 장애, 주의력 장애, 뇌성마비, 자폐증, 통합 운동 장애, 전반적 발달 장애, 학습 장애, 다운 증후군과 다른 염색체 장애와 같은 다양한 영역의 진단과 상태를 포함하였다.

놀이에 대해 *About Play*

앞에서 말한 바와 같이 특히 장애를 가진 아동을 치료할 때 각 아동은 서로 다른 강점과 약점을 가지고 있고 정형화된 순서에 따라 발전하지 않는다. 그러나 아동에게 기준에 맞는 핵심요소와 관련된 서로 다른 놀이를 사용하는 것은 도움이 된다. 이 책에 들어있는 다양한 놀이 활동은 아동의 나이/발달에 적합한 놀이 활동을 선택할 수 있도록 도와줄 것이다.

Nancy Takata는 Mary Reilly의 지도하에 놀이 시기를 발전시켰다. 그녀는 작업치료사로 작업행동이론의 틀을 개발하는데 중요한 역할을 하였다(Parham & Fazio, 1997).

akata의 놀이 시기는 아래의 설명을 통해 이해할 수 있다(연령 확인은 근사치임, 1974).

- 감각운동 연령 0~2: 혼자 놀기(동료와 상호작용 없음)는 까꿍 놀이, 짝짜꿍 놀이, 제한된 친구, 컨테이너놀이(블록놀이), 물체 탐색, 새로운 운동기술 습득과 간단한 문제해결 및 같은 운동과 감각을 포함한다.
- 상징적이고 간단한 구성 연령 2~4: 상상놀이와 가상 놀이, 혼자 놀기에서 병행놀이로 바뀜(아주 약간의 친구나 친구 없이 놀이를 함). 다른 물체나 상황을 표현하는 간단한 구성을 만드는 것. 등반 및 달리기.
- 드라마틱, 복잡한 구성과 프로그램 연령 4~7: 조금 더 많은 사회적 참여, 협동 놀이(그룹과 활동을 서로 나눠서 함), 일상의 경험을 극적으로 표현하는 드라마틱한 역할극, 사회적 역할, 전래동화와 신화; 손기민성이 필요한 활동 기술; 힘이 필요한 무모한 활동; 야외활동 기술; 구성이 현실적이며 복잡함; 언어적 유머, 운율창작
- 게임 연령 7~12: 규칙이 있는 게임; 규칙에 흥미; 마스터가 역할과 새로운 멤버 결정; 게임에서 위험 부담이 있음; 동료의 상태에 관심; 우정을 나누는 집단이 중요; 스포츠와 공식 그룹에 흥미; 협동 놀이(수준 높은 조직 활동에서 동료와의 협동); 사물, 자연, 공예품에 관심.
- 레크레이션 연령 12~16: 형식적 동료집단 성향, 팀워크, 협동, 규칙존중, 도전적 기술의 게임, 경쟁적 스포츠, 서비스 클럽; 현실적인 구성과제 및 복잡한 조작기술.

그러나 이러한 정보가 도움은 되지만, 아동을 위한 놀이 활동을 선택할 때는 아동이 원하고 선호하는 것을 유지하는 것이 가장 중요하다.

마지막 고려사항 *Final Things to Consider*

- 등급화: 활동 등급은 기술 수준에 맞게 활동의 도전수준을 수정할 수 있는 능력이다. 단계의 몇 가지 방법이 이 책에서 제공되지만, 도전의 적절한 수준을 위한 적합한 등급 활동은 대부분 치료사에게 달려있다. 등급화한 활동은 아동의 여러 가지 강점과 약점과 함께 활동의 여러 구성 요소를 염두에 두고 개별적으로 이루어져야 한다.
- 반복: 기술의 반복적 훈련은 아동의 기능을 향상시키고, 다른 영역으로 기술을 일반화시킨다. 이러한 이유로 인해 다양한 활동과 아이디어는 각 치료 주제에 따라 제공되어야 한다.
- 피로도: 다른 치료 활동에 참여하는 아동을 관찰할 때, 아동의 피로도를 살펴보는 것이 중요하다. 아동에게 너무 어려운 과제를 제공하면 치료적 관점에서 불안정하고 비효율적일 수 있다. 이것은 특히 낮은 근 긴장도를 가지거나 다른 의학적 진단명을 가진 많은 아동에게 적용된다.

새로운 것 What's New

아래의 항목은 1001 아동을 위한 치료적 활동 2판에 추가되었다.

- 50가지 재미있는 활동
- 다양한 활동을 설명하는 70개의 사진 추가
- 보행패턴개선을 위한 새로운 장 제공. 이 장에는 4개의 새로운 챕터가 추가. "발의 아치 증가", "고관절의 외회전 감소", "고관절의 내회전 감소", 그리고 "까치발걷기다루기"가 포함.
- 아동을 대상으로 다양한 기술이 고안된 170개 이상의 치료활동이 포함되어진 아이폰과 안드로이드 앱이 새롭게 추가.

결론 Conclusion

이 책의 초판을 업데이트하고 편집하며 확장하는 데 힘든 작업이었지만 동시에 보람을 가진다. 우리의 동료 임상가들에게 아동치료를 할 때 아동에게 조금 더 재미있는 치료를 제공하고 책에 있는 활동으로부터 유익한 것을 가졌으면 좋겠다. 우리는 제공한 활동을 실행할 때 임상적 추론과 주의사항을 사용하도록 독자들에게 권한다. 우리는 임상가가 지속적으로 획기적인 전략을 사용하도록 장려하고 이 책에서 우리가 무엇을 전하는지 알았으면 한다. 우리는 미래를 위해 노력하는 모든 치료사에게 최고의 행운이 있기를 바란다!

중요한 경고와 한계
IMPORTANT WARNING AND DISCLAIMER

이 책의 저자는 제공된 치료활동들의 사용이나 남용에 대한 책임은 없다. 모든 활동들은 훈련된 작업치료사나 물리치료사의 감독 하에서 제공되거나 이들의 지도를 받아야만 한다. 이 책에 제공된 어떤 활동이라도 시행하기 전에는 반드시 처음에는 의학적 고려사항을 숙지하여야 한다. 추가적으로, 몇 가지 활동은 음식을 사용한다. 음식 활동을 사용하기 전에는 어떤 음식에 알레르기가 있는지 체크하는 것도 중요하다.

또한 장난감이나 물체들이 작은 아동과 신생아에게 질식의 위험이 있다는 것을 인식하는 것도 중요하다. 장난감 크기의 일반적인 규칙은 간단하지가 않기 때문에, 가장 좋은 것은 아동과 의사와 상담하는 것이다.

추가적으로 아동을 치료하기 전에 아동의 세부적인 활동과 운동에 영향을 주는 후유증이나, 의학적 상태나 진단으로 인해 수반되는 고려사항과 같은 아동의 주변 정보를 항상 파악하는 것이 중요하다.

마지막으로 이 책 전체에는 치료적 손 기술(handling techniques)의 사용이 포함된 많은 활동들이 있다. 치료사는 선택된 활동을 안전하고 효과적으로 실행하기 위해 손 기술(handling techniques)을 준비하는 것이 중요하다. 능숙한 손 기술을 가지기 위해서 치료사는 특정 관심 대상에 익숙한 훈련된 소아 작업치료사나 물리치료사와 교류하여야 한다.

역자서문
PREFACE OF TRANSLATOR

작업치료에서 치료적 활동은 치료의 매개로 유익하게 활용하고 있다. 다양한 활동은 치료적 목적을 갖고 보다 다채롭고 풍부한 치료적 접근을 만들며 치료 기술을 창의적으로 만드는데 도움을 준다. 이러한 치료적 활동은 다양한 영역에서 개발되고 이것을 새로운 측면에서 활용하는 것이라 생각된다. 그래서 치료적 작업 활동은 감각, 인지, 운동, 도구적 활용을 고려하여 다양한 대상자에게 활용하고 적용하는 것이다.

치료에 활용되는 활동들은 이론적 근거를 중심으로 개발되는데 이를 정확한 평가와 적용으로 효과성을 입증하여 치료적 피드백을 만드는 것이 요구된다. 그러한 근거를 중심으로 적합한 방법을 재평가하고 개발된 활동들을 적용하는 임상사례 중심의 본 자료는 이전의 저서를 개정한 저자들의 노력과 수고를 다시 한 번 존경을 표한다.

또한 본 저서를 번역하느라 수고하신 모든 분들에게 감사를 드린다. 본 자료는 임상적용에 우수한 저서로서 치료적으로 활용되기를 바라는 바이다. 늘 작업치료에 유익한 출판으로 작업치료 발전에 기여하시는 영문출판사 박병조 사장님과 출판진에게 감사의 인사를 드린다.

부족한 번역내용은 다시 재보완하도록 노력할 것이며 부족한 부분은 너그러운 마음으로 이해를 구하며 많은 분들께 늘 감사드린다. 감사합니다.

2019년 4월 8일
역자대표
양영애 드림

제 I 부

감각통합

Sensory Integration

감각통합은 감각을 통해 두뇌와 신체가 가지고 있는 정보를 의미있는 정보로 해석하는 능력이다(Ayres, 2005). 시각, 촉각, 미각, 후각, 청각, 전정감각(운동감각), 그리고 고유수용성 감각(신체 공간의 위치 감각) 등을 포함한 몇가지 감각들이 있다. 뇌가 가져오는 감각 정보를 적절하게 해석하지 못하는 경우, 그 결과를 감각통합 장애(SID)라 한다.

SID를 지닌 아동은 움직임, 시각, 촉각 그리고 청각을 포함하여 다른 감각 경험들을 찾거나 또는 피할 것이다(Ayres, 2005). SID의 또 다른 발현은 아동의 뇌와 신체가 적절하게 감각정보를 해석하는데 실패함으로써 새로운 운동 과제들을 학습하는 것이 어렵고 서툴게 된다. 또한, 그런 아이들은 들어오는 감각 정보를 조직화하려고 시도하는 행동들이 부정적 행동들로 나타날 수 있다.

예를 들어, 학교에서 활동적인 행동과 지나치게 거친 행동을 하는 6살 소년 빌리를 생각해보자. 빌리는 항상 점점 더 문제를 일으키며, 수업 시간에 유지할 수가 없고, 교실에서 한걸음 뒤에 있는 것으로 보인다. 빌리의 선생님은 그에게 화가 나 있으며, 그의 급우들은 그와 어울리지 않으며, 그의 부모님은 좌절하고 있다.

빌리와 반대로 또 다른 SID의 아동은 교실 활동에서 참여를 거부당하거나 또래로부터 위축될 수 있다. 감각정보의 처리과정에서 어려움을 느끼는 아동은 많은 분야에서 매일 영향을 받는다. 그러나 일반적으로 아동은 SID와 다르게 반응을 하며, 같은 곳에서도 항상 영향을 받지 않는다. 감각 통합에는 많은 구성 요소가 있지만, 이 섹션은 공통적으로 영향을 받는 주요 영역의 일부에 초점을 맞출 것이다. 이들은 구체적으로 고유수용성, 운동계획, 압박조절, 양측 통합/정중선 교차, 전정 처리, 촉각 예민성, 그리고 구강 운동 장애를 포함한다. 이들 주제들은 앞으로 다음 장에서 중점이 될 것이다.

고유수용성 활동

PROPRIOCEPTIVE ACTIVITIES

고유수용성 감각은 고정되면서 움직이는 동안의 자신 혹은 자신의 신체와 지절의 위치와 방향을 알려주는 감각이다(Ayres, 2005, p. 41). 신체 인식은 환경과 연관된 공간에서 그리고 자신 스스로 자신 신체 인식하는 것이다. 신체 인식은 고유수용성 감각에 가장 크게 영향을 받는다. 자연스럽게 탐색하기 위한 환경으로부터 활동을 좀 더 쉽게 수행하기 위해서는 강한 고유수용성 감각이 필요하다. 서투르고 협응이 잘 되지 않는 많은 아동들은 신체 인식이 감소되어 있고 종종 덜 친숙한 운동 과제의 수행에 자주 실패를 하게 된다.

무거운 작업, 심부 압박, 그리고 저항 활동들은 우리의 신체에 정보를 제공할 근육 내에 있는 수용체에 입력을 제공한다(Ayres, 2005, p. 41). 이 장에서 다양한 무거운 작업, 심부 압박, 그리고 저항 활동은 고유수용성 감각 활동을 증진한다. 또한 고유수용성 정보 입력은 아동들을 안정되게 하고 원하는 활동에 참여하고 집중을 할 수 있게 도와준다.

고유수용성 활동을 고를 때, 먼저 아동의 요구를 파악하는 것이 중요하다. 과도하게 활동적인 아동이 심부 압박에 잘 반응할 수도 있으며, 또 다른 아동은 무거운 작업 활동에 더 반응을 할 수도 있어 국한된 입력 종류를 발견할 수 있다.

1

고유수용성 활동
Proprioceptive Activities

시작 / 준비 활동
MOTOR PLANNING TREATMENT ACTIVITIES

- 아동은 테이블에서 의자를 제거하고 청소하는 동안 테이블 위에 의자를 놓는다.
- 아동에게 걸리는 작은 테이블, 책상, 의자, 방 안에 다른 작은 가구를 다시 배열한다.
- 아동은 큰 매트를 걸거나 방의 한쪽 방향에 놓는다.

심부 압박 활동
DEEP PRESSURE ACTIVITIES

- 안기: 치료사는 아동을 크게 안고, 팔로 아동을 감싸며, 압박을 유지한다.
- 미라 만들기 게임(Mummy-wrap game): 치료사는 시트, 담요, 또는 타월에 단단히 아동을 감싼다. 치료사는 바닥에 시트/담요/타월없이 아동을 걷게 한다.
- 치료사는 두 아동을 라이크라(Lycra) 소재로 묶고 방안을 함께 걷게 한다.
- 치료사는 아동의 등과 발을 마사지한다.
- 진동: 아동에게 인너사이저(Innergizer) 또는 진동 기계를 사용한다(그림 1-1). 안전 조치 및 주의 사항은 사용설명서를 참고하시오.)
- 브러쉬 프로토콜: 윌버거(Wilbarger's) 브러쉬 프로토콜 1을 참고하시오(Wibarger &Wibarger, 1991).
  - 치료사는 아동에게 브러쉬 프로토콜에 따라 수행한다.
  - 큰 아동들은 스스로 브러쉬를 수행할 수 있다(그림 1-2).
- 관절 압박: 윌버거(Wilbarger's) 브러쉬 프로토콜을 근거로 하여 수행한다(Wilbarger & Wilbarger, 1991).
- 라이크라(INVISTA) 그네: 라이크라 그네는 아동의 몸을 감싸면서 심부 압박을 준다. 라이크라 그네 다른 활동 방법:

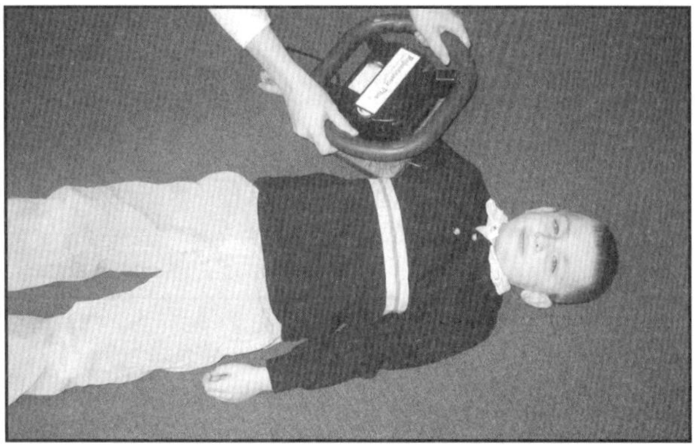

그림 1-1.

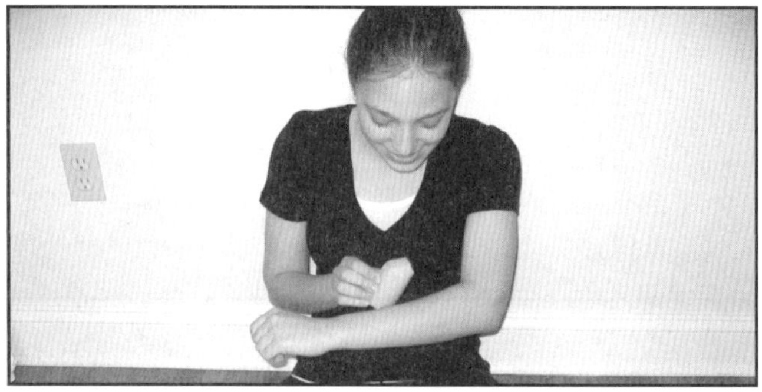

그림 1-2.

그림 1-3.

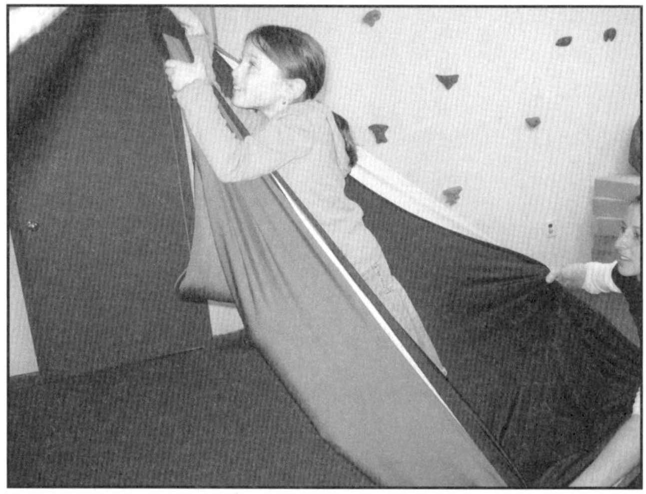

그림 1-4.

그림 1-5.

그림 1-6.

- ◦ 치료사는 라이크라 그네에서 아동을 밀어준다(그림 1-3).
- ◦ 치료사는 아동을 그네에 숨게하고 까꿍놀이를 한다.
- ◦ 아동은 라이크라 그네에 올라타고 내려오게 한다(그림 1-4).

- 몸 양말(Body sock): 치료사는 아동을 몸 양말 안에 놓는다(그림 1-5):
  - ◦ 방안을 돈다.
  - ◦ "사이먼 세즈(Simon Says)" 놀이를 한다.

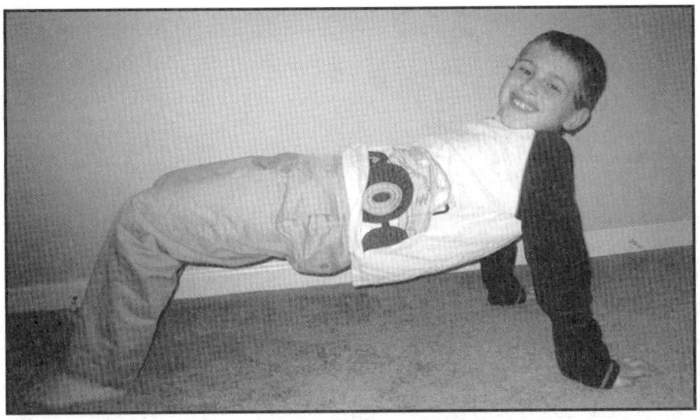

그림 1-7.

그림 1-8.

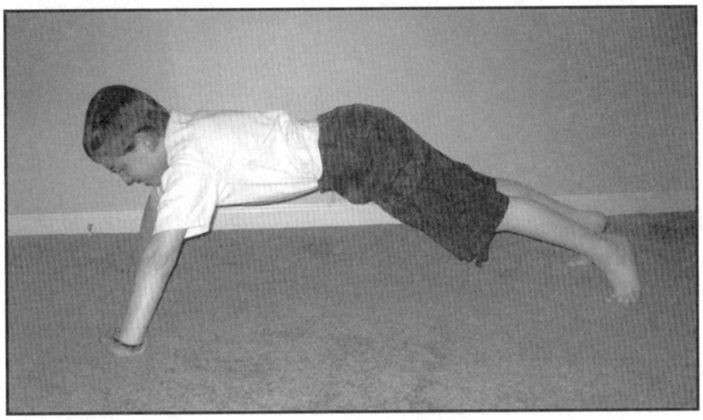

그림 1-9.

그림 1-10.

그림 1-11.

  - "쎄쎄쎄" 놀이를 한다.
- 네발 활동: 아동은 네발자세를 취한다 그리고:
  - 커다란 태그에 색칠을 한다(그림 1–6).
  - 바닥에 페그보드를 놓고 페그를 알맞은 자리에 놓는다.
  - 퍼즐 맞추기 한다.
  - 네발자세로 10초를 세는 동안 자세를 유지한다.
- "핫도그" 그리고 "샌드위치" 게임: 치료사는 큰 베개를 이용하여 아동과 핫도그 모양을 유지한다. 치료사는 아동에게 심부 압박이 제공되고 유지되는지 주의깊게 판단하여야 한다.
- 공 던지기 게임:
  - 아동은 볼풀에 공을 던진다.
  - 아동은 공을 자신의 몸안에 공을 숨긴 다음 치료사는 그것을 찾는다.
- 게 걸음: 아동은 게 걸음으로 방을 가로지른다 (그림 1–7).

그림 1-12.

그림 1-14.

- 손수레 걸음: 아동은 손수레 걸음으로 방을 가로지른다(그림 1-8).
- 아동은 손수레 걸음으로 경사로를 오른 다음 치료사는 아동의 다리를 놓고 자신의 다리로 내려오게 한다.
- 푸쉬업: 아동은 다른 푸쉬업 방법을 수행한다:
  - 바닥에서 하는 일반적인 푸쉬업(그림 1-9).
  - 무릎을 바닥에 댄 상태에서 하는 반 푸쉬업(그림 1-10).
  - 벽미는 푸쉬업(그림 1-11).

그림 1-13.

  - 소파 푸쉬업: 아동은 배를 소파에 대고 팔을 뻗어 엎드려 눕는다. 아동의 팔은 바닥에 대고 하체를 소파에 대고 푸쉬업을 한다(그림 1-12).
  - 의자 푸쉬업: 아동은 의자에 앉고, 의자의 양옆 손잡이를 잡고, 팔꿈치를 고정시킨 후, 푸쉬업을 하며, 푸쉬업을 하고 있는 동안 신체를 의자에 유지시킨다(그림 1-13).
- 턱걸이: 아동은 바에 스스로 턱걸이를 한다(그림 1-14).
- 통제된 베개 싸움: 아동과 치료사는 각각 큰 베개로 "밀기"를 한다. 이 게임의 특별한 규칙과 지침으로 이 게임이 너무 과격해지면 게임이 종료되어야 한다(그림 1-15).

무게감 있는 장비를 이용한 활동
ACTIVITIES UTILIZING WEIGHTED EQUIPMENT

**주의: 비록 아직은 표준화된 지침이 없지만, 많은 치료사들에 의하면 가중 장비 의상의 무게는 아*

그림 1-15.

그림 1-16.

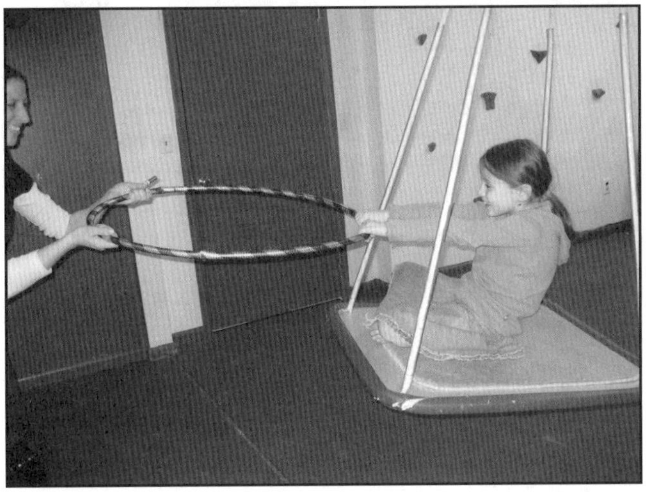

그림 1-17.

동 체중의 5%를 사용하는 것을 권한다(VandenBerg, 2001; Reichow, Barton, Neely Sewell, Good, Wolery, 2010).

- 치료사는 아동의 셔츠와 바지 주머니에 무게감 있는 장비를 넣는다.
- 아동은 활동 중에 발목과 손목에 착용한다.
- 치료사는 앉아서 활동하는 동안 무릎에 무게감 있는 장비를 놓는다.
- 아동은 무게감 있는 조끼를 착용한다.
- 아동은 엎드려 누운 상태에서 치료사는 무게감 있는 담요를 아동의 등에 놓는다.
- 아동은 무게가 있는 공을 잡는 놀이를 한다.

무게감 있는 작업 활동
HEAVY WORK ACTIVITIES

- 치료사는 무거운 물건을 스쿠터나 수레에 올리고 아동은 그것을 운반한다.
- 치료사는 여러 도서를 아동의 가방에 넣고 아동은 그것을 방을 가로질러 운반한다.
- 치료사와 아동은 "타기"를 한다. 치료사는 바퀴가 달린 의자에 앉고 아동은 "밀어"준다. 그런 다음 치료사와 아동은 위치를 바꿔 방 주위를 밀어준다.
- 낙하산 게임: 다른 아동이 성인의 도움을 받으며 낙하산을 당기는 동안 아동은 낙하산의 중앙에 앉는다(그림 1-16).
- 스쿠터 활동 :
  - 아동은 스쿠터 보드에 엎드려 눕고 방안에서 밀고 다닌다.
  - 아동은 스쿠터 보드에 엎드려 눕고 경사를 오른다.
  - 아동은 스쿠터 보드에 엎드려 눕고 치료사에 의해 번지 코드 또는 점프 밧줄을 잡아당기는 것이다(이 게임의 다른 방법은 스쿠터 보드에 아동이 엎드려 눕고, 문 손잡이 주변을 점프 밧줄을 묶고 아동이 스스로 앞과 뒤로 당기는 것이다.).
  - 아동과 치료사는 바닥에 보호 테이프로 큰 틱-택-토판(tic-tac-toe board)판을 만든다. 아동은 색도

그림 1-18.

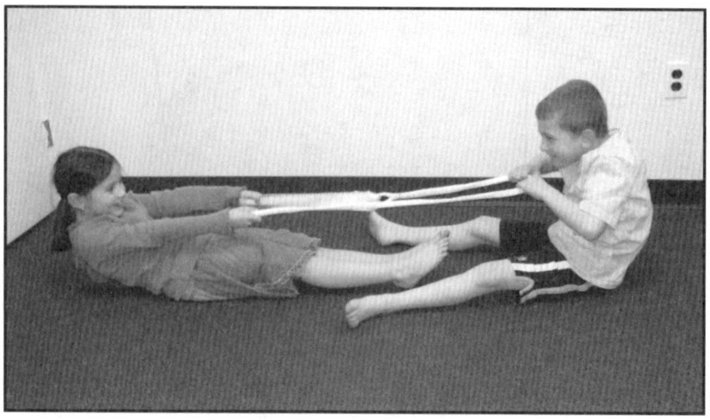

그림 1-19.

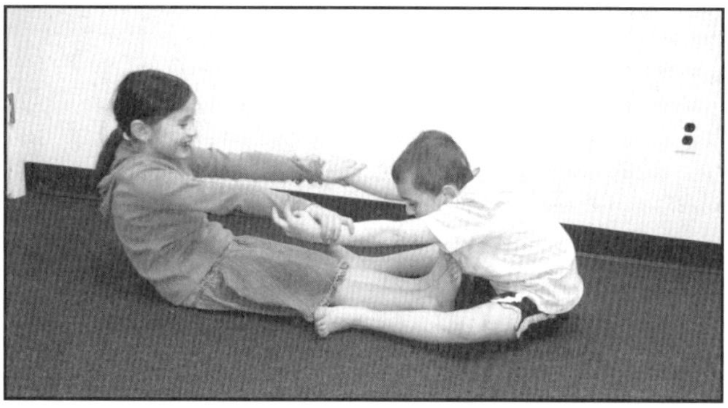

그림 1-20.

그림 1-21.

화지의 원과 사각형을 자른다. 그 다음에 스쿠터위에 엎드려 tic-tac-toe 게임을 한다.

- ◦ 치료사는 방의 다른쪽 옆에 tic-tac-toe 조각을 놓고 아동이 스쿠터 판을 사용해 각각으로 돌아서 각각의 tic-tac-toe 조각을 다시 맞춘다.

- 아동은 그네에 앉아 있고 훌라후프의 끝을 잡는다. 치료사는 훌라후프의 다른 끝 부분을 잡고 앞뒤로 잡아당긴다(그림 1-17).
- 스퀴즈 장난감(squeeze toy) 잡기: 아동은 스트레스 공(stress ball), 쿠쉬볼(Koosh ball), 또는 다른 감각 공을 잡는다.
- 벨크로 장난감: 아동은 강력한 벨크로가 달린 장난감을 벨크로 부분을 떼고 들고온다.
- 아동은 특별한 힘을 지닌 슈퍼 히어로처럼 강한 척 한다. 그런 다음 아동은 벽을 밀고 이동하는 척 한다.
- 피사의 사탑 게임: 두명의 아동(또는 치료사와 아동)은 얼굴을 마주보고 서로의 손바닥을 마주한다. 치료사와 아동은 서로 기대며 이 자세에서 가능한 오래 유지하며 피사의 사탑인 척한다(그림 1-18).
- 수정된 레슬링: 치료사와 아동은 얼굴을 마주한다. 치료사와 아동은 서로 기댄채 서로의 손을 마주 잡는다. 이 게임의 목적은 서로 뒤로 또는 옆으로 밀리는 것이 오랫동안 균형을 유지하며 있는 것이다. 이 게임은 밀접한 누구도 다치지 않도록 감독해야만 하며 지나치게 과도하게 힘을 주지 않도록 한다.
- "줄, 줄, 당신의 보트 줄" 게임: 이 게임은, 아동이 바닥에 앉고 치료사 또는 다른 아동과 마주보고 앉아, 서로의 점프 밧줄을 마주 잡거나(자세 I) 또는 서로의 손목을 잡는다(자세 Ⅱ). 서로 노래를 부르며, 한 사람이 앞으로 기대면 다른 사람은 반대로 뒤로 기댄다.
    - ◦ 자세 I(그림 1-19).
    - ◦ 자세 Ⅱ(그림 1-20).
- 치료 공 활동:
    - ◦ 치료사는 신속하게 아동을 향해 큰 치료 공을 굴린

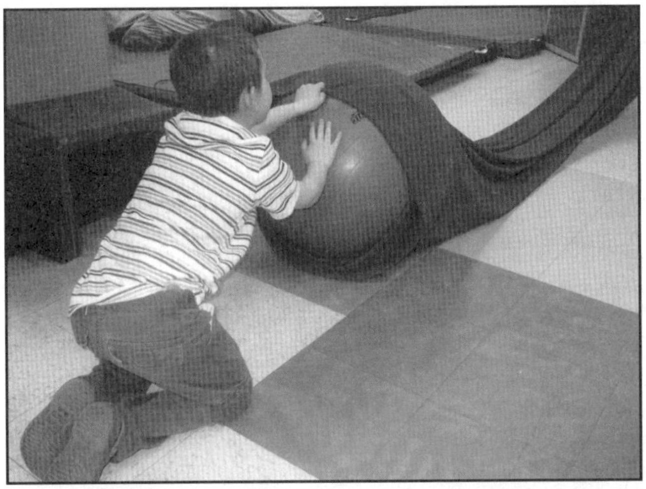

그림 1-22.

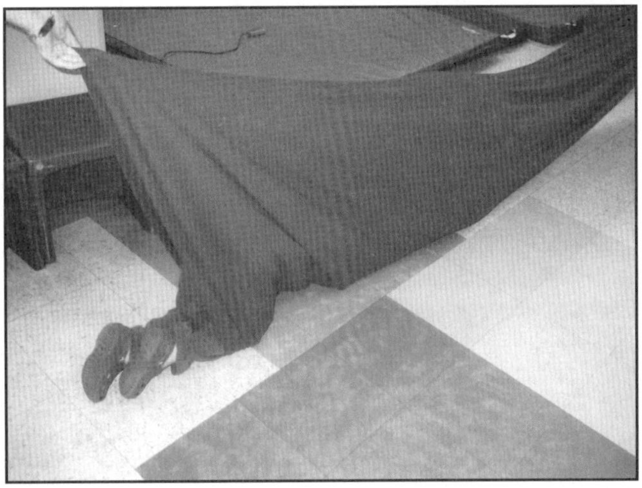

그림 1-23.

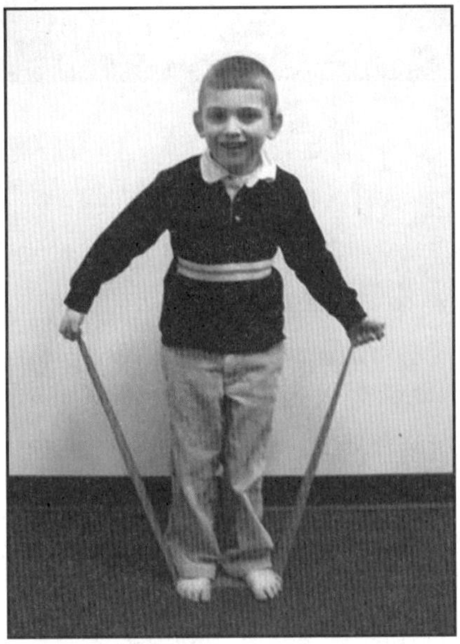

그림 1-24.

다. 아동은 손으로 공을 정지시키며 강하고 빨리 치료사 쪽으로 민다.

○ 아동은 큰 치료 공을 밀고 공 반대편에 아동 또는 치료사가 대항해서 민다(그림 1-21).

○ 아동은 라이크라(Lycra) 터널을 만들어 큰 치료 공을 밀어 넣는다. 그러면 치료 공은 큰 터널의 벽면을 만들고 아동은 공을 밀면서 통과한다(그림 1-22 그리고 1-23).

○ 아동은 중간 사이즈의 치료 공에 팔과 다리를 올리고 뒤로 눕는다. 치료사는 치료 공이 굴러 가지 않도록 잡고 있는다.

- 문 열기: 아동은 크고 무거운 문을 열고 자신이 통과할 동안 문이 열린 상태로 유지하게 한다.
- 버블 랩:
  - ○ 아동은 버블 랩 종이에 거품을 낸다.
  - ○ 아동은 대형 버블 랩 종이에 위 아래로 점프한다.
- 스테이플러(Stapling): 아동은 성인의 감독 또는 도움을 받으며 용지를 게시판에 붙인다.
- 치료용 퓨티(Thera-putty) 운동:
  - ○ 아동은 치료용 퓨티(Thera-putty)를 잡고, 떼고 그리고 잡는다.
  - ○ 아동은 치료용 퍼티(Thera-putty)에 다른 물건을 숨기고 가능한 한 빨리 그것을 찾는다(이 활동은 타이머를 사용하여 자신의 기록을 깨는 방법으로 신속하게 찾게끔 흥미롭게 할 수 있으며, 치료용 퓨티(Thera-putty)안에 상금을 넣고 찾게 할 수 있다.).
- 탄력밴드 운동:
  - ○ 아동은 탄력밴드를 양발 아래에 두고 양팔을 각각 옆으로 당긴다(그림 1-24).
  - ○ 아동은 탄력밴드를 가슴 앞에 놓고 양옆으로 당긴다(그림 1-25).
  - ○ 아동은 탄력밴드를 몸 뒤로 놓고 양옆으로 당긴다(그림 1-26).
  - ○ 치료사는 탄력밴드를 의자 옆에 묶는다. 아동은 치료 시간 또는 교실에서 필요하면 탄력밴드를 끌어 당긴다.

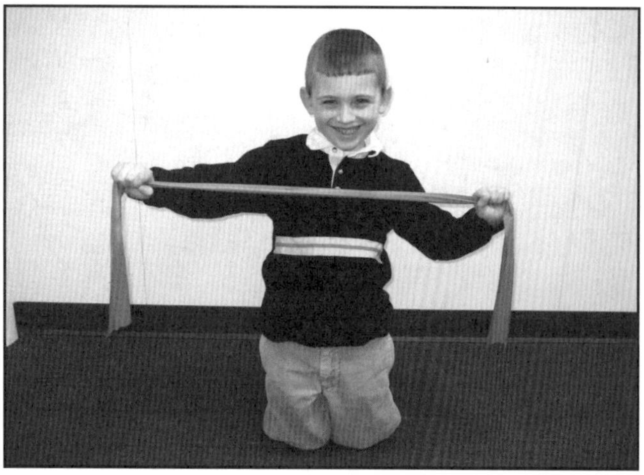

그림 1-25.

그림 1-26.

그림 1-27.

 ◦ 치료사는 탄력밴드를 의자 다리 앞에 묶고 치료 시간 또는 교실에서 필요하면 뒤로 발로 찬다

- 아동은 색칠이 칠해진 칠판 또는 지워진 보드에 깨끗하게 지우고 표면을 매우 세게 민다.
- 줄다리기(그림 1-27).
- 삼각대: 아동은 삼각대 바를 손으로 잡거나 또는 다리를 걸어 위 아래로 움직인다.

오르기 활동
Climbing Activities

- 아동은 치료실 안에서 사다리를 오른다.
- 아동은 벽에 다리를 올린다: 아동의 발을 벽에 대고 네발기기 자세를 취한다. 아동은 발을 벽에서 천천히 올라가서 벽과 아동의 몸이 90°를 이루게 한다(그림 1-28).
- 아동은 놀이터에서 몽키바(monkey bar)를 교대로 잡으며 탄다(그림 1-29).
- 아동은 놀이터에서 몽키바(monkey bar)를 잡고 매달린다(그림 1-30).

점핑 활동
Jumping Activities

** 치료사의 감독하에 이루어져야 한다.*

- "이제 종결! 짜잔!": 아동은 쪼그려 앉고 "이제 종결! 짜잔!" 노래를 부른다. "짜잔"이라는 부분에서 아동은 점프를 한다.
- "다섯 꼬마 원숭이": 아동은 쪼그려 앉고 "침대의 다섯

그림 1-28.

그림 1-29.

그림 1-30.

작은 원숭이" 노래를 부른다. 아동은 이 노래의 이 부분에서 점프를 한다. 그런 다음 아동은 이 노래의 마지막 부분에 큰 베개 또는 콩 주머니로 뛰어든다.

- 릴레이 레이스: 한 아동 또는 여러 아동은 방의 한 쪽 끝에서 다른 쪽 끝까지 개구리 점프를 한다.
- 아동은 트램폴린에서 점프하고 난 다음 큰 베개에 뛰어든다.
- 아동은 매트리스 또는 큰 베개/콩 주머니에서 점프를 한다.
- 아동은 큰 콩 베개를 향해 높은 곳에서 점프하여 내려간다.

빵 굽기 활동
BAKING ACTIVITIES

- 반죽: 치료사와 아동은 가루 반죽(쿠키, 피자, 빵)에 반죽활동을 한다. 아동은 반죽할 때 손으로 한다.
- 치료사는 큰 반죽이나 다른 저항 물질의 혼합이 필요하며 아동이 빵굽는 기구를 이용하여 조리법을 사용한다.

특별한 음식 먹기
SPECIAL FOODS TO EAT

** 아동에게 음식을 제공하기 전에 알레르기 또는 특별한 식단을 하는지 주의한다. 또한, 음식물을 치료*

에 사용하기 전에 삼키는데 문제는 없는지 확인한다.

- 치료사는 아동에게 귀리 바, 바삭바삭한 시리얼 등, 바삭바삭/하드 식품을 제공한다.
- 치료사는 아동에게 베이글, 껌, 감초, 질긴 , 땅콩 버터 등 질긴 음식을 제공한다.

2

운동 계획
Motor Planning

운동 계획은 익숙하지 않은 운동 과제 또는 일반적인 운동 경험 조정 방식을 협응하여 계획 및 실행할 수 있는 능력을 말한다. 운동을 계획함에 있어서 어려움은 아동에게 서투르고 비협응적인 모습으로 나타날 것이다. 운동 계획의 어려움은 종종 신체 인식 능력의 감소와 연관되어 진다(Ayres, 1965). 신체 인식 능력이 감소된 아동은 자신의 신체가 어디에 있는지 그들의 환경과 어떠한 관계가 있는지 느끼는데 능력이 감소되어 있다. 게다가 지각 그리고 인지 기술은 아동의 운동 계획과 신체 인식에 영향을 준다.

아동에게 심부 압박 또는 무거운 작업활동 근육을 "깨우고" 그리고 신체의 관계를 더 잘 느끼게 근육에 감각을 제공하여 신체 인식 능력을 증가시키는데 도움을 준다. 운동 계획 능력을 향상시키는 활동을 수행할 때(이 장에서 제공하는 활동들), 심부 압박 또는 무거운 작업활동을 수행하는 것이 중요하다. 더 많은 아이디어는 1장에서 고유수용성 활동을 근거로 한다.

이 장에서 제공하는 활동은 아동에게 운동 계획 기술을 향상시키는데 자신감과 도움을 줄것이다. 아동이 활동을 수행할 때 몇 번의 기회를 주고 신체적 또는 언어적 도움을 주는 것은 활동을 성공적으로 이행하게 한다. 어떤 치료 활동과 마찬가지로, 아동에게 더 많은 기회와 새롭고 창조적인 활동으로 일반적인 기술로 습득하게끔 한다.

운동계획의 치료적 활동
Motor Planning Treatment Activities

공 활동 *Ball Activities*

- "목 공놀이": 아동은 손을 사용하지 않고 목으로만 옆의 아동에게 공을 이동한다(그림 2–1).
- 틱–톡–타이어(tic–tock–tire): 치료사는 타이어를 걸고(훌라후프를 사용해도 됨) 그리고 옆으로 흔든다. 작은 아이템(오재미, 쿠쉬볼(Koosh ball) 등)을 아동 옆

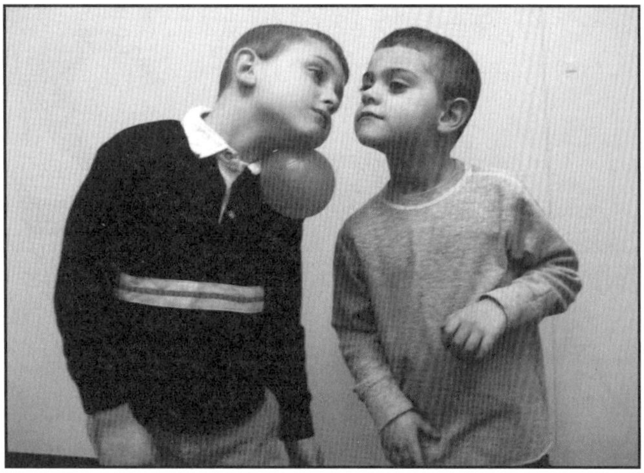

그림 2-1.

그림 2-2.

그림 2-3.

바닥에 둔다. 아동은 그 아이템을 줍고 타이어에 스치지 않게끔 흔들리는 타이어 구멍으로 던진다.

- 콩주머니 던지는 것을 더 도전적으로 하기 위해서는 밸런스 보드 위에서 던진다.
- 이 활동의 난이도를 낮추기 위해서는 타이어를 정지시키거나 약하게 흔든다(그림 2-2).
- 또한 이 활동은 공 잡기 놀이로도 할 수 있다. 타이어의 한 면에는 아동이 다른 면에는 치료사가 선다. 작은 공을 좌우로 흔들리는 타이어를 정지하며 서로 공을 던지고 잡는다.

신체 자세 *Body Positioning*

- 신체 자세의 모방:
  - 아동은 다른 아동 또는 치료사의 자세를 모방하려고

그림 2-4.

노력한다.
  - 아동은 "사이먼 세즈(Simon Says)"하며 다른 자세를 모방한다.
  - 아동은 다양한 자세의 사람들 사진을 보고 사진 속 사람들의 자세와 같이 하기 위하여 노력한다.
- 손가락과 손의 자세 모방: 치료사와 아동은 마주보고 자신의 손 또는 손가락을 특별한 위치에 둔다. 자세를

그림 2-5.

그림 2-6.

유지하고 아동은 거울 이미지와 같이 자세를 만든다.

- "동물 걷기": 치료사는 아동에게 동물을 할당하고 아동은 동물의 자세를 추측한다. 그런다음 아동은 방안을 가로질러 걷는다. 몇 가지 동물들의 종류로는 개구리, 캥거루, 뱀, 코끼리, 사자, 곰, 그리고 토끼를 포함한다 (그림 2-3 그리고 2-4).
- "동상 게임": 이 게임은 일대일 또는 그룹으로 할 수 있다. 치료사는 "리더"를 정하고 다른 동상의 자세를 취한다. 그러면 아동은 동상의 위치를 흉내 낸다.
- 신체 문자 만들기: 치료사는 2-4명의 아동으로 그룹화 한다. 치료사는 각 그룹의 모자(A에서 Z)의 편지를 잡는다. 치료사는 아동에게 바닥의 편지 모양대로 정확한 자세를 취하라고 지시한다(또한 이 게임은 개별적으로 시행할 수 있으며, 하지만 오직 알파벳 글자의 일부로만 한다.).

신체 움직임 게임 Body Movement Games

- 아동은 요구에 따라 가리키고 신체 부위에 라벨을 붙인다. 이 활동은 노래를 부르면서 한다면, 좀 더 활동적으로 할 수 있을 것이다. 노래를 예를 들어, "머리, 어깨, 무릎 그리고 발"을 들으면서 직접 코, 머리 등을 터치한다.(거울을 보면서 노래를 부르며 이 게임을 하면, 아동이 신체를 정확하게 터치하는데 문제가 있다면 도움이 될 것이다.)
- "호키 포키": 치료사는 "호키 포키" 노래를 부르는 동안 아동은 원의 안과 밖에 신체 부분을 정확하게 둔다.
- 제기차기: 치료사는 보호 테이프로 바닥에 제기차기 보드를 만든다. 아동은 점핑, 열고, 닫고 그리고 발을 교대로 할 때 제기차기 놀이를 한다.
- 아동은 치료 공위에 올라가고 삼각대 바를 이용하여 라이크라(Lycra) 그네를 탄다. 이 활동의 업그레이드 된 방법으로 발/팔을 처음 놓는 순서를 말하는 것이다 (그림 2-5).
- 팔꿈치에서 무릎: 아동의 왼쪽 무릎과 오른쪽 팔꿈치를 마주친 다음, 반대로 빠르게 수행한다(그림 2-6 그리고 2-7).
- 아동은 "거미가 줄을 타고 올라갑니다." 노래를 부른다. 아동은 오른쪽 두 번째 손가락과 왼쪽 엄지를 마주대고 그런 다음 왼쪽 두 번째 손가락과 오른쪽 엄지를 마주한다. 그런 다음 교대로 손가락을 움직인다(그림 2-8 그리고 2-9).
- 아동은 놀이터에서 스스로 개구리 점프를 한다.

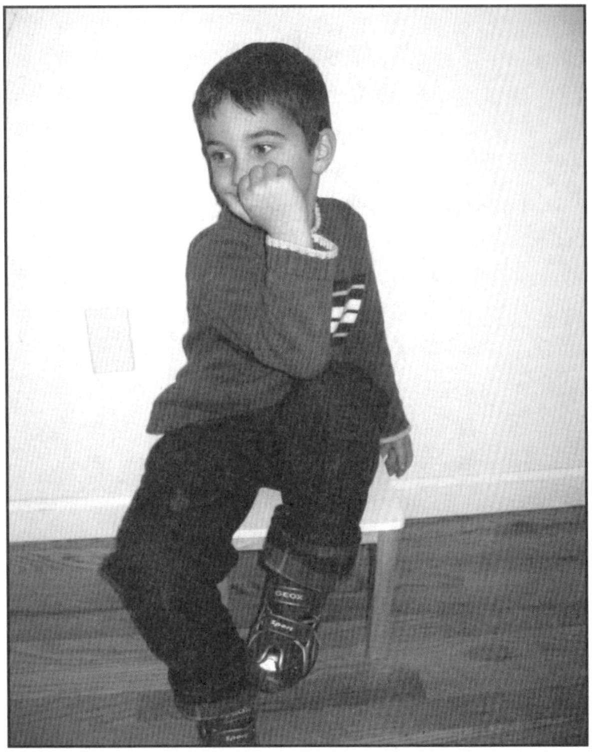

그림 2-7.

그림 2-8.

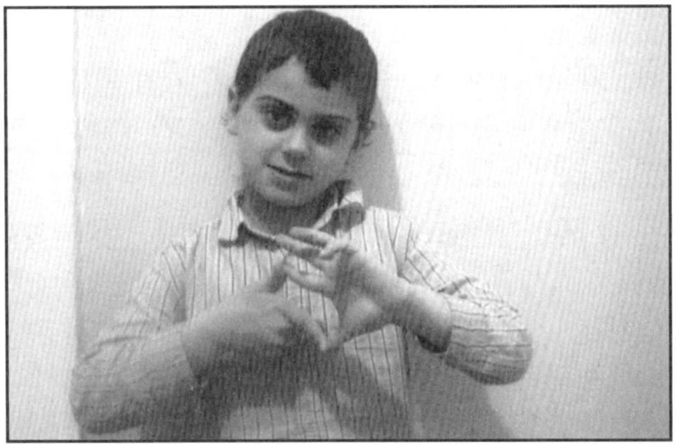

그림 2-9.

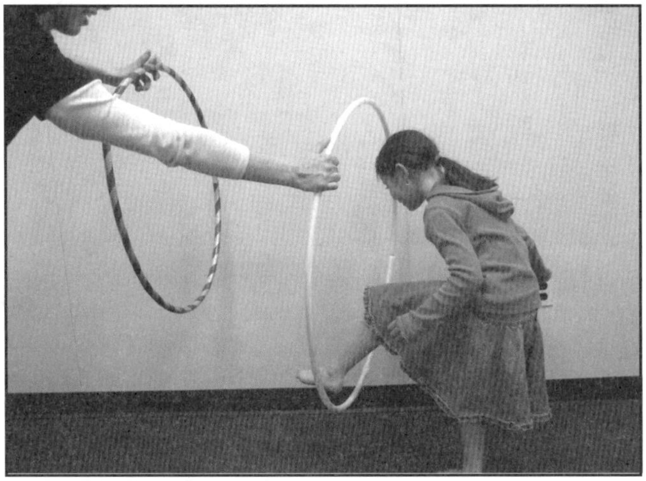

그림 2-10.

그림 2-11.

- 치료사는 훌라후프의 한 부분을 잡고 아동은 기거나 걸어서 훌라후프에 몸이 닿지 않게 들어간다. 또한 아동은 접촉없이 흔들면서 걸을 수 있다(그림 2-10).
- 아동은 시작과 끝의 신호에 훌라후프를 손목으로 돌린다(그림 2-11).
- 아동은 다음의 장애물을 수행한다:
  - 기어 오르기용 장난감
  - 미끄럼틀
  - 매트

그림 2-12.

그림 2-13.

그림 2-14.

그림 2-15.

- 콩 주머니
- 공 던지기
- 밸런스 보드
- 트램폴린
- 보조장비

• 아동은 친숙하지 않은 놀이터의 놀이기구에 올라탄다

(그림 2-12에서 2-15).

- 치료사는 아동으로부터 멀지 않은 거리에 장난감을 둔다(발달연령 7-12세)(Cottrell, 2004, p. 19). 바닥에 앉아 있는 동안, 치료사는 아동의 다리에 장애물을 두고 아동이 그것을 피해 기어오르게 한다.
  - 또한 치료사는 장애물을 베개 또는 부드러운 웨지로 하여 아동이 기어오르게 한다.

눈 감기 활동 Activities With Eyes Closed

- 아동은 눈을 감고 치료사는 아동의 특별한 신체 부분에 접촉을 하고 2초 정보 접촉을 유지한 다음 손을 뗀다. 그런 다음 아동은 눈을 뜨고 접촉한 신체 부위를 찾아낸다.
- 치료사는 아동의 눈높이에 빨간 점을 놓는다. 아동은 두 번째 손가락을 코로부터 이동시키고 그런 다음 눈을 감고 빨간 점을 맞춘다.
- 치료사는 아동의 등에 손가락으로 숫자/편지/모양을 그린다. 아동은 그려진 것을 추측하려고 노력한다.
  - 이러한 활동은 또한 아동의 손에도 할 수 있다: 아동은 눈을 감고 치료사는 숫자/글자/모양을 아동의 손에 그린다. 그러 다음 아동은 추측한다.
  - 이 활동의 난이도를 낮추기 위하여 두 가지 가능한 모양을 보기로 주고 맞추게 한다.
- "숨박꼭질": 치료사와 아동이 같이 한다(이 활동은 아동의 신체 인식을 도우며 신체 전체를 완전히 사용하도록 요구된다. 아동은 시각을 차단하여 신체 부분에 주의를 기울이는 것이 필요하기 때문이다.).

구르기 Rolling

- 아동은 매트 위에서 구르고 신체를 바로 유지한다.
- 로그 롤 게임: 아동은 매트에서 구른다. 치료사가 아동의 등, 복부 그리고 측면이라고 하면서 그만이라고 하면 아동은 바로 멈춘다.

뛰기, 스킵핑, 점핑 Running, Skipping, Jumping

- 아동은 타이어 그네를 통과하여 점핑을 수행한다(아동에게 쉽게 점프하게 하기 위하여 그네를 낮춘다.).
- 치료사는 건너 뛰고 달리는 방법을 가르친다.
- 아동은 줄을 이용하여 건너 뛰는 것을 한다(그림 2-16).

그림 **2-16.**

상업적 상품

Commercially Available Products

- First Hand
- Jenga
- Skip-It
- Twister
- WOGGLER

3

압박 조절
Pressure Modulation

압박 조절은 신체와 관절에 무겁고 또는 가볍게 접촉하는지를 알 수 있는 능력을 말한다. 압박 조절의 능력의 저하는 활동을 함에 있어서 많은 영역에 방해를 받을 수 있다. 예를 들어, 압박 조절 능력이 저하된 아동은 장난감을 누르고 당기는 것을 할 수 없을 것이다. 또한 아동은 글쓰기 도구를 사용할 때 적절히 누르는 양을 모르며 쥐어짜는 방법 또한 모른다. 이러한 이유로 아동의 연필 끝은 부러질 것이며 칫솔질 할 때 치약을 너무 많이 짜게 될 것이다. 압박 조절의 저하는 사회성에도 영향을 미치는데, 아동은 무의식적으로 공격적인 감정을 느낀다.

아동의 압박 조절 능력을 향상시키기 위하여 많은 활동과 운동이 있다. 이 장에서 제공하는 연습은 성공을 위하여 많은 노력이 필요하다. 또한 단계를 수행할 때 활동은 주의를 요하며, 치료사는 압박 조절을 업그레이드 활동을 위하여 균형 능력이 요구될 수도 있다. 이는 동적 표면이나 운동 활동 중에 아동이 더 세련되고 정확한 압박 등급이 요구되기 때문이다.

압박 조절 활동
Pressure Modulation Activities

스포츠 *Sports*

압박 조절을 성공적으로 수행하기 위하여 수행될 수 있는 스포츠 활동에는 몇 가지가 있다. 스포츠에는 농구, 배구, 미니 골프, 탁구, 그리고 당구/수영장 등이 있다.

- 아동은 벽에 공을 던지고 그것을 잡는다.
- 공을 던질 때 평균대 위에 서서 함으로써 활동을 업그레이드 할 수 있다.
- 아동은 벨크로로 만들어진 타겟에 공을 던진다 (그림 3-1).
- 풍선 배구: 아동은 치료사와 라켓 또는 손으로 풍선을 친다. 아동은 가능한 한 오랫동안 바닥에 떨어지지 않게끔 유지하려고 노력한다.
- 말발굽 던지기: 바닥 또는 지면에 치료사는 말뚝이나 막대기를 놓는다. 치료사는 아동에게 말뚝을 주며 아동

그림 3-1.

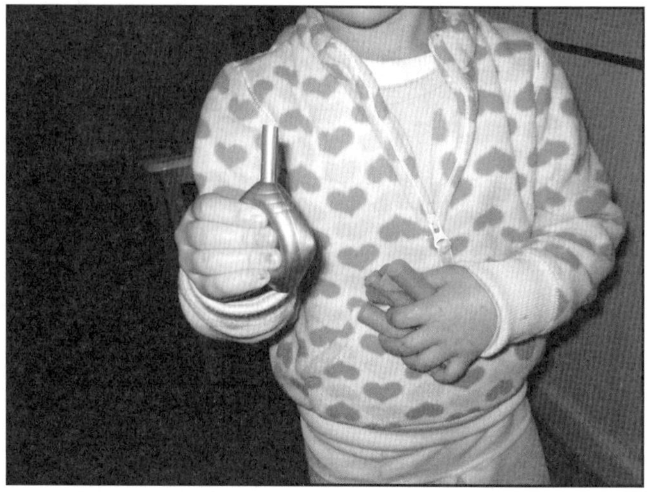

그림 3-2.

에 막대기를 향해 말뚝을 던진다.

- 링 던지기: 치료사는 바닥에 콘을 놓고 링 또는 훌라후프를 아동에게 준다. 그런 다음 아동은 링을 콘을 향해 던진다.
- 다트: 아동은 벽 또는 벨크로에 다트를 한다(아동에게 거리를 멀게하거나 가깝게 함으로 난이도를 높이거나 낮출 수 있다.).
- Skee-공: 아동은 Skee-공 장비를 이용하거나 치료사가 시범을 보일 수 있다.

공예 프로젝트 *Craft Projects*

- 무지개 만들기: 치료사는 아동에게 흑백 무지개를 제공한다(p. 176 Appendix에 예제 프로젝트를 보라.). 아동은 접착제를 쥐어짜고 그 다음 반짝이를 해당 라인에 붙인다. 아동은 라인을 따라 진행하며 다른 색상의 반짝이를 뿌린다.
- 퍼프 페인트: 아동은 페인트를 사용하여 공예 프로젝트를 한다. 튜브에 많은 압력을 제공하면 많은 양의 페이가 나올 수 있으므로 치료사는 아동에게 주의를 준다.
- 주석 호일 쓰기: 아동은 주석 호일 조각에 이쑤시개로 이름을 쓰게 하고 호일이 벗겨지지 않게 한다.
- 치료사는 부드러운 표면위에 종이 조각을 놓는다(즉, 쿠션 의자, 마우스 패드) 그리고 아동에게 예리한 연필을 준다(연필 끝은 매우 예리해야만 한다). 아동은 종이에 구멍없이 종이 또는 색지위에 글을 쓴다.
- 반짝이-접착제 펜: 아동은 그림을 만들려고 펜을 눌러 찍는다.

음영 프로젝트 shading projects

- 동전 음영: 아동은 동전을 종이의 사분의 일 위치 또는 다른 장소에 둔다. 치료사는 아동에게 연필을 제공하고 동전 위에 종이를 올린다. 동전의 비치는 것을 연필로 음영 표시를 한다.
- 글자/모양 음영: 치료사는 보드를 다양한 모양으로 자르고 종이 아래에 둔다. 아동은 연필 또는 크레용으로 음영 표시를 한다.
- 나뭇잎 음영: 치료사는 나뭇잎을 종이 아래에 둔다.
그림 살짝 그늘이 지며, 아동은 연필 또는 크레용으로 음영 표시를 한다.

그림 만들기 Picture Making

- 아동은 크레용이나 연필로 같은 그림은 세 개 그린다. 첫 번째에는 아동은 가능한 한 열심히 그리고 두 번째에는 최대한 부드럽게 그림을 그린다. 세 번째에는 중간 정도의 압력으로 수행한다. 어린 아동은 이러한 활동을 이해하기 어려우므로, 단지 세 개를 그리게 한다(하드, 소프트, 중간).

쿠키 장식 Cookie Decorating

- 아동은 쿠키에 장식을 한다.

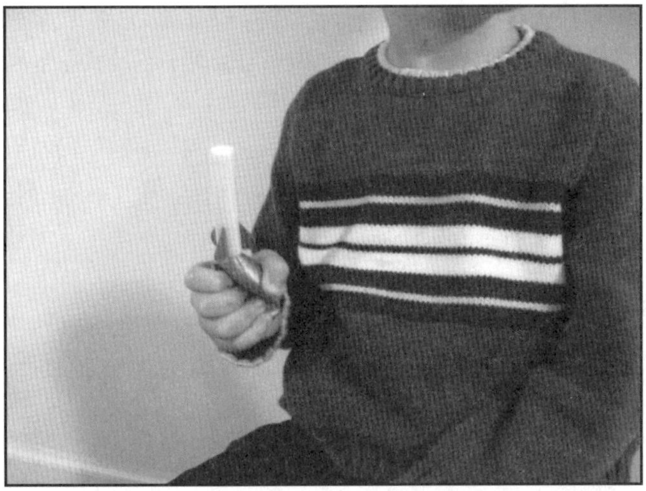

그림 3-3.

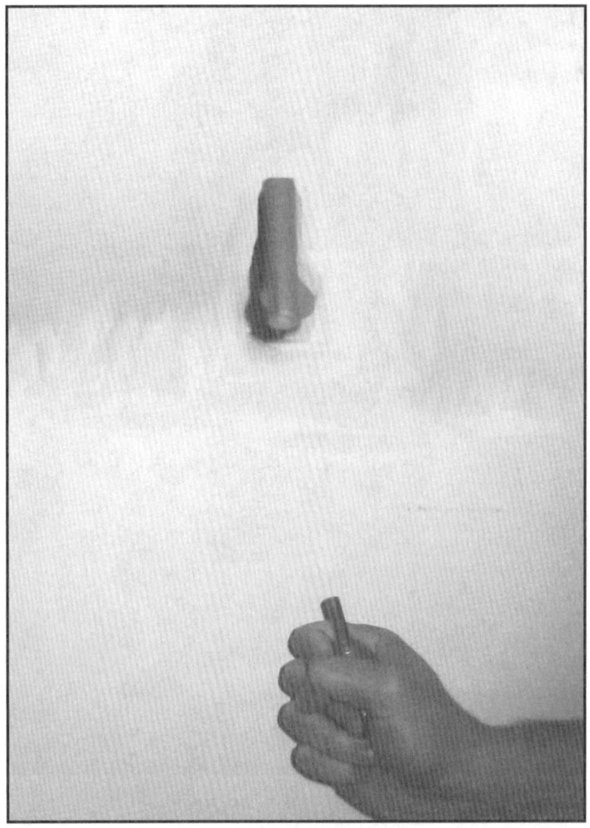

그림 3-4.

그림 3-5.

그림 3-6.

아동 레크레이션 게임

Recreational Children's Games

- 장난감 움켜 쥐기: 아동은 바닥에 있는 로켓 장난감을 움켜 진다(그림 3-2부터 3-4).
- 팝 비즈: 아동은 팝 비즈를 누르고 끊는다.
- 아동은 나무 블록으로 타워를 쌓고 타워가 쓰러지지 않

그림 3-7.

도록 주의한다.

- 도미노: 아동은 바닥이 평평한 도미노를 일렬로 길게 놓고 그 다음 젤 끝에 있는 도미노에 손을 댄다. 아동이 갑작스럽게 도미노를 치지 않게끔 주의하는 것이 필요할 것이다.
- 카드 쌓기: 아동의 하나의 양식으로부터 카드 쌓기 모양을 따라한다(이 활동의 쉬운 방법은 깨지지 않는 플라스틱 컵으로 "집" 또는 피라미드를 쌓는 것이다.).
- 아동은 나란히 10~15개 동전을 다양하게 쌓아 올린다.
- "미라 만들기 게임": 아동은 다른 아동 또는 어른을 화장실 휴지로 싼다. 아동은 이 게임을 할 때 가벼운 압력을 줘야 함을 명심한다(이 때 화장실 휴지는 두꺼운 것을 사용해라.).
- 볼링: 아동은 볼링핀을 세우거나 다른 가벼운 물건을 바닥에 세워둔다. 그런 다음 아동은 공을 굴려 볼링핀을 친다.
- 요요: 치료사는 아동에게 요요하는 방법을 가르친다.
- 키보드 타이핑: 아동은 다른 단어 또는 다른 게임을 컴퓨터 키보드로 수행한다.
- 줄 세우기: 아동은 작은 물건을 쓰러지지 않게 일렬로 세운다.

상업적 상품

Commercially Available Products

- Angry Birds Mega Smash
- Barrel of Monkeys
- Don't Break the Ice
- Don't Spill the Beans
- Jenga
- Kerplunk
- Konexi
- Magformers
- Magna-Tiles
- Penguin Pile-Up
- Pick Up Sticks
- Rainbow Loom
- Super Catch Topple

4

양측통합/정중선 교차
Proprioceptive Activities

양측통합이란 목적적인 활동을 할 때, 신체의 양쪽을 협조해서 사용할 수 있는 능력이다. 양측통합에는 여러 가지 구성요소가 있다. 양측통합은 신체의 양쪽이 동시에 움직이는 것을 포함한다. 이것을 대칭적 양측통합이라 한다(방망이로 공작 점토 굴리기, 박수치기). 이것은 또한 교차적인 움직임처럼 신체의 양쪽을 교차로 사용하는 것을 의미한다(계단 오르기). 마지막으로, 양측통합은 동시에 다른 행동을 하기 위해 신체의 양쪽을 사용하는 것을 포함한다. 이것을 비대칭적 양측통합이라 한다(한 손으로 글씨를 쓸 동안 다른 한 손으로 종이 잡고 있기, 한 손으로 뚜껑을 열 동안 다른 한 손으로 병 잡고 있기).

정중선은 신체를 반으로 가르는 수직선이다. 정중선 교차는 신체의 정중선을 넘어 다른 방향으로 뻗는 동작에 손이나 발과 같은 신체의 한 부분을 사용하는 것을 의미한다. 정중선 교차의 예로는 신체의 왼쪽 편에 있는 퍼즐 조각을 오른손으로 잡으려 팔을 뻗는 동작이 있다. 왼쪽 뇌가 신체의 오른쪽을 조절하고 오른쪽 뇌가 신체의 왼쪽을 조절한다. 정중선 교차는 양쪽 뇌의 통합을 요구한다. 뇌의 양쪽을 동시에 사용하는 것은 좀 더 도전적이다. 그래서, 이것은 많은 아이들에겐 종종 어렵다.

양측통합과 정중선 교차는 아동의 소근육 기술, 학습 기술, 기능적 기술을 발달시킨다. 이것은 옷 입기와 같은 다양한 일상적인 활동에 필요하다(양말 신기, 자동차 운전(핸들 돌리기), 글씨 쓰기, 다양한 놀이 활동).

정중선 교차가 가능하기 위해서, 충분한 양측통합 기술이 필요하다. 정중선 교차를 포함하는 많은 활동 또한 양손과 신체의 양쪽을 동시에 사용하는 것을 요구한다. 양측통합과 정중선 교차는 "밀접한 관련이 있다". 이것이 정중선 교차와 양측통합을 같은 장에서 소개하고 있는 이유이다.

양측통합 기술이 좋지 못한 아동이 활동을 할 때, 이러한 결점을 보상하는 방법에 대해 인지하는 것이 중요하다. 한 아이가 오른손잡이더라도, 정중선 교차를 피하기 위해 왼손으로 왼쪽에 있는 물건을 잡아서 오른손으로 넘

그림 4-1.

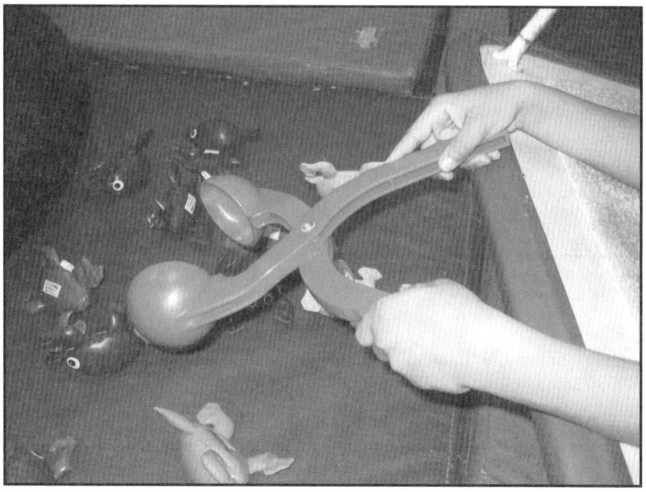

그림 4-2.

그림 4-3.

겨주는 동작을 취할 것이다.

치료적 활동을 설정할 때, 물건의 위치에 상관없이(물건이 아동의 오른쪽에 있든지 왼쪽에 있든지 간에) 우세 손으로 물건을 잡도록 하는 것이 아동에게 도움이 된다는 것을 명심해야 한다. 이것이 아동의 정중선 교차에 도움을 줄 것이다. 많은 아동들이 물건을 보기 위해 체간의 방향을 바꿔서 정중선 교차를 피한다. 팔을 뻗을 때 아동의 체간 고정을 도와주는 것이 중요하며, 그렇게 함으로써 정중선 교차를 촉진시킬 수 있다.

양측통합/정중선 교차 치료 활동
BILATERAL INTEGRATION/CROSSING MIDLINE TREATMENT ACTIVITIES

대칭적 양측통합 *Symmetrical Bilateral Integration*

- 레고: 아동은 레고 조각들을 밀어서 붙이고, 당겨서 떨어뜨리며 논다.
- 공작 점토(Play-Doh): 아동은 공작 점토를 굴리고, 납작하게 하고, 공을 만들고, 장난감과 악세사리를 만든다(치료사는 이 활동 시 아동에게 양손을 사용하도록 권장해야 한다.).
- 테라-퍼티: 아동은 테라-퍼티를 당기고 민다.
- 아동은 페그 또는 팝 비즈와 같은 장난감을 밀어서 붙이고 당겨서 떨어뜨린다.
- 아동은 플라스틱 달걀을 열고 닫는다(그림 4-1).
- 스노우 볼러: 아동은 스노우볼러를 사용하여 바닥에서 장난감을 잡는다(그림 4-2, 4-3).
    - 스노우 볼러를 사용하여 장난감을 잡는 활동에서 아동을 평균대나 매달린 장치에 위치시킴으로써 이 활동을 업그레이드시킨다.
- 드리블 게임: 아동은 양손을 동시에 사용하여 농구공을 드리블한다(그림 4-4).
- 래퍼 스내이퍼: 아동은 아코디언 호스를 잡아 당겨서 펼치거나 밀어서 모은다(그림 4-5, 4-6).

정중선 교차 *Crossing Midline*

정중선 교차 활동을 하는 동안 아동들이 정중선에 집중하는 것을 돕기 위해, 몸의 정중선에 수직으로 페인트 테이프를 붙인다.

그림 4-4.

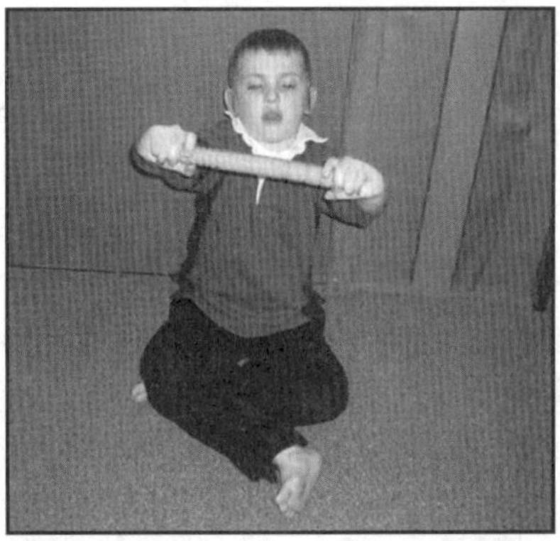

그림 4-5.

그림 4-6.

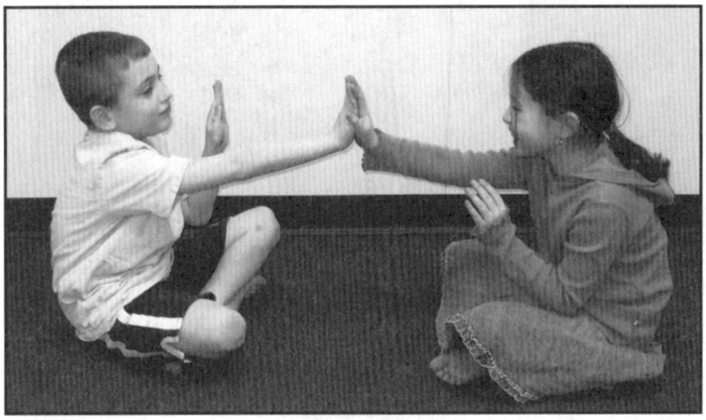

그림 4-7.

- 두 아동은 서로 상대편 아동의 손을 교차적으로 부딪히며 손뼉치기를 하고(아동1의 오른손과 아동2의 오른손을 부딪힌다) 다른 손으로 반복한다. 몇 가지 게임을 소개한다:
    - 미스 매리 막
    - 패티 케익(그림 4-7)
- 치어링 게임: 치료사는 아동에게 응원용 반짝이를 주고 다양한 응원 동작을 보고 따라하도록 한다. 응원 동작은 정중선 교차와 양팔을 사용하는 것을 포함한다(그림 4-8, 4-9).
- 스트레칭:
    - 아동은 일어나서 한 손을 반대쪽 발에 교차시킨다. 최대한 반복한다.
    - 아동은 의자에 앉아서 한쪽 팔꿈치를 반대쪽 무릎에 위치시킨다. 이 활동을 최대한 반복한다.
- 8자 모양
    - 치료사는 바닥에 큰 8자 모양을 테이프로 붙인다. 아동은 8자 모양의 테이프 위를 걷는다.
    - 아동은 종이 조각에 크고 가로로 된 8자 모양을 따라 그린다.
    - 아동은 칠판 위에 크고 가로로 된 8자 모양을 따라 그리고 여러 번 반복한다.
- 치료사는 바닥에 평균대를 놓는다. 아동은 바닥에 놓인 평균대의 왼쪽에 선다. 아동은 앞으로 걷는 동안 바닥 위에 평균대를 넘어 바깥쪽 다리(왼쪽 다리)를 교차시킨다. 아동은 평균대를 넘어 바깥쪽 다리(오른쪽 다리)

그림 4-8.

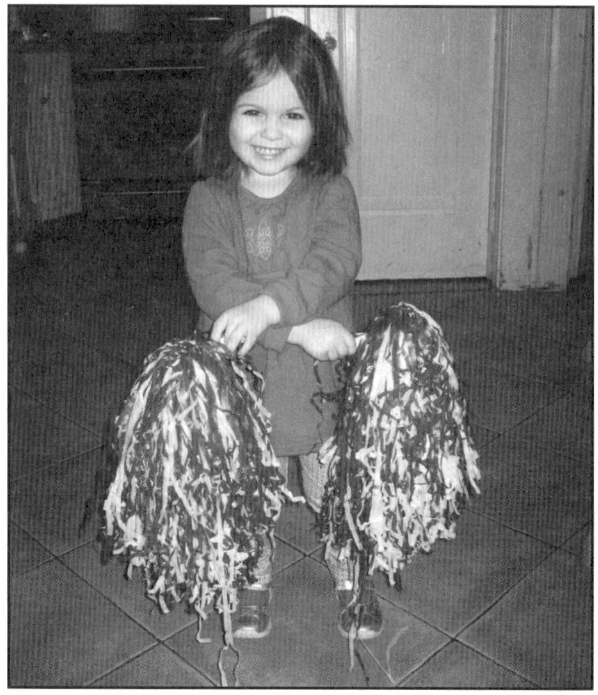

그림 4-9.

그림 4-10.

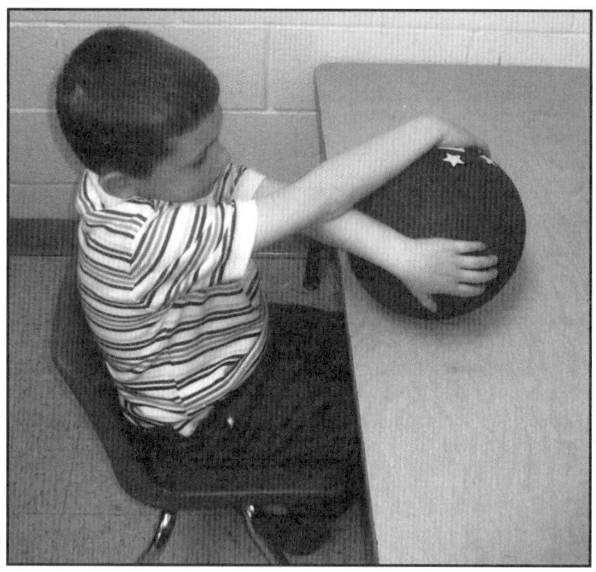

그림 4-11.

를 교차시킨다. 아동은 끝나는 지점까지 평균대를 넘어 "8자 모양(criss-crossing)" 다리를 지속시킨다.

- 아동은 농구공을 잡고, 배를 지나서 등, 등에서 다시 앞으로 원을 그리며 움직인다(그림 4-10).
- 아동은 공을 핸들인 것처럼 하여 자동차 운전을 흉내 낸다. 치료사는 아동이 핸들을 돌릴 때 손을 번갈아 움직이도록 권장한다(그림 4-11).
- 춤추는 활동
  - 치료사는 행군음악을 사용한다. 아동은 방 안을 행진하듯 걷는다.
  - 아동은 스카프를 사용하여 춤추는데, 스카프로 8자 모양을 그리면서 춤춘다.

그림 4-12.

그림 4-13.

그림 4-14.

그림 4-15.

- 치료사는 매달린 장난감을 위치시키고 매트 위에 소아(발달연령 약 3~9개월)를 바로 눕혀 장난감에 양손을 휘두르거나 팔을 뻗도록 시킨다(그림 4-12).
- 치료사는 아동이 바로 앉은 상태에서 팔이 뻗는 범위 내에 장난감을 놓고 아동이 장난감으로 양손을 뻗도록 시킨다(그림 4-13).
- 아동은 벽에 붙은 매우 큰 종이 또는 하얀 칠판 앞에서 의자를 거꾸로 하여 앉는다(의자를 거꾸로 하여 앉는 것은 이 활동 동안 원치 않는 회전을 방지한다.). 치료사는 종이의 맨 왼쪽과 맨 오른쪽에 검은 점을 그려놓고 아동을 정가운데에 앉힌다(아동이 우세 손으로 각 점에 닿도록 확실히 한다.). 다른 색깔의 크레용이나 사인펜을 사용하여, 아동은 우세 손으로 왼쪽 점에서 시작하여 오른쪽 점을 끝으로 무지개를 그린다(아동이 무지개를 그릴 때 손을 바꾸지 않도록 확실히 한다.).

교차적 손 사용 *Reciprocal Hand Use*

- 아동은 팔 벌려 뛰기를 한다(그림 4-15).
- 자전거 윗몸 일으키기: 아동은 등을 대고 눕고 오른쪽 다리를 뻗을 때 오른쪽 팔꿈치를 왼쪽 무릎에 댄다. 반대 동작을 반복해서 시행한다.
- 오르기: 아동은 사다리를 오르거나 손을 사용하여 계단을 오른다.
- 더블 더치 점프 로프: 아동은 줄넘기를 “이단 뛰기”로 한다.
- 저글링: 치료사는 아동에게 두 개 혹은 그 이상의 공으

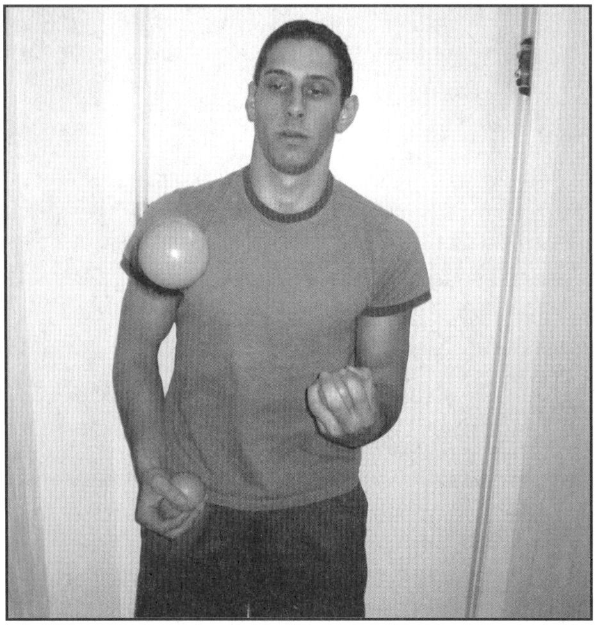

그림 4-16.

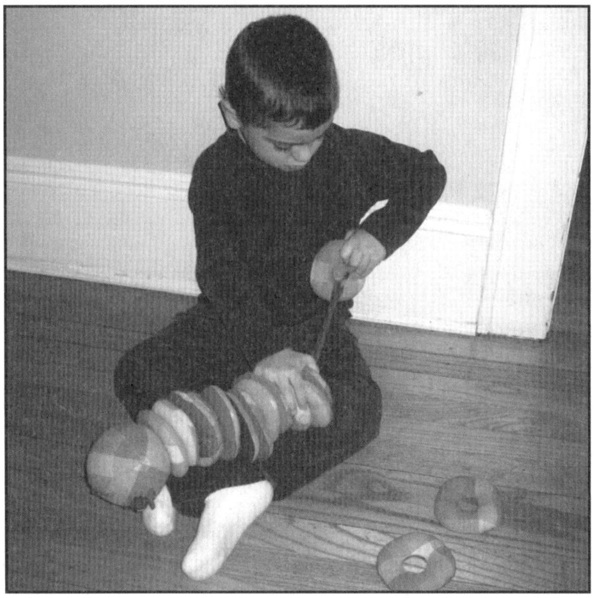

그림 4-18.

로 저글링하는 방법을 가르친다(그림 4-16). 스카프 또는 무게있는 콩 주머니를 사용하면 저글링 공보다 더 쉽게 할 수 있다.

비대칭적 양측통합

Asymmetrical Bilateral Integration

- 구술 꿰기: 아동은 한 손에 줄을 잡고 다른 한 손엔 구슬을 잡는다. 아동은 구슬을 줄에 꿰는데 양손을 사용

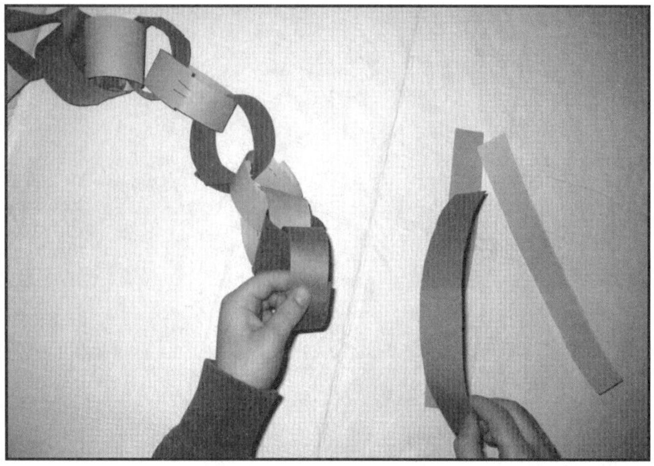

그림 4-17.

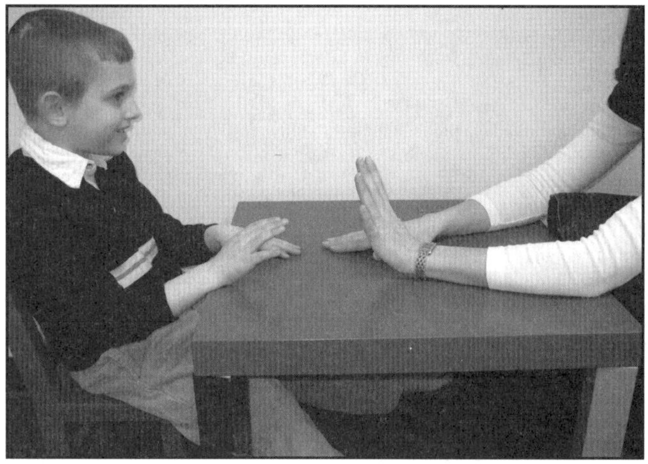

그림 4-19.

한다.
- 아동은 병을 열고 닫는다.
- 아동은 너트와 볼트를 잠그고 푼다.
- 자르기 활동: 아동은 종이, 모양, 도표의 조각 자른다(부록 A, pp.177-186쪽에서 자르기 활동 견본제시).
- 종이 고리 프로젝트: 아동은 여러 개의 종이를 자른다. 아동은 한쪽 끝에 풀칠하여 고리를 만든다. 아동은 고리를 추가로 계속해서 만든다. 한 번에 한 개씩 처음 만들었던 고리에 추가로 더 많은 고리를 붙인다. 아동은 종이의 양 끝을 풀칠한다. 종이 고리 사슬을 만드는데 고리를 더 추가하도록 한다(그림 4-17).
- 카드 꿰기: 아동은 레이싱 카드에 실을 꿰기 위해 한 손은 레이싱 카드를 잡고 다른 한 손으로는 실을 꿴다(레이싱 카드/보드는 판지의 작은 조각을 코팅한 다음 코

그림 4-20.

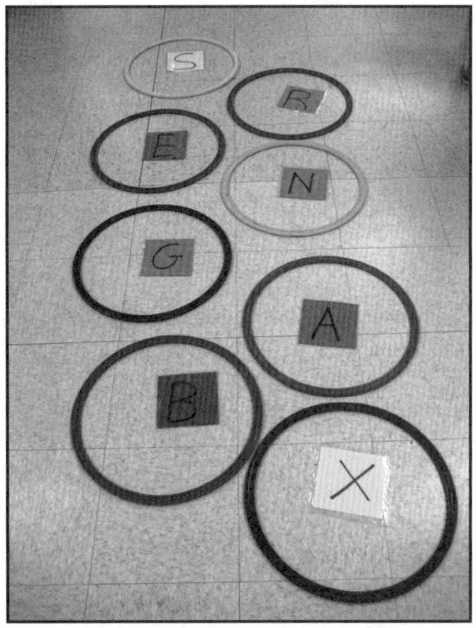

그림 4-21.

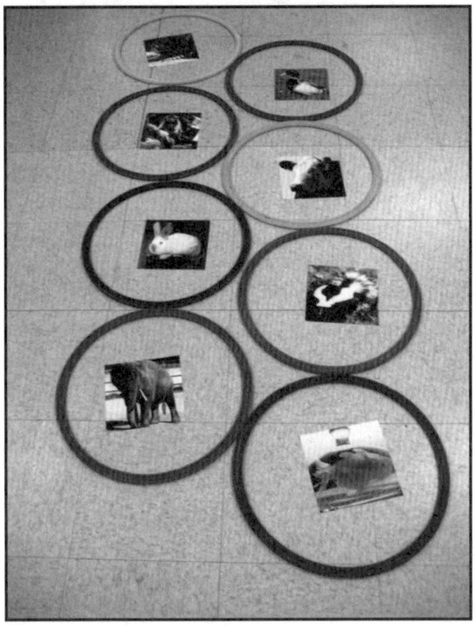

그림 4-22.

그림 4-23.

팅된 종이에 약 1인치 간격으로 구멍을 내어 만들어 진다.).

- 치료사는 아동에게 간식용으로 샌드위치 쿠키를 주고 그것의 포장을 반으로 뜯게 한다.
- 장식용 수술: 아동은 머리카락, 헝겊, 담배 파이프 청소 도구를 사용하여 장식을 한다.
- 애벌레 장난감: 링을 당기거나 끼운다(그림 4–18).
- 종이비행기 접기: 치료사는 아동에게 종이비행기를 어떻게 만드는지 가르쳐준다. 치료사는 각 단계를 세부적으로 천천히 가르쳐준다. 각 단계마다 아동이 수행할 때까지 기다린다. 치료사는 정확하게 접을 수 있도록 도와준다.
- 책상 두드리기: 치료사는 아동과 마주보고 앉아서 양손을 책상 위에 올린다. 한 사람이 한 손으로 책상을 두드리기 시작한다. 4개의 손은 책상 위에서 시계방향으로 한 번에 한 손씩 책상을 두드린다. 빠르게 연속으로 두 번 두드리면 시계반대방향으로 순서가 돌아간다(그림 4–19).
- 후프 점핑: 치료사는 바닥에 여러 색의 후프를 놓는다(그림 4–20). 아동은 각 후프 안에 발을 사용하여 들어간다. 그리고 후프의 색깔을 말하면 색깔대로 발을 옮긴다. 이 활동을 업그레이드시키기 위해, 후프 안에

다른 문자의 그림을 놓고 아동에게 글자를 말하도록 시킨다(그림 4-21). 후프 안에 동물 그림을 놓고 아동에게 동물 이름을 말하도록 시킨다(그림 4-22).

- 뜨개질하기(그림 4-23)

상업적 상품

Commercially Available Products

- Etch a sketch
- KID K'Nex
- Mr. Potato Head
- Oreo Matchin'Middles game
- Pop beads
- Smart Snacks sorting Shapes cupcakes
- Twister
- Velcro fruit game
- Zoom ball

5

전정계
Vestibular System

전정계는 사람의 움직임 감각을 조절하는데, 움직임의 변화나 균형감각을 허용하는 것을 말한다. 전정계는 귀의 작은 수용기들로 조절되는데, 이것들은 움직임 해석을 위해 뇌로 메시지를 전달한다. 따라서, 머리 위치의 변화는 전정계에 큰 영향을 미친다. 감각처리 문제를 가진 많은 어린이들은 전정계에 불규칙성이 있을 것이다. 이 아이들은 움직임에 과민반응하거나 저반응할 것이다.

움직임에 과민반응하는 아이들은 "중력불안장애"라고 할 수 있다. 이 아이들은 움직임을 두려워하고 안정성 감각의 유지를 위해 땅에서 발을 떼지 않으려 한다. 움직임에 대한 증가된 과민성의 기능적 결과 중 일부는 놀이기구에 오르기, 멀미없이 차 타기, 계단 내려가기, 그네타기가 어려운 것이다.

움직임에 저반응이 있는 아이들은 그들 자신에게 그들이 잃어버린 자극을 제공하는 움직임을 찾을 수도 있다. 이 유형의 아이들은 끊임없이 뛰어다니고, 가구에 오르고, 다른 바닥에 뛰어내리고, 교실에 가만히 앉아있지 못할 수도 있다. 이 아이들은 실제로 감각처리장애가 있을 때 "행동" 문제로 잘못 진단되기도 한다.

전정계를 강화하고 조절하는 방법에 대한 다양한 이론이 있지만, 이 장에서는 빠른 속도의 움직임뿐만 아니라 느리고 조절된 움직임에 대한 내용이 포함된다. 개별 아동의 요구와 전정계를 기반으로 제공되는 적절한 속도와 움직임 유형의 결정은 담당 치료사에 달려있다.

다음에 나오는 전정계의 기본 원리는 전정 활동이 시작되기 전에 검토되어야 한다:

- 움직임 속도: 많은 아이들은 움직임의 다양한 속도에 다르게 반응할 것이다. 빠른 움직임이 일부 아이들에게는 더 강렬할 수 있지만, 느린 움직임도 마찬가지로 아이와 활동 시작 방법에 따라 강력하고 강렬할 수 있다.
- 시간의 길이: 전정활동에 더 많이 참여한 아이들에게 자극은 더 심해진다.
- 아이들에게 눈을 감게 하는 것은 제공되는 움직임의 강도를 증가시킨다.

Danto AH, Pruzansky M. *1001 Pediatric Treatment Activities: Creative Ideas for Therapy Sessions, Second Edition* (pp.31-35).

그림 5-1.

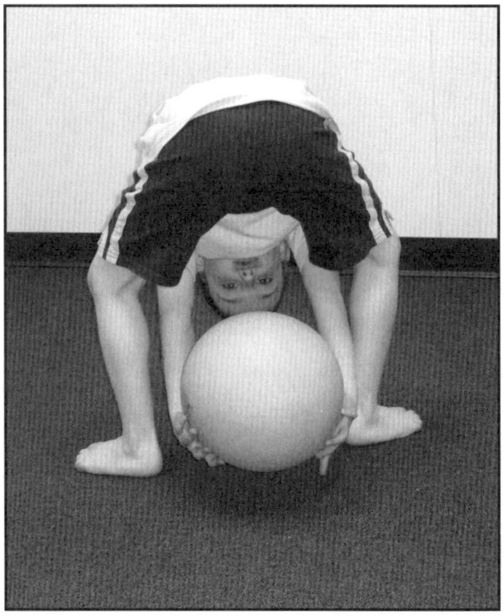

그림 5-2.

- 로타리 운동(회전)은 더 강렬하고, 흥미를 유발하며, 자극적일 수 있다.
- 선형 운동(앞, 뒤)은 진정시키고 정리하는 효과가 있다.
- 아이들의 신체적인 자세는 자극의 강도에 영향을 미친다. 아이들이 똑바로 앉는 것은 등을 대고 눕거나 옆으로 눕는 것보다 덜 자극적이다.

운동 활동에 참여할 때 구역질과 현기증의 징후를 찾아내는 것은 중요하다. 아이가 활동하는 동안 구역질을 하게 되면 즉시 중단한다. 이것은 깊은 압력의 형태로 고유수용성 활동을 하여 후속 조치를 하는데 도움이 되기도 한다. 이것은 아이에게 접지 느낌을 제공하고 구역질의 수준을 감소시키는데 도움이 된다(아이가 구역질의 징후를 느끼는 것을 피하는 게 이상적이다.).

운동 활동을 선택하거나 시작하기 전에, 먼저 작업치료의 이러한 아이디어를 검토하는 것이 중요하다.

전정계 강화 활동
ACTIVITIES TO STRENGTHEN THE VESTIBULAR SYSTEM

그네타기 *Swinging*

- 아이는 여러 가지 매달린 장치와 그네에 앉는다/무릎을 꿇는다/선다: 처음에는 바닥에 발이 닿게 하고, 그 다음에는 바닥에 발이 닿지 않게 그네를 타도록 한다.
- 아이는 야외 그물침대에서 그네를 탄다.
- 아이는 swing set swing에서 그네를 탄다(그림 5-1).

머리 위치 변화 *Changing Head Positions*

- 치료사는 옆, 뒤, 앞과 같은 다양한 움직임의 면에서 아이의 머리를 천천히 움직인다.
- 아이는 몸을 숙이고 다리 아래를 보며 치료사에게 손 흔들며 인사한다.
- 아이는 몸을 숙이고 다리 사이로 치료사에게 공을 던진다(그림 5-2).

느리고 조절된 움직임
Slow, Controlled Movement

- 치료사는 흔들의자의 다양한 면에서 아이를 천천히 흔든다.

그림 5-3.

그림 5-4.

그림 5-5.

- 아이는 경사로를 천천히 오르내린다.
- 음악 의자: 아이는 의자들의 주변을 걸으며 음악이 멈췄을 때 한 의자에 앉아야 한다.
- 평균대 활동
  - 아이는 평균대의 앞뒤를 건넌다.
  - 아이는 눈을 감고 건넌다.
- 밸런스 보드 활동
  - 아이는 바닥에서 장난감을 잡기 위해 몸을 숙인 후 그릇/바구니에 장난감을 던진다(그림 5-3).
  - 아이는 밸런스 보드 위를 걷는다.
  - 아이는 밸런스 보드 위에 서서 360도 회전을 한다.
  - 아이는 여러 방향의 면에서 치료사와 손바닥 치기를 한다(그림 5-4).
  - 아이는 사방에 비눗방울을 분다(그림 5-5).
  - 아이는 잡기 놀이를 한다.
  - 아이는 농구공을 던진다.
- 아이는 발을 교대로 하면서 계단을 천천히 오르내린다(step-to-step 패턴 대신에). 그 다음, 아이는 난간 위에서 잡지 않고 이 동작을 수행한다(치료사는 아이의 안전에 주의한다).

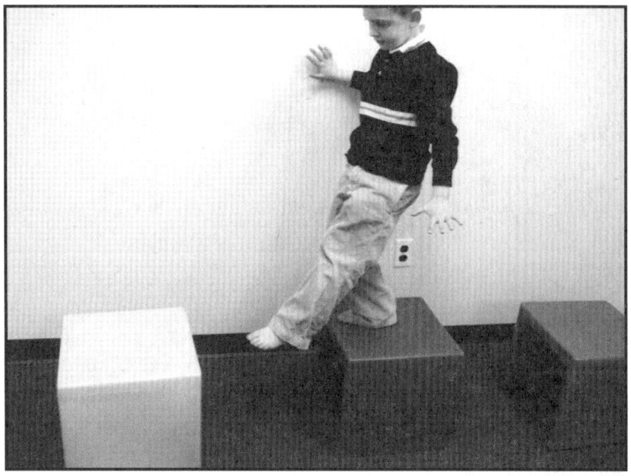

그림 5-6.

그림 5-7.

그림 5-8.

그림 5-9.

- 롤리-폴리 게임: 아이는 매트에 눕고 한 쪽 끝에서 다른 쪽까지 천천히 구른다. 이것은 여러 명의 아이들과 함께하는 게임이다. 구르는 방향과 언제 시작하고 끝낼지 결정하는 리더로 한 아이를 정한다. 이 게임의 목적은 매트에서 다른 사람과의 충돌을 피하는 것이다.
- 아이는 통 안으로 들어간다. 치료사는 방을 가로질러 아이를 천천히 굴린다.
- 아이는 회전의자에 앉고 여러 방향으로 천천히 회전한다. 주의사항: 회전은 부작용이 발생하지 않도록 조절되고 감시될 필요가 있다. 아이는 초당 한 바퀴씩 한 방향으로 10회 이상 돌지 않아야 한다.
- 아이는 큰 베개나 볼스터 또는 울퉁불퉁한 면을 따라 오른다.
- 아이는 큰 베개, 베개 받침, 울퉁불퉁한 표면 위에 올라간다(그림 5-6). 아이는 큐브 의자에 올라가서 천천히 내려오거나 뛰어 내릴 수도 있다.
- "Ring Around the Rosie": 아이들은 치료사나 다른 아이들의 손을 잡고 "Ring Around the Rosie"을 부르면서 원을 그리듯이 천천히 움직인다.

그림 5-10.

그림 5-11.

- 의자 타기: 아이는 바퀴 달린 의자에 앉는다. 치료사는 방 주변으로 아이를 천천히 당긴다.
- 공중제비: 아이는 바닥 위의 매트에서 공중제비를 한다.
- 아이는 "Dizzy disc"에 다리를 꼬고 앉아 회전하거나 Dizzy disc에 엎드려 손을 사용하여 회전한다(그림 5-7, 5-8). 주의사항: 아이는 초당 한 바퀴씩 한 방향으로 10회 이상 돌지 말아야 한다.

빠른 속도의 자극 *Fast-Paced Input*

- 치료공
  - 치료사는 공 위에 앉아 있는 아이를 튕기고 나서 좌우로 기울인다.
  - 치료사는 아이를 공 위에 엎드려 놓고 나서 앞과 좌우로 기울인다(그림 5-9).
- Hippity Hop: 아이는 Hippity Hop 장난감 위에 올라타고 방 안을 깡충깡충 뛰어 다닌다(그림 5-10).
- 아이는 다양한 높이의 면에서 미끄러져 내려가고 회전한다.
- 두 아이가 시소를 타는데, 시소의 양 끝에 한 명씩 앉는다. 아이들은 올라갔다 내려갔다 한다.
- 아이는 허용하는 만큼 여러 번 회전한 후 스쿠터에 앉는다.
- 트램폴린 게임
  - 아이는 트램폴린 위에서 10까지 세며 뛴다.
  - 아이는 트램폴린 위를 달린다.
  - 아이는 트램폴린 위에 앉고 운동량을 만들기 위해 몸을 움직여 위아래로 깡충깡충 뛰려고 노력한다.
- 태그: 아이는 "태그" 놀이나 빠르게 움직이는 잡기 놀이를 한다.
- 다양한 높이의 표면에 뛰어내리기: 아이는 치료사의 손을 잡고 바닥에 뛰어내린다. 그리고 나서 아이는 약간 더 높은 표면에 뛰어내린다. 치료사는 계속해서 표면의 높이를 약간씩 높여야 한다. 아이가 무서워하면 치료사의 양손이나 손가락을 잡도록 해준다. 가능하 최소한의 신체적인 보조만 제공한다.
- 아이는 발을 교대로 하여 계단을 빠르게 오르내린다(step-to-step 대신에). 그 다음 아이는 난간 위에서 잡지 않고 걷도록 노력한다.
- 아이는 회전의자에 앉고 여러 방향으로 빠르게 회전한다.
- 의자 타기: 아이는 바퀴 달린 의자에 앉는다. 치료사는 의자에 앉은 아이를 방 주변으로 빠르게 당긴다.
- 아이는 흔들리는 놀이기구에 앉아서 앞뒤로 몸을 흔든다(그림 5-11).

6

촉각 민감성
Tactile Sensitivity

촉각 민감성과 촉각방어는 아동이 접촉을 싫어하는 또 다른 유형의 상태를 말한다. 이 문제는 아동의 피부에 있는 촉각 수용기가 다양한 형태의 접촉에 과민하기 때문에 발생한다. 촉각이 민감한 아이는 일반적으로 아이가 참을 수 없는 특정 섬유, 물질, 음식들이 있다. 아동과 활동을 하기 전에 먼저 이러한 요소들을 알고 있어야 한다. 다른 행동 문제나 의학적 문제에서 진짜 촉각방어를 구별하는 것도 중요하다.

많은 운동과 활동들은 촉각 민감성의 감소를 도와준다. 일반적으로 촉각이 민감한 아동들은 깊은 압력 접촉보다 가벼운 접촉을 더 불편하게 느낀다. 이 장에서는 활동을 수행할 때, 아동에게 처음에는 최소한의 유해자극을 주고 점점 강도를 높여 유해자극을 주는 것이 중요하다. 이것은 반드시 아동이 과도한 스트레스를 받지 않도록 해야 한다.

촉각 민감성을 감소시키는 활동
Activities to Decrease Tactile Sensitivity

심부압박 *Deep Pressure*

- 로션 마사지: 치료사는 안정되고 일관된 압박을 적용하여 아이의 손에 로션을 바르고 마사지한다.
- 물렁물렁한 장난감: 아동은 각양각색의 물렁물렁한 장난감을 쥐어짰다가 놓는다.
- 다른 사람에게 다리를 걸은 상태에서 양팔로 걷기: 아동은 다른 사람에게 다리를 걸은 상태에서 방 안을 가로질러 양팔로 걷는다.
- 아동은 스쿠터 보드 위에 엎드려서 손바닥으로 방 안을 돌아다닌다.
- 공작점토: 아동은 양손으로 공작점토를 말고 쥐어짜며 논다.
- 브러시 프로토콜(Brushing protocol): Wilbarger의 브

그림 6-1.

그림 6-2.

러시 프로토콜 참조(Wilbarger & Wlbarger, 1991).

외부 접촉을 통해 편안해지기

Becoming Comfortable With an Outside Touch

- 질감의 점진적인 노출: 아동은 손의 앞뒤에 다른 질감의 직물과 장난감을 허용하는 만큼 문지른다. 또한 아동은 눈을 감고 이 활동을 하려고 하며 시각의 도움 없이 손으로 물건의 위치를 확인하도록 한다.
- 아동은 깃털로 손의 앞뒤를 쳐본다.
- 진동마사지: 아동은 진동 장난감을 사용하거나 마사지사에게 양손 마사지를 받는다. 아동은 허용하는 만큼 손의 앞뒤를 마사지한다.
- 진동 칫솔: 아동은 진동 칫솔로 양치질한다.
- 치료사는 아동의 손 위에서 "이 작은 돼지" 놀이를 한다(그림 6-1).
- 얼굴 페인팅: 치료사는 아동의 얼굴과 뺨에 페이스 페인팅을 한다. 아동이 이것을 거부하면 직접 자신의 얼굴에 페인트칠 할 수 있도록 한다.
- 얼굴 만지기: 치료사는 아이의 얼굴과 목의 여러 부분을 허용하는 만큼 손가락으로 만진다.

거친 질감 *Grainy Textures*

- 모래박스 활동: 아동은 모래박스에서 작은 성을 만들거나 모래에 숨겨진 물건을 찾는 놀이를 한다. 또한 아동은 모래에 여러 가지 모양이나 문자를 그릴 수 있다.
- 아동은 쌀통이나 콩이 가득한 가방에서 숨겨진 물건을 찾는다(그림 6-2).
- 사포 프로젝트: 아동은 거친 나무를 매끄럽게 만든다.

  가시를 조심한다.
- 아동은 콘 프레이크 조각들(또는 다른 크런키 시리얼)을 손으로 으스러뜨리고 풀칠한 종이 위에 뿌린다.

크림과 같은 습한 질감

Creamy and Wet Textures

- 면도 크림 활동: 아동은 부풀어 있는 풍선 위에 면도 크림을 펴 바른다. 그런 후 두 번째 손가락으로 면도 크림에 자기의 이름을 써보거나 웃는 얼굴을 그려본다.
- 손가락 페인트: 아동은 손가락을 사용하여 페인트 위에 그림, 모양, 철자 등을 그려본다.
- 손가락-나무 프로젝트: 치료사는 아동의 아래팔과 손에 갈색 페인트를 바른다. 아동은 흰종이 위에 손을 누른다. 이것은 나무줄기와 가지가 된다. 그 후 치료사는 아동의 손가락 끝에 여러 가지 색의 페인트를 발라주고 나무 가지에 나뭇잎과 과일을 그리게 한다(그림 6-3, 6-5).
- 끈적이는 풀 프로젝트: 아동은 종이 위에 색깔이 있거나 일반적인 풀을 쥐어짠 후 두 번째 손가락으로 펴 바른다. 그 다음 아동은 풀 위에 스팽글이나 또 다른 공예 재료를 붙일 수 있다.
- 마시멜로우 플럽 프로젝트: 아동은 마시멜로우 플럽 샌

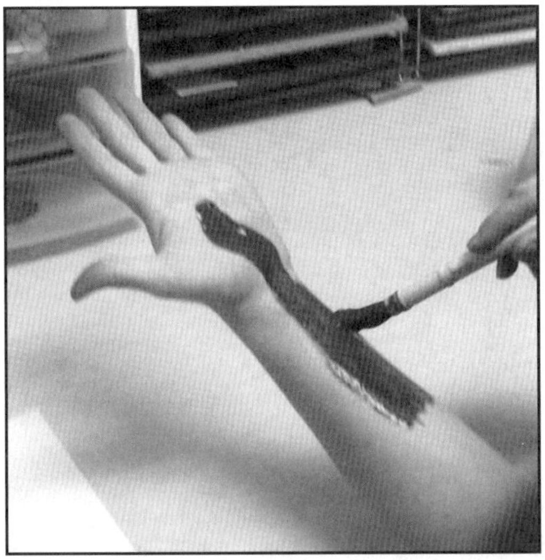

그림 6-3.

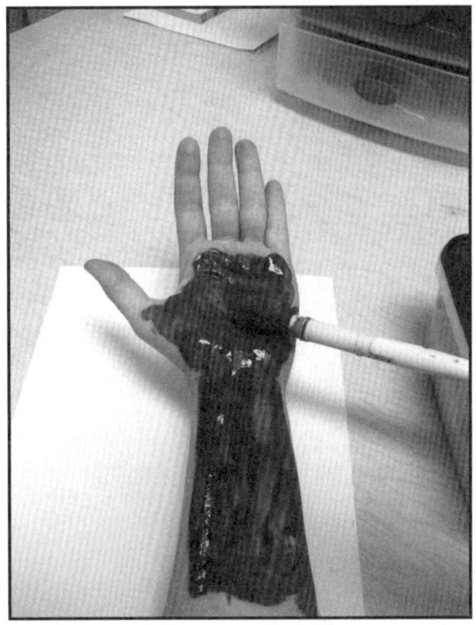

그림 6-4.

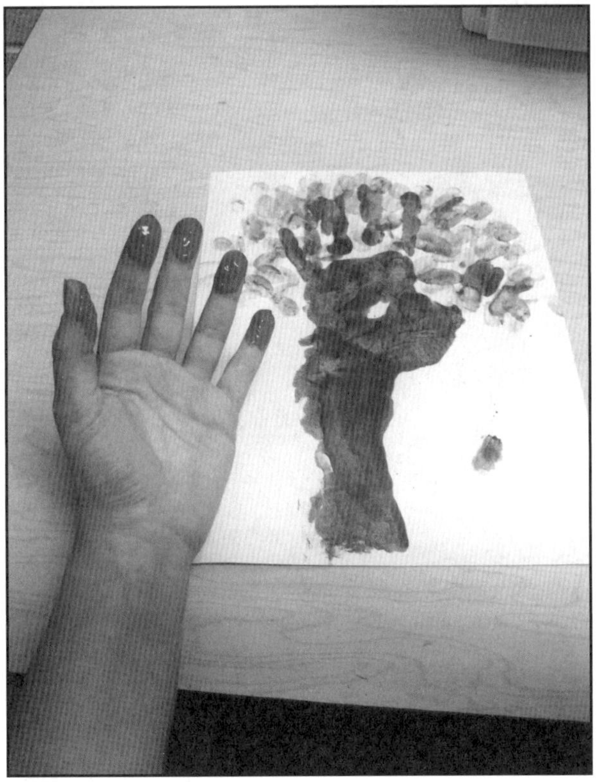

그림 6-5.

드위치를 만든다. 아동은 빵이나 크래커 위에 손가락으로 플럽을 펴 바른다. 플럽 위에 몇 가지 토핑을 올려도 된다(건포도, 스프링클, 프레즐, 과자 등).

- 아동은 표면 전체를 덮을 정도로 플라스틱 접시 위에 땅콩버터를 펴 바른다. 그 다음 아동은 땅콩버터 위에 초콜렛 푸딩을 펴 바른다. 아동은 접시 위에 다양한 글자를 적어본다. 글자를 적은 후 손가락을 핥아도 된다.

  반드시 음식 알레르기 여부 먼저 검사한다.

- 물놀이: 아동은 물놀이를 하는데, 한 그릇에서 다른 그릇으로 물을 붓고 손에도 물을 붓는다. 치료사는 따뜻한 것부터 차가운 것까지 물의 온도를 다양하게 해야 한다. 그 다음 아동은 수건과 스펀지를 주물럭거리며 논다.

  반드시 물의 온도가 위험할 정도로 뜨겁게 되지 않도록 확인해야 한다.

- 물 추적: 치료사는 아동의 눈을 가리고 물에 있는 물건을 고르도록 한다.

  치료사는 아동의 눈을 가리고 물건을 찾는 활동 시 아동이 소리로 판단할 수 있도록 해줘야 하며 이러한 활동 시 주의 깊은 감독을 해야 한다.

- 반죽 활동: 아동은 제과 프로젝트로 빵이나 쿠키 도우를 반죽한다.
- 실리 퓨티: 아동은 실리 퓨티를 당겨보고 여러 가지 표면에 눌러본다.
- 공작 점토: 아동은 공작점토를 굴리거나 꼬집어본다.
- Papier-mache Pinata: 아동은 papier-mache 밀가루/물 혼합물에 신문을 살짝 담그고 부풀어진 풍선 위에 올려놓는다. 아동은 위쪽의 작은 구멍을 제외한 모든 면을 덮는다. 하루 동안 신문이 굳게 한 후 위쪽의 작은 구멍을 잘라낸다. 그 다음 풍선을 색칠하고 안에 사탕

을 담는다.

- 주스 만들기: 아동은 컵에 오렌지나 포토를 쥐어짜서 신선한 주스를 만든다.

상업적 상품

Commercially Available Products

- Floam
- Guidecraft feel & find game
- image captor
- moon sand

7

구강운동
Oral Motor Exercises

구강운동은 혀, 입, 입술, 주변 얼굴 근육을 사용하는 활동으로 구성된다. 이 운동은 식사, 말하기와 언어, 침 흘림 문제, 각성 수준, 집중력에 도움이 될 수 있다. 구강운동의 목적은 구강운동인지를 강화, 자극하거나 증가시키는 것이다.

이러한 활동은 다른 활동이나 자체활동으로 준비될 수 있다. 아이가 이러한 활동을 할 때 피로 징후가 보이는지 관찰하는 것은 중요하다. 아이가 식사나 삼키기에 어려움이 있다면 이 활동을 하기 전에 먼저 의사나 언어치료사에게 확인을 해보는 것이 중요하다. 또한, 구강운동에 문제가 일어나면 먼저 치료사는 어떤 치아에 문제가 있는지 항상 확인하며 강한 깨물기 반사 여부를 확인해야 한다. 아이는 음식이 아닌 물건을 먹는 경향이 있을 수도 있으니 아이의 입에 작은 물건을 대지 않는 것도 중요하다.

구강운동 활동
ORAL MOTOR EXERCISES

입술 닫기와 볼의 근력 강화
Increasing Lip Closure and Cheek Strength

- 아이는 비눗방울 지팡이나 막대로 비눗방울을 분다.
- 아이는 물이 가득 차 있는 컵이나 그릇 속에 빨대를 집어넣고 거품을 분다.
- 아이는 송풍기 장난감을 갖고 논다(그림 7-1).
- 아이는 휘파람과 카추 피리를 분다.
- 치료사는 아이에게 리코더로 음악을 연주하거나 재미있는 소리를 내는 방법을 가르친다.
- 아이는 테이블을 가로질러 응원용 반짝이나 목화송이를 불어본다(그림 7-2).
- 치료사는 종이 물고기를 잘라 테이블 위에 놓는다. 그 다음 아이는 특정 지점에 그것을 불어본다(물동이 안에).

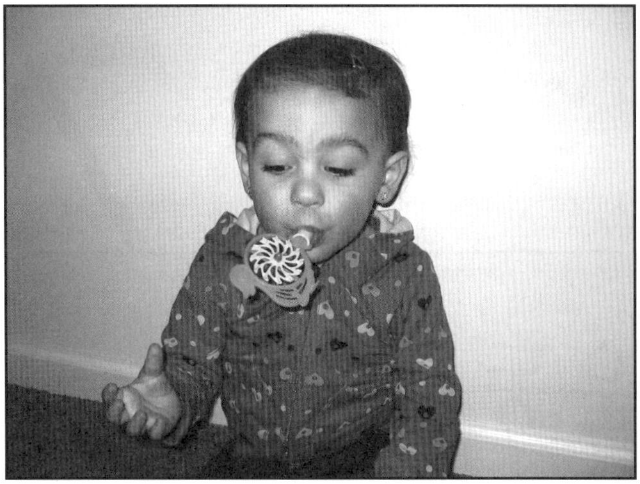

그림 7-1.

그림 7-2.

그림 7-3.

그림 7-4.

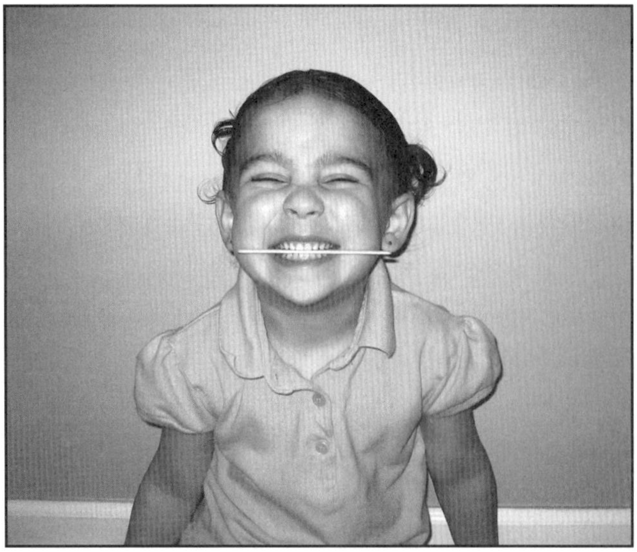

그림 7-5.

- 치료사는 빨대 끝에 종이조각이나 깃털을 붙이고 아이에게 빨대를 불라고 한다(그림 7-3).

소리내기 Sound Making

치료사는 다양한 소리와 소음을 만들고 아이에게 따라해보라고 한다.

치료사와 아이는 여러 가지 다양한 소리로 노래 부른다. 예를 들면, 재미있는 방법으로 다양한 소리를 만들기 위해 "요술사"노래("우에오아아")나 "오래된 맥도날드 농장"("에아이에아이오")을 부른다.

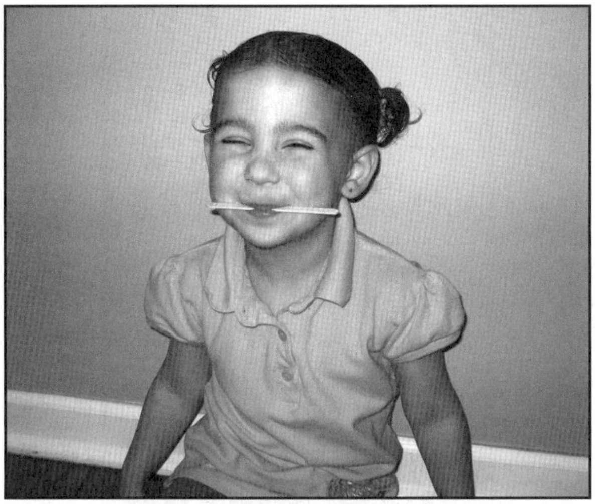

그림 7-6.

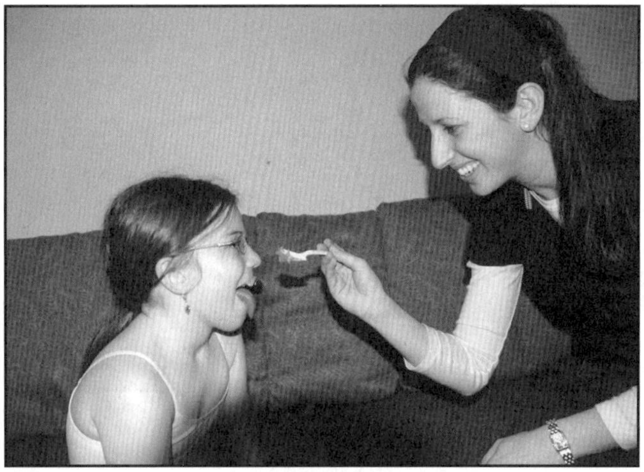

그림 7-7.

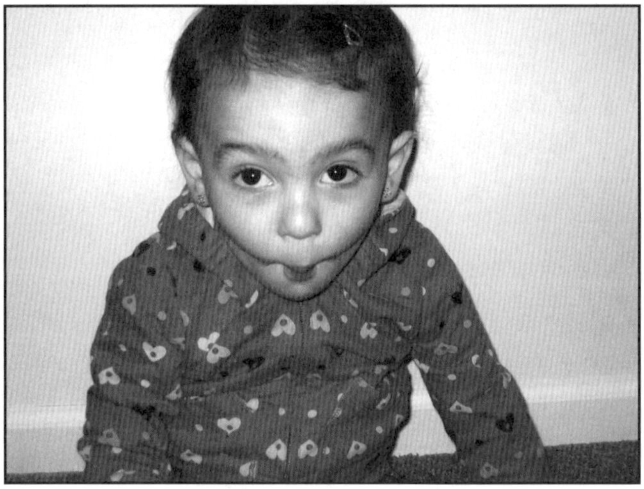

그림 7-8.

전반적인 구강구조 강화 운동 Exercises for Overall Strengthening of Oral Structures

- 턱 강화 운동: 치료사가 당길 때 아이는 아이스스틱을 깨물고 있거나 입에 수평으로 아이스스틱을 놓고 치아로 깨문다(그림 7-4, 7-5).

  치료사는 아이에게 치아 문제가 있거나 물기 반사에 문제가 있는지를 먼저 확인해야 한다.

- 입술 강화운동: 치료사는 아이의 입술 사이에 아이스스틱을 놓고 이 자세를 유지하도록 시킨다(그림 7-6).
- 혀 당김: 치료사는 아이의 혀를 거즈로 싸고 입 밖으로 혀를 부드럽게 당긴다. 아이는 이것에 저항하도록 한다.
- 뺨 치기: 아이는 입의 한 쪽으로 혀를 밀어서 뺨 한 쪽을 튀어나오게 한다. 치료사는 아이의 혀에 저항하면서 아이의 뺨 한쪽을 민다.
- 혀 밀어올리기: 아이는 치리오, M&M, 과일 고리를 혀 위에 놓고 한 번에 몇 초 동안 입 천장에 저항하여 혀를 위로 올리는데, 혀가 입의 위쪽을 밀 수 있는 시간의 양을 서서히 증가시킨다.
- 껌 씹기: 치료사는 아이의 뒤쪽 어금니에 껌을 놓고 위 아래로 씹으라하는데, 씹는 시간을 서서히 증가시킨다.
- 아이는 빨대로 액체를 빨아들인다. 치료사는 액체의 점성과 질감을 다양하게 한다.
- 치료사는 젤리/마시멜로우 플럽/땅콩버터를 아이의 입천장에 놓고 핥아먹도록 한다.
- 치료사는 젤리/마시멜로우 플럽/땅콩버터를 아이의 윗입술에 놓고 핥아먹도록 한다(그림 7-7).
- 치료사는 아이에게 씹기 바삭바삭하고 끈적끈적한 음식을 준다.
- 아이는 위, 아래, 좌우, 모든 방향으로 혀를 움직인다.
- 아이는 입술을 오므리고, 미소를 짓고, 얼굴을 찌푸리고, 입을 열고 닫는다.
- 혀로 물건 찾기 게임: 치료사는 아이의 입술과 입 주위 피부나 입 안의 한 지점을 설압자나 막대 사탕으로 접촉한다. 그 다음 아이는 접촉된 지점을 혀끝으로 찾아야 한다.
- 물고기 얼굴: 아이는 "물고기 얼굴"을 흉내낸다. 몇 초 동안 이 자세를 유지하고 얼굴 근육을 이완시킨다. 허용하는 만큼 반복한다(그림 7-8).

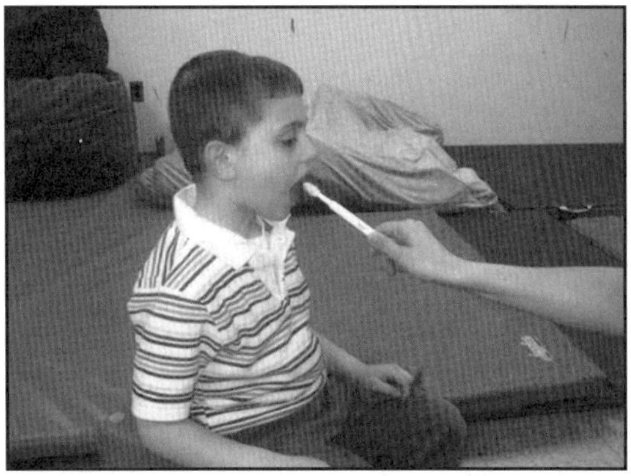

그림 7-9.

그림 7-11.

• 치료사는 아이의 입술에 챕스틱을 소량 올려놓는다. 손을 사용하지 않고 입술을 닫고 앞 뒤로 움직이며 입술 전체에 펴 바르게 한다.

감각 자극으로 입을 자극하기

Stimulating the Mouth Through Sensory Input

• 치료사는 아이의 뒤쪽 어금니에 손가락으로 압력을 제공한다(치료사는 아이에게 라텍스 알레르기 여부를 확인하고 장갑을 껴야 한다).

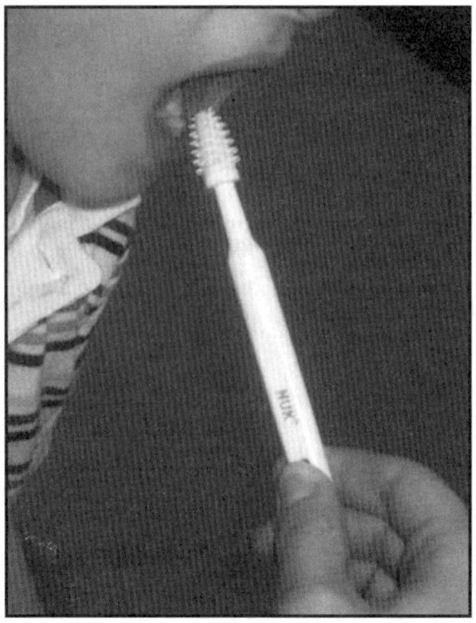

그림 7-10.

• 치료사는 따뜻하고 차가운 천으로 아이의 얼굴 여러 부위를 접촉하고 마사지하여 얼굴을 다양한 온도에 노출시킨다.
• 치료사는 아이의 입 주위 피부를 부드럽게 두드리고 아이에게 똑같이 해보라 한다.
• 아이는 Z-바이브 장난감을 입에 가져가 진동으로 입의 여러 부위(입술, 혀, 뺨)를 자극한다.
• 치료사는 "Nuk"브러시로 입 안과 주변의 여러 부위를 자극한다(그림 7-9, 7-10).
• 치료사는 아이의 얼굴과 주위 부분에 로션을 발라 마사지한다.
• 얼굴과 입술 마사지: 치료사는 아이의 입과 입술 주위 피부를 부드럽게 마사지한다.
• Ark Grabbers/Chewy tubes: 아이는 말랑말랑한 장난감을 물었다가 놓는다(그림 7-11).

제 II 부

시각 시스템

Visual System

신체는 시각 시스템을 통해 세상에 대한 정보를 얻으며 이러한 시각 시스템은 다양한 구성요소들로 이루어진다.

이 장에서는 시각 시스템을 이루는 구성요소들 중에서 중요한 세 가지 구성요소에 초점을 맞추었다. 이것에 대한 논의 후 각각의 시스템에 문제가 발생할 경우 이를 치료할 유용한 활동들을 제시한다.

8

시지각
Visual Perception

눈으로 본 것을 의미 있는 정보로 해석하는 과정을 *시지각*이라고 한다. 시지각은 시각구성(두 개의 비슷한 형태를 구별하는 능력), 형태항상성(하나의 형태를 다른 방법으로 보여줘도 같은 것이라는 것을 인식하는 능력), 전경배경(여러 개의 형태 속에서 하나의 특정한 형태를 찾아내는 능력), 시각완성(보이지 않는 부분이 있어도 전체적인 형태를 인식할 수 있는 능력), 시공간 관계(형태가 어느 방향으로 향하고 있는지 아는 능력), 시각 기억(하나의 형태를 자세히 기억해내는 능력)과 같은 요소들로 이루어져 있다(Martin, 2006).

시지각 기술이 좋지 않은 아동들은 학교생활과 기능적인 활동에 영향을 줄 수 있다. 시지각은 퍼즐을 완성하고, 노트에 글씨를 잘 쓰고, 문자와 숫자를 인식하는 법을 배우고, 물건이 많은 선반에서 장난감을 찾고, 과제를 완성할 때 영향을 준다.

이 장에서는 흥미 있는 게임과 활동을 통해 시지각과 관련된 다양한 활동들을 제시하였다.

시지각 관련 활동
VISUAL PERCEPTUAL ACTIVITIES

시각 구별 Visual Discrimination

- 아동은 "그림 중에 없거나 / 다른 하나를 찾아볼까?" 라는 질문에 표시를 한다(부록 A, pp.187–188).
- 치료사는 네 개의 그림 중에 위에 제시된 그림과 같은 그림을 고른다(부록 A, pp.189–191).
- 점 찍기 게임: 치료사는 여러 가지 색깔의 마커를 사용하기 위해 다양한 색깔과 크기의 원을 그린다. 아동은 치료사가 제공한 마커를 이용해 각 각의 원의 색깔과 같은 마커를 이용하여 점을 찍는다(그림 8–1)(부록 A, p.192).
- 말로 설명하기: 새로운 알파벳을 어떻게 쓰는지 학습할 때 치료사는 그 알파벳을 말로 설명한다. 이 방법은 아동이 알파벳의 다른 특성을 기억하는데 도움을 주고 좀 더 쉽게 재인식하여 알파벳을 쓸 수 있게 한다.

그림 8-1.

그림 8-2.

- 구분하기 게임
  - 퍼즐 조각 구분하기: 아동은 모서리에 맞춰야 할 퍼즐 조각과 중심부에 맞춰야 할 퍼즐 조각을 구분하는데 도움이 된다.
  - 아동은 색깔과 모양을 분류하면서 논다.
  - 야구 카드 구분하기: 아동은 야구선수의 소속팀, 리그 등을 구분한다.
  - 트럼프: 아동은 무늬, 숫자 등을 구분한다.
  - Froot Loops(도넛모양의 시리얼) 구분하기: 치료사는 다양한 색깔의 Froot Loops를 테이블 위에 펼쳐 놓고 아동에게 실 다섯 개를 준다. 아동은 한 줄에 같은 색의 Froot Loops를 끼워서 색깔이 다른 다섯 개의 목걸이를 만든다.
- 모양 따라 그리기
  - Froot Loops 목걸이: 치료사는 Froot Loops로 만든 다양한 색깔의 목걸이를 책상 위에 놓는다. 아동은 목걸이와 같은 색의 펜으로 목걸이 모양을 따라 그린다. 이 활동은 모양의 복잡함 정도와 목걸이의 색깔의 수를 통해 활동의 난이도를 쉽게 하거나 어렵게 할 수 있다(하나의 모양을 따라 그리기를 할 때 목걸이를 2개에서 6개로 조절할 수 있다.).
  - 페그 모양: 아동은 지시한 대로 똑같이 페그보드에 페그를 꽂을 수 있다.
  - 목걸이 만들기: 치료사는 아동에게 다양한 색깔의 비즈를 주고 제시한 목걸이와 똑같이 만들도록 한다.

형태 항상성 *Visual Form Constancy*

- 볼 던지기 게임
  - Part Ⅰ: 치료사는 무작위로 알파벳들을 벽에 배열하고 아동에게 볼을 벽에 던져서 공에 맞는 알파벳을 말하게 한다. 한 번 던지고 나서 단어를 말한다.
  - Part Ⅱ: 아동은 치료사가 벽에 있는 알파벳을 뒤집고, 옆으로, 뒤로 배열하는 동안 눈을 감는다. 아동을 눈을 뜨고 같은 단어를 찾아 말한다.
- 알파벳 알기: 치료사는 종이나 카드에 다양한 방법으로 알파벳 철자를 쓴다. 예를 들어, "A"를 크거나 작게, 대문자나 소문자, 필기체, 빨강색이나 파란색, 노란색으로 쓸 수 있다. 치료사는 여러 개의 철자들을 바닥에 펼쳐 놓고 아동에게 "A"를 찾도록 하고 이어서 다른 철자들을 찾아보게 한다.

- 부록 A, pp.193-194를 보시오.

전경 배경 *Visual Figure/Ground*

- 전경배경에 문제가 있는 아동을 위해서는 보상적 전략을 사용한다. 전경배경에 문제가 있는 아동은 다음과 같다.
  - 잡동사니가 많은 공간에서 놀 때 시각적으로 주의가 산만해지는 한계가 있는 아동
  - 시각적인 산만함으로 인해 교실에서 앞자리에 앉아야 하는 아동

그림 8-3.

그림 8-4.

그림 8-5.

- ◦ 아동에게 과제물을 주고자 할 때 가능한 모든 페이지에 작은 글씨로 표시를 함. 예를 들어, 수학과제물을 낼 때 각 페이지에 수학문제를 써줌
- ◦ 아동이 글을 쓸 때 시각적인 큐를 주기위해 밝고 색깔 있는 펜을 사용하여 종이에 테두리를 표시하기. 몇몇 아동들은 이런 차이를 알게 되고 과제를 하는 종이의 검은 테두리를 점점 이용하게 될 것이다.
- 그림 숨기기: 아동은 그림을 보고 감춰진 모양을 찾는다(부록 A, pp.195−196).
- 아동은 “단어 찾기”를 완성한다
- 물건 찾기: 아동은 방 안이나 장난감들이 있는 선반에서 찾고자 하는 장난감을 찾는다.
- 치료사는 합판으로 만든 철자들을 바닥에 놓고 아동에게 아동 자신의 이름 철자 위를 점프를 하거나 한발로 뛰게 한다.
- 나는 스파이: 치료사는 방안을 둘러보고 물건 하나를 선택한다. 아동에게 물건에 대한 단서를 준다(크기, 색깔, 모양). 아동은 방 안을 둘러보고 그 물건을 찾는다. 아동은 다른 단서나 힌트를 더 요구할 수 있다.
- 글자 찾기: 아동은 단어, 문장, 단락을 종이에 베껴 쓴다. 치료사는 아동에게 빨간 펜이나 마커를 준다. 아동은 특정한 글자를 찾는다. 예를 들어, “R” 찾기. 아동은 그 글자에 빨간색으로 동그라미를 친다.

시각 폐쇄 Visual Closure

- 퍼즐: 아동은 퍼즐을 맞춘다.
  - ◦ 가장 쉬운 퍼즐은 모양 맞추기 퍼즐이다(그림 8−3).
  - ◦ 다음 단계의 퍼즐은 그림조각을 맞추는 퍼즐이다(그림 8−4).
  - ◦ 가장 어려운 단계의 퍼즐은 교합연결형으로 맞추는 퍼즐이다(그림 8−5).
- 아동은 많은 작은 조각들의 형태를 맞춰가며 퍼즐을 완성한다(그림 8−6).
- 퍼즐 맞추기를 할 때 치료사는 아동에게 완성된 퍼즐 그림을 보지 않고 퍼즐 조각만 보고 형태를 알고 있는지 물어본다.
- 미완성 퍼즐: 치료사는 퍼즐을 맞추고 있는 아동을 돕는다. 이때 몇 개의 퍼즐 조각을 숨긴다. 치료사는 아동에게 완성 이전의 그림을 보고 어떤 그림인지를 물어본다.

그림 8-6.

그림 8-8.

- 알파벳 맞추기: 치료사는 종이에 글자의 일부분만 쓰고 아동에서 어떤 글자인지 물어본다(부록 A, p.197).
- 단어 맞추기: 아동이 단어를 알고 있는 단어를 치료사는 단어의 철자들을 일부분만 쓴다. 이 활동은 단어를 아래의 4분의 1은 보지 못하도록 종이로 덮고 4분의 3만 보게 하여 단어 맞추기 게임을 할 수 있다(부록 A, p.198).

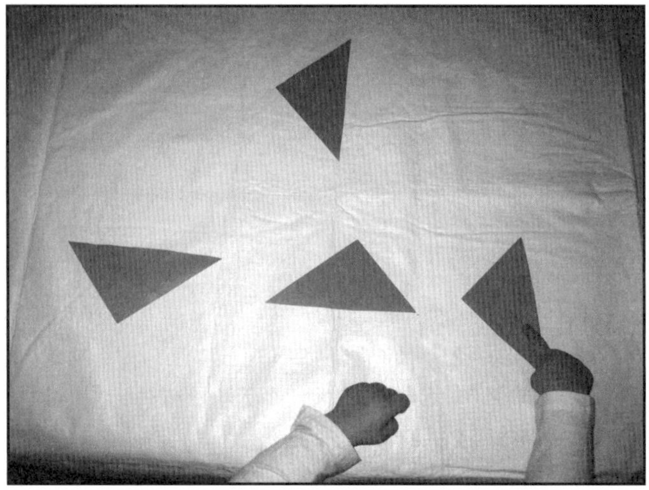

그림 8-7.

- 그림 맞추기: 아동이 그림에서 모양을 알 수 있으면 치료사는 부분만 보이는 그림을 그린다(부록 A, pp. 199-200).

시공간 관계 *Visual Spatial Relations*

- 아동은 "모양/크기 구별하기"를 완성한다(부록 A, pp.177-180).
- 퍼즐: 아동은 알맞은 방향으로 퍼즐 조각들을 돌려놓는다.
- 모양 맞추기: 치료사는 같은 모양 네 개를 자른다. 치료사는 하나를 위에 놓고 세 개를 아래에 차례로 배열한다. 세 개의 중에 하나만 위에 놓여져 있는 모양과 같은 방향으로 놓고 나머지는 각기 다른 방향으로 놓는다. 아동은 위에 있는 모양과 같은 방향으로 놓여진 모양을 찾는다(그림 8-7).
- 레고 맞추기: 이 게임은 위의 모양 맞추기 게임과 같은 방법으로 레고를 가지고 한다. 치료사는 같은 모양의 레고 네 개를 책상으로 놓는다. 하나는 맨 위에 나머지 세 개는 아래에 한 줄로 놓는다. 아래에 놓인 세 개의 레고는 가각 다른 방향으로 배열하되 하나는 위의 레고와 같은 방향으로 놓는다. 아동은 위의 레고와 같은 방향의 레고를 찾는다.
- 열쇠구멍놀이: 치료사는 열쇠와 열쇠구멍을 그리고 열쇠를 자른다. 아동에게 이 열쇠를 구멍에 넣기 위해 어느 방향으로 열쇠를 돌려서 맞추는지 물어본다.
- SET: 아동은 SET이라는 카드를 가지고 같은 모양과 패턴으로 되어있고 각 다른 방향과 색깔 그림을 찾는

그림 8-9.

그림 8-10.

게임을 다른 아동과 한다(그림 8-8).

- Oops 글자 쓰기: 치료사는 의도적으로 보드 위에 글자를 잘못 쓴다(거꾸로, 뒤로 등). 아동은 잘못 쓴 글자를 찾아 말한다.
- 선생님되기: 아동은 선이 그려진 노트에 문장이나 문단을 베껴 쓴다. 아동에게 펠트 마커나 펜을 준다. 아동은 선에 닿지 않은 글자 혹은 선 아래에 있는 글자들에 동그라미를 친다. 동그라미 하나에 1점씩 주며 아동에게 몇 점인지 묻는다.
- 네모 칸에 글자를 바로 쓰기가 어려운 아동은 시각 공간 관계에 어려움을 가지고 있을 수 있다. 이 아동에게는 글을 쓸 때 정확한 위치를 시각적으로 알려줄 수 있는 특별한 노트를 사용하여 도움을 준다. 다음과 같은 노트가 도움이 된다.
    - 모눈종이: 아동은 칸 하나에 한 글자씩 쓴다. 아동의 글씨쓰기 수준에 따라 작거나 큰 네모가 그려진 모눈종이를 사용하라.
    - 선이 그려진 종이: 이런 타입의 좋이는 아동이 글을 쓸 때 물리적인 한계를 알게 해주는데 도움이 된다.
    - 시각적 큐: 치료사는 아동이 글씨를 쓰기 시작해서 다시 돌아오는 부분을 알도록 진한 빨간색 마커로 선과 선 사이 여백에 표시를 한다.
    - 추가적인 시각적 큐: 전반적으로 글씨쓰기가 어려운 아동은 선과 선 사이 여백에 다른 시각적인 큐를 더 준다. 아동이 어디서부터 글을 써야 하는지 알려주기 위해 페이지 왼쪽 모서리 위에 스티커를 붙여줘서 도움을 줄 수 있다. Handwriting Without Tears는 이와 같은 종이들로 만들어져 있다.

시각 기억 *Visual Memory*

- 기억 게임: 이 게임은 기존의 기억 게임을 사용하거나 만들어서 할 수 있다. 치료사는 짝이 있는 카드들을 뒤집어 테이블에 놓는다. 아동은 동시에 같은 짝의 두 개의 카드를 찾아 뒤집는다.
- Froot Loops 기억 게임: 치료사는 아동에게 빨간색, 오렌지색, 노란색, 파란색이라고 쓰인 카드를 차례로 보여준다. 아동은 카드에 쓰인 색깔대로 목걸이를 만든다.
- "Busy picture" 책: 아동은 잠깐 동안 "busy picture" 책의 한 페이지를 본다. 책을 덮고 가능한 자세하게 치료사에게 본 것에 대해 말한다.

이 외의 시지각 자료
Additional Visual Perceptual Resources

- Test of Visual Perceptual Skills, Revised (TVPS-R). TVPS-R은 아동의 시지각 기술을 평가하는 도구로 사용되어 왔다. 그러나 시지각을 평가하는 각각의 항목들은 아동들이 다양한 시지각 영역에서 시지각 기술들을 연습하고 향상시킬 수 있게 사용할 수 있다(Martin, 2006).

아동이 TVPS-R로 시지각 연습을 하고 있다면 아동의 시지작 기술을 TVPS-R을 이용해 재평가하는 것은 중요하지 않다. 대신, *Developmental Test of Visual Perception, 2nd.(DTVP-2)* ***와 같은 다른 시***

지각 평가도구를 사용할 수 있다.(Hammill, Pearson, Voress, 1993)

웹사이트 On the Web

시지각 활동에 관련된 웹사이트 http://edhelper.com/visual_skills.htm

상업적 상품
Commercially Available Products

- Colorama
- Conner Four
- Design and Drill Activity Center
- Dominoes
- Doodle Dice Deluxe
- Fantacolor Jr.
- I Spy Board Game
- Katimono
- KID K'NEX
- Lincoln Logs
- Magnetix
- Oreo Matchin' Middle Game
- Pattern Blocks & Board
- Pattern Play
- Perfection
- Picture Perfect Design Tiles
- Rainbow Loom
- Rush Hour Jr.
- SET
- Smart Snacks Mix & Match Doughnut Game
- Smart Snacks Sorting Shapes Cupcake
- Spot It
- Stare
- Tetris computer game
- Tic-Tac-Toe
- Where's Waldo

9

시각운동통합
Visual Motor Integration

시각운동통합(Visual Motor Integration: VMI)은 눈을 통해 손의 움직임 방향을 결정하고 지각과 운동 기술 통합이 요구된다. 시각운동통합 기술은 아동이 글을 쓰거나, 그림을 따라 그리거나, 가위를 사용하거나, 미로 찾기를 하거나, 블록을 쌓는 능력과 대부분의 스포츠 활동을 성공적으로 할 수 있는 능력에 영향을 미친다.

시각운동 기술과 관련한 활동을 하는데 있어 자세를 취하는데 어려움이 있는 아동은(운동 요소, 지각 요소, 혹은 두 요소에 문제가 있음) 시각운동통합 측면에서 다뤄져야 한다. 예를 들어, 미로 찾기를 할 때 눈은 미로를 따라 가지만 연필로 한정된 공간 안에서 미로를 따라 갈 때 어려울 수가 있다. 반대로 다른 아동은 같은 미로 찾기에서 연필로 미로 안을 따라서 그리는 것은 문제가 없지만 미로를 따라 눈을 정확하게 옮기지 못한다. 그래서 시각운동 연습을 할 때 시간운동통합에 어려움을 가진 아동이 어떠한 시각운동통합 구성요소에 문제가 있는지 아는 것이 중요하다.

이 장은 다양한 시각운동통합 활동을 제공한다. 시지각통합은 지각과 운동 기술 둘 다를 지칭하는 것을 기억하는 것이 중요하다. 아동이 도전할 적절한 활동을 선택할 때 반드시 기억해야한다.

시각 운동 활동
Visual Motor Activities

자르고 붙이기 *Cutting and Gluing*

- 자르기 연습
  - 아동은 종이를 작은 조각으로 자른다.
  - 아동은 선을 따라 자른다.
  - 아동은 도형을 따라 자른다(부록 A, pp.184−186).
  - 아동은 그림을 따라 자른다.
- 재질: 아동은 종이, 카드보드, 빨대, 플레이도우, 실리

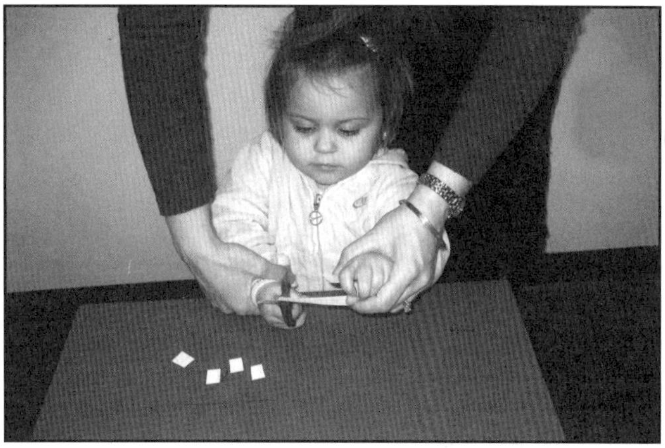

그림 9-1.

그림 9-3.

퍼티를 자른다.

- 아동은 선 안에 풀을 칠한다.

글씨쓰기/그림그리기 포함한 쓰기 기술

Handwriting Skills Involving Writing/Drawing

- 아동은 "점 잇기"를 완성한다(부록 A, pp.201-205).
- 아동은 미로를 완성한다(부록 A, pp.206-210).
- 아동은 도형이나 그림의 모양을 따라 그린다(부록 A, pp.181-186, 211-217).
- 손 따라 그리기: 아동은 비우세손을 종이에 올려 놓고 우세손으로 손을 따라 그린다.
- 아동은 "화살표 따라 그리기"를 완성한다(부록 A,

그림 9-2.

p.218).

- "우리 안의 동물": 치료사는 네모 안에 동물을 그린다. 치료사는 아동에게 동물우리의 철창을 그리지 않으면 동물이 도망을 갈지도 모른다고 한다. 아동은 동물우리 위에서 아래까지 선을 그린다.
- 베끼기: 아동은 종이 위의 간단한 도형, 글자, 단어, 문자, 단락을 베낀다.
- 그림 베끼기: 아동은 여러 가지 복잡한 모양이나 그림을 베낀다. 아동이 이 활동을 할 수 있는 나이인지 고려할 것. 아동의 발달선상에서 너무 복잡한 모양 베끼기를 하지 않도록 한다. Berry Developmental Test of Visual Motor Integration을 참고하여 적정 나이에 대해 참고할 것(Berry, Buktenica, & Berry, 2010).
- 아동은 스텐실을 사용하여 그림을 그린다.

집 만들기 Building

- 아동은 아이스캔디 스틱으로 집을 만든다.
- 아이스캔디 스틱 박스 만들기: 치료사가 스틱으로 모양을 만들면 아동은 그 모양 위로 스틱을 쌓는다(그림 9-3).
- 집짓기/쌓기: 아동은 블록을 쌓아 집을 만들고 적목으로 탑을 쌓는다.
- 치료사는 블록이나 적목을 쌓아서 간단하게 만든 다음

그림 9-4.

그림 9-5.

그림 9-6.

그림 9-7.

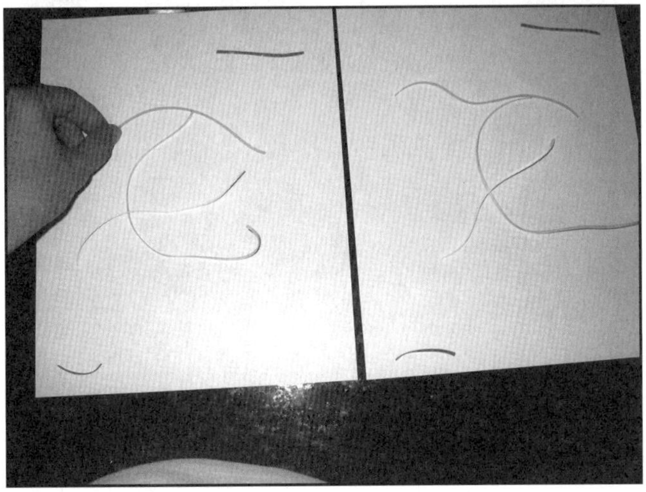

그림 9-8.

아동에게 똑같이 만들어 보라고 한다.

- 마쉬멜로우 집짓기: 치료사는 이쑤시개에 마쉬멜로우를 연결하여 기하학적모양을 만든다. 아동은 이를 보고 똑같이 만든다(그림 9-4).

글자, 모양, 도안 만들기

Forming Letters, Shapes, and Designs

- 파이프 클리너 글자: 아동은 파이프 클리너로 글자를 보고 만들기를 하고 나서 자신이 만들고 싶은 글자를 만든다.
- 플레이 도우 글자: 아동은 플레이 도우로 글자를 보고 만들고 나서 자신이 만들고 싶은 글자를 만든다.
- 치료사는 아이스캔디 스틱을 준다. 아동은 아이스캔디

그림 9-9.

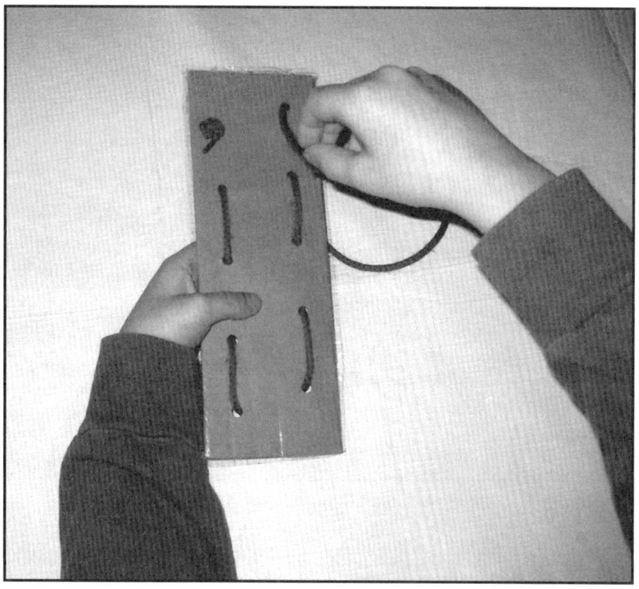

그림 9-11.

스틱으로 모양과 글자를 만든다.

- 아동은 위키 스틱(Wikki Stix)으로 글자를 만든다(그림 9-5).
- 아동은 위키 스틱(Wikki Stix)으로 도안과 패턴을 보고 똑같이 만든다(그림 9-6, 9-7, 부록 A, p.219).
- 치료사는 줄이나 색깔 있는 끈을 다양한 길이로 자른 다음 그것들은 겹치게 하여 모양을 만들어 낸다. 아동은 줄을 이용해 치료사가 만든 것과 똑같이 만든다(그림 9-8).
- 기하판(geoboard): 아동은 기하판 위에 같은 모양과 형태를 맞춘다.

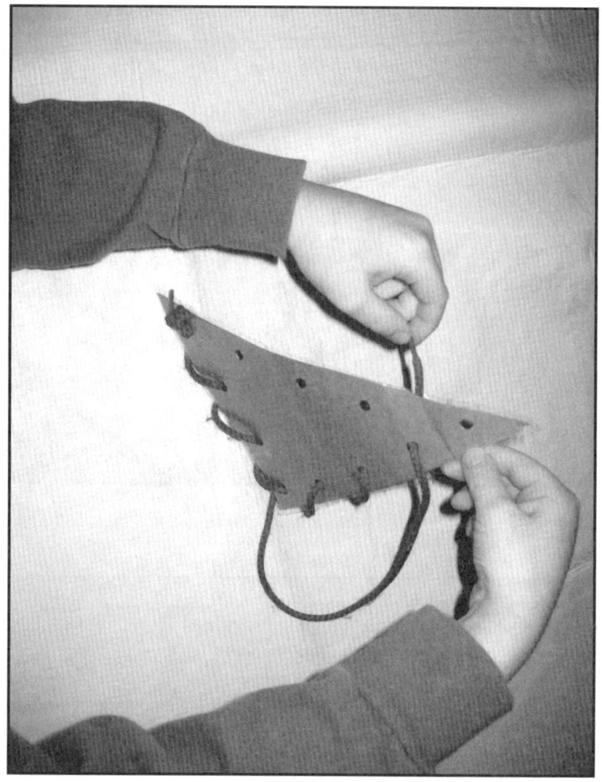

그림 9-10.

그림 9-12.

그림 9-13.

그림 9-14.

그림 9-15.

- 끈 잇기 보드(lacing board): 아동은 끈 잇기 보드를 이용해 보드 끝을 감침질을 하고나서(그림 9-10) 시침질을 한다(그림 9-11).

공놀이 *Ball Games*

- 공 튕기기
  - 아동은 농구공을 빠르게 그리고 천천히 튕기기를 한다(그림 9-12).
  - 아동은 두 손으로 두 개의 공을 튕긴다(그림 9-13).
- HORSE: 아동은 다른 아동이나 치료사와 농구 게임 HORSE를 한다. 아동은 공을 농구 링에 던진다. 만약 아동의 공이 들어가지 않으면 치료사 차례가 된다. 아동이 공을 넣으면 치료사도 공을 넣어야 한다. 치료사가 공을 넣지 못하면 아동은 "HORSE" 단어 중 한 글자를 받는다. 치료사가 공을 넣으면 아동은 다시 공을 넣을 차례이다. HORSE 글자를 다 받으면 게임에 이기고 다 잃으면 게임에 진다.
- 볼링: 치료사는 볼링 핀이나 부드러운 블록들을 세팅한다. 아동은 작거나 중간정도 크기의 공을 가지고 가능한 많은 볼링 핀/블록을 쓰러뜨려야 한다.

그림 9-16.

- 저글링
  - 치료사는 세 개 혹은 더 많은 볼을 가지고 아동에게 저글링하는 방법을 가르친다(그림 9-14).
  - 아동은 아동을 두 개의 볼을 각각의 손에 잡는다. 아동은 오른쪽 손에 있는 공을 위로 던지면서 왼 손에 있는 공을 오른손으로 보내고 공중에서 떨어지는 공을 왼손으로 잡는다. 여러번 반복한다(그림 9-15).
- Tic-Tock-Tire: 치료사는 타이어 혹은 훌라우프를 매달아 좌우로 움직이게 한다. 치료사는 바구니에 콩주머니, 쿠쉬볼(koosh ball) 등과 같은 작은 물건들로 채워놓는다. 아동은 한번에 하나씩 콩주머니를 집어서 타이어가 움직일 때 던진다. 이 때 타이어가 맞지 않도록 한다(그림 9-16).

종이접기 활동 *Folding Activities*

- 오리가미: 치료사는 아동이 따라할 수 있는 간단한 종이 접기를 한다.
- 종이비행기: 치료사는 종이를 접을 때마다 아동도 똑같이 따라하게 하면서 종이 비행기를 만든다.
- 냅킨 접기: 치료사는 아동에게 간단한 냅킨 접기를 가르친다. "쉽게 넵킨 접기"와 관련한 웹사이트를 검색에 다양한 재미있는 접기를 찾는다.

웹사이트 *On the Web*

- 컴퓨터 상에서 놀이를 할 수 있는 시각-운동 활동 www.eyecanlearn.com

상업적 상품 *Commercially Available Products*

- Angry Birds Mega Smash
- Elefun
- Frisbee
- Jacks
- Labyrinth Game

10

시각 탐색(주시)
Visual Scanning

시각 탐색(주시)은 움직이거나 정지된 목표물을 보는 두 눈의 움직임이다. 시각 탐색(주시)이 여러 영역에서 다뤄지는 기술들이 있지만 이 장에서는 몇 개의 특별한 시각 탐색(주시)의 구성요소에 대해 초점을 두고자 한다. 시각 탐색(주시)은 천천히 움직이는 물체을 따라 보거나, 가까운 두 물체를 재빨리 훑어 보거나, 멀리 있는 물체가 가까이 움직이는 것을 따라 보는 것을 말한다.

시각 탐색(주시)이 좋지 않으면 학교 공부가 어렵고 기능적 결함이 생길 것이다. 학교 공부에서는 읽기와 문장을 보고 쓰기에서 가장 어려움이 있을 것이다. 기능적으로는 아동이 스포츠를 할 때와 주변에 있는 움직이는 물체를 볼 때 어려움이 있을 것이다.

시각 탐색(주시)이 좋지 않은 아동은 어떤 것을 따라가면서 볼 때 눈을 움직이는 대신 머리를 움직여서 이를 보상하려고 한다. 비효율적인 시각 탐색(주시)은 비효율적인 결과를 가져온다.

이 장에서 제시하는 활동들을 하고자 할 때는 아동들의 머리를 잘 조절하고 있는지 주의해야 한다. 어떤 활동을 할 때 머리를 잘 조절하게 하기 위해 자연스러운 신체적인 입력을 제공하는 것이 필요할지도 모른다. 만약 활동 중에 아동의 머리가 움직인다면 시각 탐색(주시) 능력은 향상되지 않을 것이다.

이 장에서는 다양한 시각 탐색(주시) 활동을 제시한다. 시각 탐색(주시)의 활동의 균형을 위해 그룹 활동을 포함하였다. 이 활동이 포함된 이유는 아동의 환경도 끊임없이 움직이는 것이기 때문이다. 아동은 움직이는 물체들 만큼이나 정지된 표면도 탐색(주시)하는 것을 배워야 한다. 예를 들어, 바닥이 울퉁불퉁한 보도를 걸으면서 도로 표시판을 읽거나, 층계를 따라 오르거나, 돌을 따라 걸을 수도 있다.

시각 시스템은 움직임을 조절하는 시스템과 밀접하게 관련이 있음을 아는 것은 중요하다. 시각 추적(주시) 연습을 할 때 치료사는 어지러움 증상이 있는지 잘 살펴야 하며 아동이 어지럽거나 메스껍다고 하면 즉시 활동을 멈춘다.

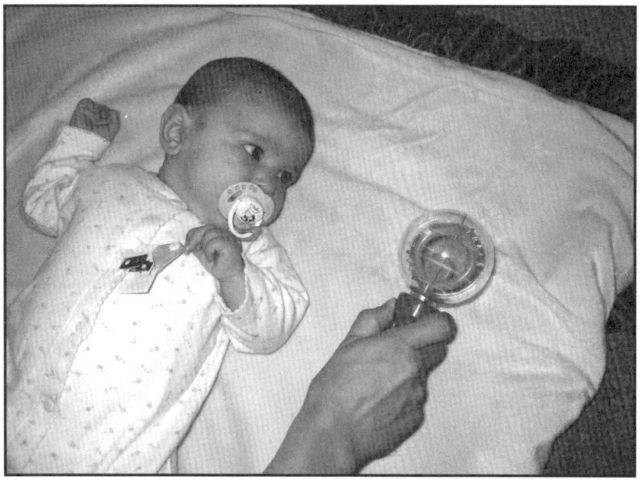

그림 10-1.

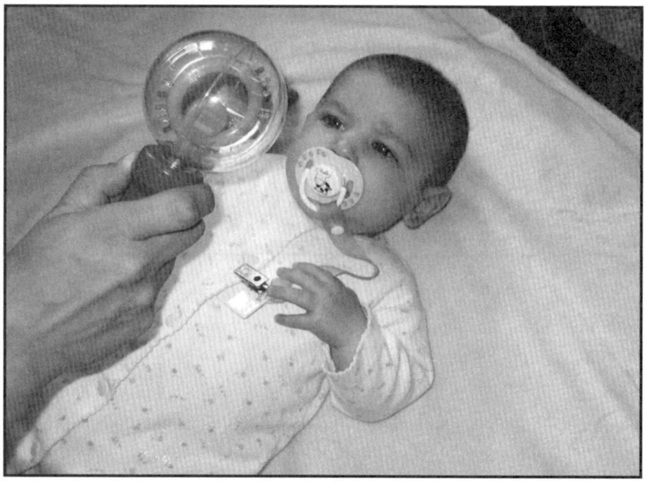

그림 10-2.

그림 10-3.

그림 10-4.

그림 10-5.

시각 탐색(주시) 활동
VISUAL SCANNING ACTIVITIES

기본적 시각 추적 Basic Visual Tracking

- 시각 추적 능력 수준이 높은 아동: 치료사는 물체를 아동 얼굴 앞에 보여준다. 치료사는 아동에게 머리를 움직이지 말고 눈으로만 움직이는 물체를 따라서 보라고 지시한다. 치료사는 물체를 여러 방향에서 천천히 그리고 빠르게 움직인다. 치료사는 아동이 시각 주의를 유지하는데 도움을 주기 위해 아동이 좋아할 만한 물건을 고른다.
- 시각 추적 능력 수준이 낮은 아동: 아동을 앉은 자세 혹은 누운 자세를 취하게 한다. 흥미있어 하거나 혹은 불빛이 나오는 장난감/물체를 움직인다. 장난감 혹은 불빛을 좌우로, 위아래로, 대각선 방향으로 움직인다.

그림 10-6.

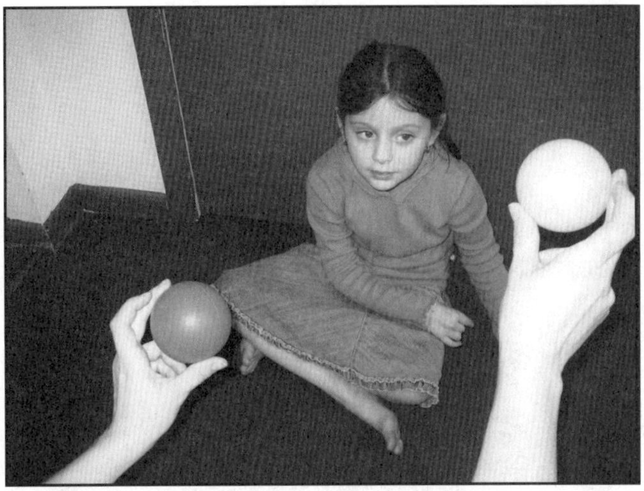

그림 10-7.

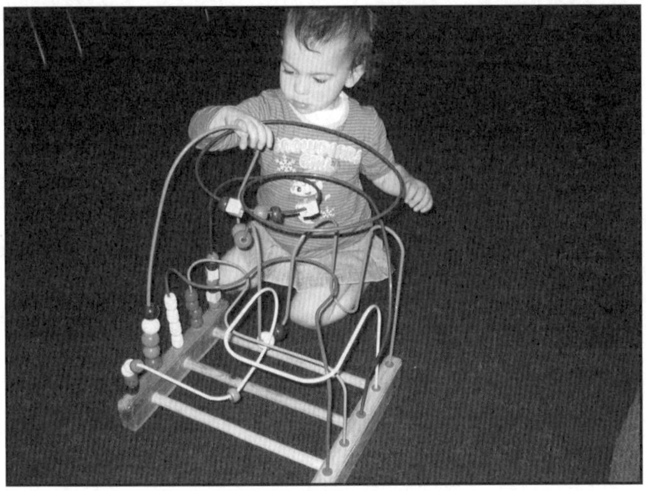

그림 10-8.

- ○ 누운 자세: 그림 10-1부터 10-3
- ○ 앉은 자세: 그림 10-4부터 10-6

- 빠른 안구운동 연습(saccades)(눈의 움직임이 한 물체에서 다른 물체로 빠르게 움직이는 능력): 치료사는 각각의 손에 물체를 들고 두 개의 물체를 바꿔가면서 보도록 한다. 예를 들어, 치료사는 빨간 공과 파란 공을 들고 아동에게 "빨간색, 파란색, 빨간색, 파란색"이라고 한다. 치료사는 두 개의 물체를 좌우, 위아래로 보여주면 아동은 머리를 움직이지 않고 따라 본다(그림 10-7).
- Flashlight tag: 이 게임은 어두운 방에서 한다. 치료사는 천장이나 방 어딘가에 불빛을 비춘다. 아동은 빨리 불빛의 위치를 차례로 찾아낸다.

주의: 아동의 머리 움직임을 줄이고 눈의 움직임을 많이 주기 위해 아동들의 머리가 아니라 눈을 움직이도록 아동의 머리를 유지할 수 있도록 살짝 잡아주는 것도 도움이 된다.

- "어디에 있을까?": 치료사는 작은 동전이나 물건을 아동 앞 책상위에 놓는다. 그 중 하나를 집어서 아동이 따라볼 수 있도록 양손에서 몇 번 왔다 갔다 한 후 멈춘다. 아동은 동전을 잡고 있는 손을 맞춘다.
- 읽기 활동
  - ○ 아동은 책을 들고 치료사에게 큰 소리로 읽는다.
  - ○ 아동은 읽으면서 단어를 두 번째 손가락으로 짚어 가면서 읽는다.
  - ○ 아동은 조금 떨어진 곳에서 X자 보드 위에 쓰인 글자들을 읽는다.
  - ○ 아동은 조금 떨어진 곳에서 X자 보드 위에 쓰인 문장들을 차례로 읽는다.
- "여왕은 어디에 있을까?": 치료사는 트럼프카드 세 개를 테이블 위에 놓는다. 세 개 중 하나는 여왕카드다. 치료사는 여왕카드를 보여주고 나서 다시 책상 위에 덮어놓는다. 천천히 카드들의 자리를 바꾸고 나서 아동에게 여왕카드로 생각되는 카드를 고르라고 한다.
- 구슬 롤러코스터: 아동은 구슬을 한쪽으로 옮겨 놓는다(그림 10-8).
- 요요 놀이: 치료사는 요요를 위아래, 좌우로 천천히 움직이고 아동에게 이를 보도록 한다. 아동이 요요를 할 수 있는 연령대이면, 요요를 좌우로 움직여 보라고 한다.

그림 10-9.

그림 10-10.

균형 활동이 포함된 시각 추적(주시) 활동

Visual Scanning Activities Involving Balance

- 균형대 추적(주시) 게임: 아동은 앞이나 옆 쪽 벽에 붙여진 한 줄로 된 글자들을 읽으면서 균형대를 따라 걷는다. 활동 수준을 높이려면 세로 줄을 읽게 하거나, 첫 글자와 끝 글자만 읽거나, 줄의 모든 단어를 읽게 하거나, 한번에 두 단어를 읽게 한다. 이 활동은 간편하게 바닥에 테잎을 길게 붙여 균형대를 걸으며 글을 읽는 대신 테잎을 따라 걷도록 할 수도 있다. 만약 아동이 아직 글자를 모르면 그림이나 모양들을 사용할 수 있다(부록 A, pp.220-221).
- 천천히 움직이도록 하기 위한 조언: 치료사와 아동이 마주보고 앉는다. 치료사는 아동의 머리를 고정하고 아동의 눈을 맞춰본다. 치료사가 천천히 아동의 머리를 오른쪽, 왼쪽, 위, 아래로 움직인다.
- 발뒤꿈치-발가락 움직임(rocking): 발뒤꿈치로 균형을 유지한다. 아동은 1초에서 2초 동안 발뒤꿈치에서 발가락으로 왔다 갔다 하면서 앞뒤로 움직인다. 아동이 이 활동을 부드럽게 할 수 있으면 치료사는 벽에 글자를 붙이고 아동에게 글을 읽으면서 발뒤꿈치에서 발가락으로 움직이게 한다.

글쓰기/그림그리기 *Writing/Drawing*

- 카드 짝짓기 게임: 치료사는 종이에 오른쪽에는 카드들을 세로로 배열하고 왼쪽에는 숫자를 세로로 쓴다. 숫자와 그림을 연결하는 선을 그리고 아동에게 눈으로 각 숫자와 연결된 그림을 찾기 위해 선을 따라보라고 한다(부록 A, pp.222-224).
- 단어와 문자 베껴 쓰기: 아동은 책상이나 테이블에 앉아 칠판에 쓰여 있는 단어나 문장을 종이에 베껴 쓴다.
- 버블놀이: 아동은 바닥이나 균형대 위에 선다. 치료사는 아동 주변에 버블을 불어주면 아동은 가능한 많은 버블을 터지게 한다.

공 던지고 잡기 활동하기

Throw/Catch and Ball Activities

- 던지고 잡기 놀이와 공놀이: 아동은 훌라우프를 공중에 던졌다가 잡는다(그림 10-9).
- 훌라우프 던지기: 아동과 치료사는 훌라우프를 각각 하나씩 잡는다. 치료사가 "시작"하면 동시에 훌라우프를 던지고 동시에 상대방의 훌라우프를 잡는다(그림 10-10).
- ABC 게임: 치료사는 "A"부터 "E" 철자를 벽 위에 붙인다. 철자들은 벽에서 조금 떨어져 있는 아동이 볼 수 있는 크기여야 한다. 아동은 "A"에 공을 던져 되돌아오는

그림 10-11.

그림 10-13.

공을 잡는다. 아동은 알파벳순으로 공을 던지고 다시 잡는다. 치료사는 이 활동의 수준을 조절하기 위해 더 많은 알파벳을 붙이거나, 2–3개의 글자를 붙여서 게임을 한다.

- 철자게임: 치료사는 글자들을 벽 위에 붙인다. 치료사가 글자를 읽으면 아동은 그 글자를 찾아 공으로 맞히고 다시 공을 잡는다. 나이가 많은 아동은 치료사가 단어를 불러주면 단어의각 글자들을 공을 던져 맞춘다.
- 아동은 공을 빠르게 움직이게 하는 스포츠 게임을 한다. 이러한 활동에는 플로어 하키, 에어 하키, 미니골프, 탁구, 프리스비, 축구, 테니스 등이 있다(그림 10–11).
- 풍선 치기: 아동은 라켓이나 손으로 풍선을 계속 친다.

그림 10-12.

- 풍선 배구: 다른 아동과 함께 라켓이나 손으로 풍선을 쳐서 배구게임을 한다.
- 아동은 테니스 라켓으로 바닥에 작은 공을 계속 친다.
- 아동은 테니스 라켓 위에 작은 공을 올려 놓고 공중으로 계속 친다.

점핑 *Jumping*

- 트렘폴린 글자 게임: 치료사는 트렘폴린 위에 여러 개의 글자를 붙인다. 치료사는 한 번에 한 글자씩 아동에게 불러주고 아동을 재빨리 글자를 찾아 그 글자위로 점프한다.
- 화살표 지도: 치료사는 벽에 화살표 지도를 붙인다(부록 A, p.225). 아동은 큰 소리로 화살표의 방향을 말하고 화살표 방향대로 걷거나 화살표 방향으로 점프를 하거나 화살표 방향으로 춤을 춘다.

그림 **10-14.**

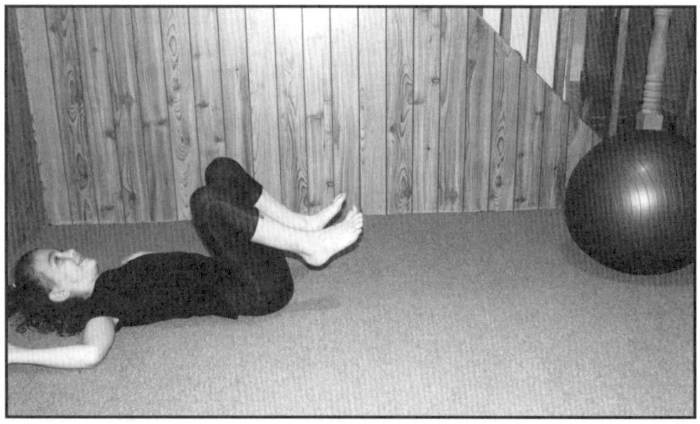

그림 **10-15.**

그림 **10-16.**

그림 **10-17.**

그림 **10-18.**

눈 모으기 강화하기

Strengthening Eye Convergence

- 치료사는 벽에 작은 스티커를 붙인다. 아동은 벽에 스티커를 보면서 팔굽혀펴기를 하면서 코로 스티커를 건드린다(그림 10-12).
- 매달린 공 놀이: 아동은 매달린 공을 손이나 막대로 친다. 활동 수준을 높이기 위해 막대에 색깔이 있는 테잎을 붙여 그 부분이 공에 닿도록 때린다. 더 활동 수준을 높이기 위해 균형대 위에서 활동한다(그림 10-13).
- 아동은 작은 공을 공중에 던지고 받는다. 활동 수준을 높이기 위해 균형대 위에서 한다.
- 아동은 벽을 향해 공을 던지고 바로 잡는다.
- 농구공 흔들기: 치료사는 작은 농구 골대를 플랫폼 스윙 주변에 놓고 콩주머니나 쿠쉬볼을 준비한다. 아동은 플랫폼 스윙에서 공을 하나씩 던진다. 치료사는 천천히 아동 앞으로 뒤로 스윙을 밀어준다. 활동 시 농구 골대는 아동 앞에 놓는다.
- 아동은 플랫폼 스윙이나 롤링 스쿠터에 바로 앉는다. 치료사는 아동을 움직이거나 혹은 정지된 공을 향해 밀어내면 아동은 발에 닿는 부분을 밀어낸다(그림 10-14).
- 아동은 바닥에 등을 대고 눕는다. 치료사는 큰 볼을 아동의 발을 향해 굴린다. 아동은 공이 다가오면 발로 찬다(그림 10-15와 10-16).
- 아동은 바닥에 배를 대고 눕는다. 치료사는 큰 볼을 아동을 향해 굴린다. 아동은 공이 다가오면 두 손으로

그림 **10-19.**

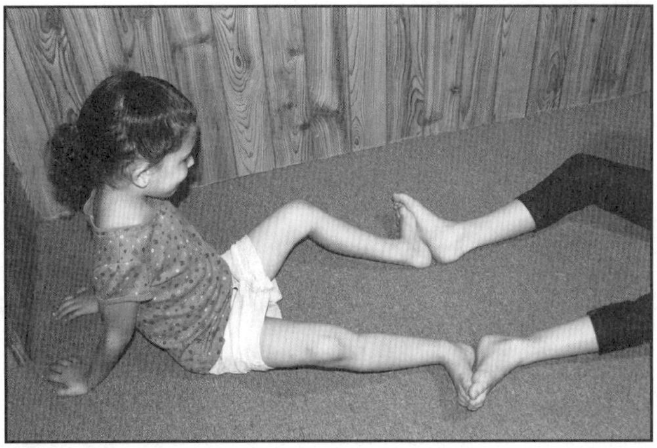

그림 **10-20.**

그림 **10-21.**

그림 **10-22.**

공을 밀어낸다(그림 10-17과 10-18).

- 아동은 치료사나 다른 아동과 마주보고 앉아서 다리를 펴고 발을 맞댄다. 두 아동은 동시에 상대방의 발을 밀어내면서 발을 바깥쪽으로 돌린다. 치료사는 아동에게 이 활동을 하는 동안 시각적 주의를 유지하도록 지시한다(그림 10-19와 10-20).
- 두 아동을 엎드려서 서로 얼굴을 마주본다. 서로 공을 주고 받는다(그림 10-21과 10-22).
- 아동은 무릎으로 선다. 치료사는 큰 공을 아동에게 굴린다. 아동은 가까이 오는 공을 밀어낸다.

웹사이트 *On the Web*

- 시각 추적 활동 www.eyecanlearn.com
- 미로 관련 링크와 dot-to-dot 자료 www.abcteach.com

상업적 상품

Commercially Available Products

- Lucky Ducks
- Simon
- Whac-A-Mole
- Zoom Ball

제 III 부

분리 활동

Dissociation Activities

*체간 분리*는 신체의 각 부분을 체간과 분리해서 독립적으로 사용하는 것이다. 분리 능력이 떨어지는 아동의 움직임은 뻣뻣하고 둔해 보인다. 다양한 양상의 분리가 있다. 이 장에서는, 체간 분리와 손가락 개별화에 대한 이야기를 다루었다.

11

체간 분리
Body Dissociation

체간 분리는 다른 신체 부분의 움직임 없이 체간에서 한 부분만 움직이는 능력을 말한다. 예를 들어, 아동이 구르기를 할 때 사지와 머리뿐만 아니라 좌우 사지를 분리시켜 신체를 부분적으로 굴리는 것이다. 체간 분리 능력이 떨어지는 아이는 분리된 구르기와 다르게 뻣뻣한 통나무처럼 움직일 것이다.

체간 분리 능력이 떨어지면 뻣뻣하고 비협응적인 움직임이 나타난다. 이것은 또한 아동에게 에너지와 시간의 과도한 소비를 필요로 하는 비효율적인 움직임 패턴을 만들어내기도 한다. 아이들이 살고 있는 환경에서 놀고 움직이기 위해서는 많은 에너지가 필요 없는 빠르고 간단한 움직임이어야 한다.

체간 분리의 세 가지 주요한 구성 요소가 있다: 상체와 하체를 분리해서 움직이는 능력, 체간과 사지에서 한 사지를 분리해서 움직이는 능력, 머리와 얼굴 근육을 분리해서 움직이는 능력. 이 장에서는 체간 분리의 세 가지 구성 요소를 향상시키는 활동을 제공한다.

또한 이 장에서는 사경(소아들에게 흔히 나타나는 목 근육의 뻣뻣한 상태)에 적용하는 운동에 대해 다루었다. 이 장에서는 목 근육에 뻣뻣함을 보이는 아이가 체간에서 머리와 목을 분리하는데 어려움을 보이고 나중에 전반적인 분리에서도 어려움을 보일 수 있는 아이를 위한 다양한 운동을 소개한다.

체간 분리를 위한 치료 활동
Body Dissociation Treatment Activities

전신 분리 *Whole Body Dissociation*

- 야구: 치료사는 티 위에 야구공이나 위플공을 놓는다. 아이는 방망이를 휘둘러 티에 있는 공을 친다. 이 게임은 티 없이 할 수도 있으며, 느리고 조절된 방식으로 공을 친다면 체간의 서로 다른 근육을 더 쉽게 분리할 수 있다.

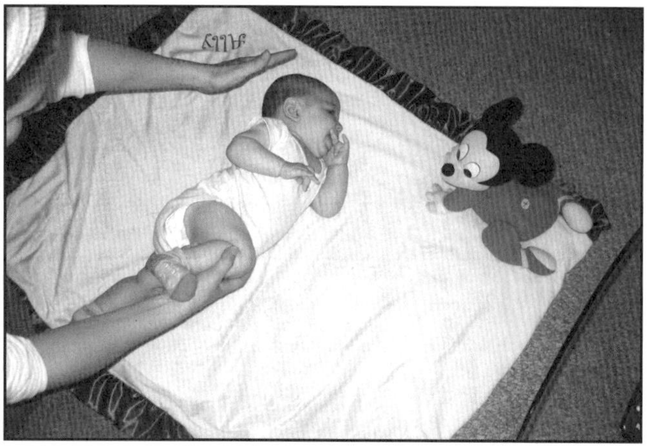

그림 11-1.

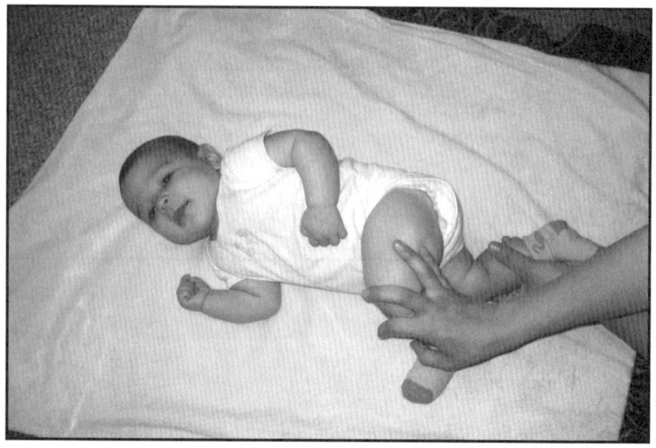

그림 11-2.

그림 11-3.

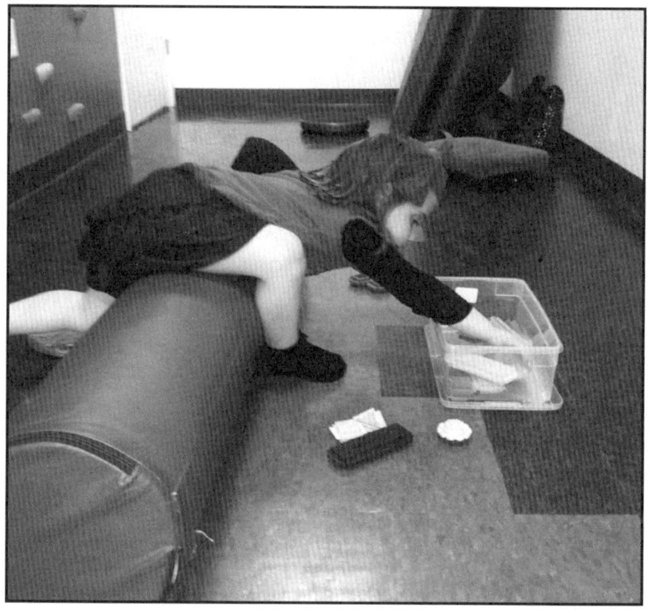

그림 11-4.

- 아이(발달연령 6~14개월)를 옆으로 눕히고 아이의 앞에 장난감을 놓아 구르기 활동을 하도록 유도한다(그림 11-1).
- 아이가 구르는 활동을 하는데 유리하도록 아이의 다리를 옆으로 꼰다(그림 11-2).
- 구르기: 아이는 매트 위에서 분리된 움직임으로(머리부터 시작해서 체간, 다리 순으로) 천천히 구른다. 개구리처럼 구르지 않는다. 아이가 구르는데 뻣뻣해 보이면 치료사는 필요 시 아이에게 언어적, 신체적 단서를 제공해 준다.
- 빨리 뛰기: 아이는 방 안과 야외에서 뛰어다닌다. 치료사는 아이가 뛸 때 팔을 움직이라고 지시한다.
- 개구리 점프 활동: 아이는 바닥에 쭈그려 앉고 가능한 한 멀리 개구리 점프를 한다. 아이는 바구니로 점프하고 쿠시볼이나 다른 장난감을 바구니에 넣어 더 재밌게 활동하도록 한다.
- 아이는 큰 볼스터를 마주본다. 다리 한 쪽은 볼스터 받침 위에 올려놓고 다른 한 쪽은 무릎 꿇은 자세를 취한다. 아이는 양쪽에 있는 물건을 향해 팔을 뻗어 잡고 그릇 안에 물건을 넣는다(그림 11-3, 11-4).
- 엄마는 엄마의 배 앞에서 한 쪽 무릎을 구부리고/엉덩이를 구부리고 있고 다른 쪽 다리는 엄마의 등 뒤에 펴고 있는 아이를 잡는다.

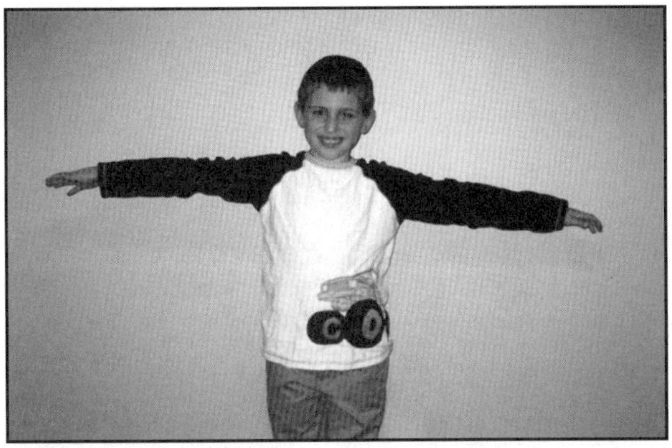

그림 11-5.

그림 11-6.

그림 11-7.

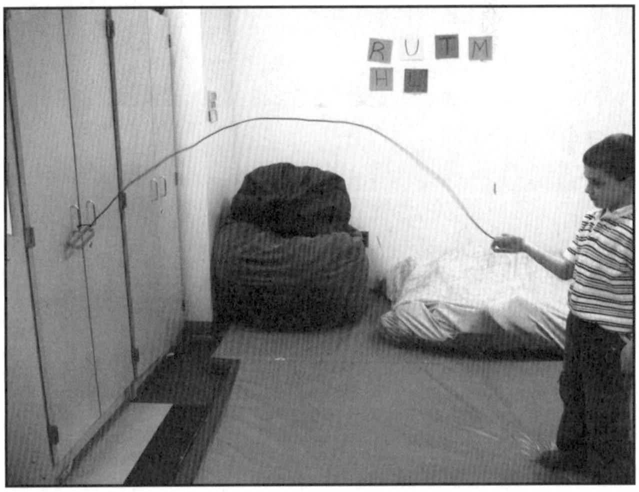

그림 11-8.

체간에서 사지 분리하기

Dissociating Extremities From the Body

- 말리고 젖기 게임: 치료사는 아이의 오른쪽과 왼쪽(팔, 손가락, 어깨, 무릎 등)을 번갈아가며 물로 적신다. 치료사가 젖은 신체 부분("젖은 손")을 말하면 아이는 마른 신체 부분을 아래로 유지할 동안 젖은 신체 부분을 들거나 올려서 표시해야 한다.
- 아이는 양팔을 특정 방향으로 3~4번 움직인다(안팎, 위아래, 좌우 등). 그 다음 치료사는 아이에게 한 방향으로만 움직이라고 지시하면 아이는 같은 방향과 동작을 취한다. 이 게임은 하지를 사용해서도 할 수 있다.
    - 자세 1(그림 11-5), 자세 2(그림 11-6),
    자세 3(그림 11-7)
- 아이는 바닥에 눕거나 벽에 반대로 선다. 바닥 위에서 한 쪽 사지가 빨갛게 상기될 동안 아이는 바닥이나 벽에서 다른 쪽 다리나 팔을 따로따로 들어올린다.
- 아이는 엉덩이에 양손을 붙이고 서서 움직이는 공을 찬다.
- 아이는 어깨를 한 쪽씩 으쓱한다.
- 아이는 바닥이나 눈이 온 야외에 누워 팔다리를 위아래로 움직인다. 그 다음 아이는 한쪽씩만 움직여 이 활동을 한다.
- 아이는 신체의 나머지 부분은 움직이지 않고 한 손으로 줄넘기 줄을 돌린다(치료사는 손잡이에 줄을 묶거나 줄의 한 쪽 끝을 잡을 수 있다)(그림 11-8).
- 색칠활동: 아이가 큰 그림을 색칠하는데 팔을 전체로 움직이는 대신 손목/손가락을 분리하여 움직이는 것을 돕기 위해, 치료사는 그림을 더 작은 부분으로 나눌 수

그림 11-9.

있다. 아이가 지시사항에 따라 한 부분씩만 색칠할 수 있다면 이것은 아이에게 더 많은 분리된 움직임의 사용을 자동적으로 유발할 것이다(그림 11-9).

머리와 얼굴 근육의 분리
Dissociating Head and Facial Muscles

- 아이는 머리를 고정하고 움직이는 물건을 시각적으로 따라간다.
- 아이는 어깨나 체간의 다른 부분을 움직이지 않고 머리를 흔들어 "예", "아니오"를 표현한다.
- 아이는 체간을 고정하고 머리만 움직여 원을 그린다.
- 아이는 윙크, 눈감기, 한 쪽 뺨에 바람 넣기, 입술 움직이기를 하는데 얼굴 근육의 한 쪽씩만 움직인다. 그 다음 아이는 얼굴의 다른 쪽 근육만 사용하여 같은 움직임을 시행한다(그림 11-10, 11-11).

사경 치료 Treating Torticollis

- 아이의 뻣뻣한 목 근육에 로션을 발라 마사지한다.
- 아이의 뻣뻣한 목 근육을 신장시키고 스트레칭 한다

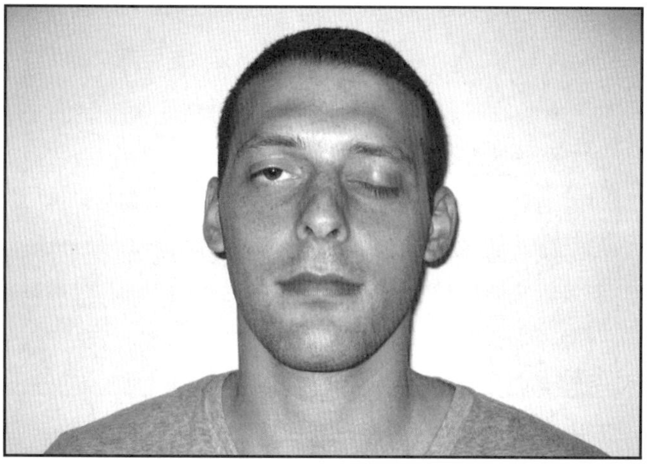

그림 11-10.

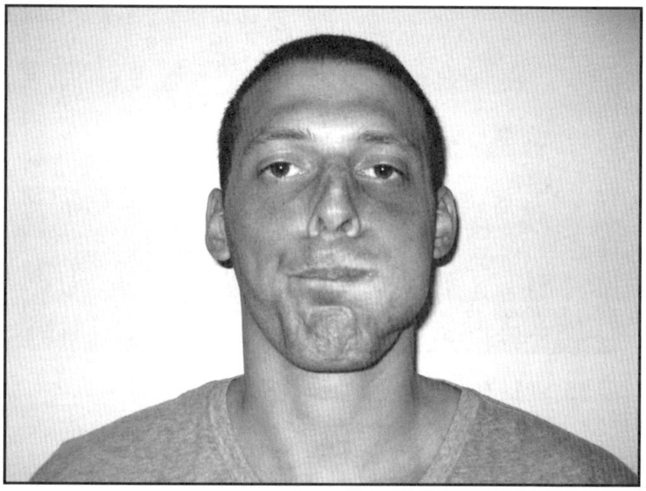

그림 11-11.

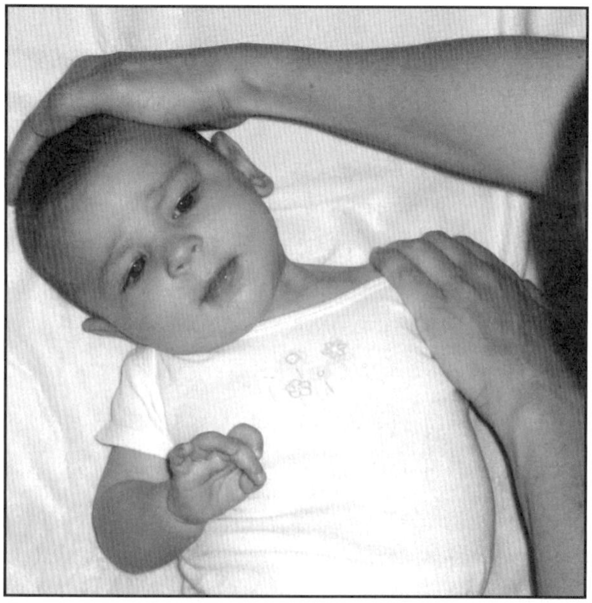

그림 11-12.

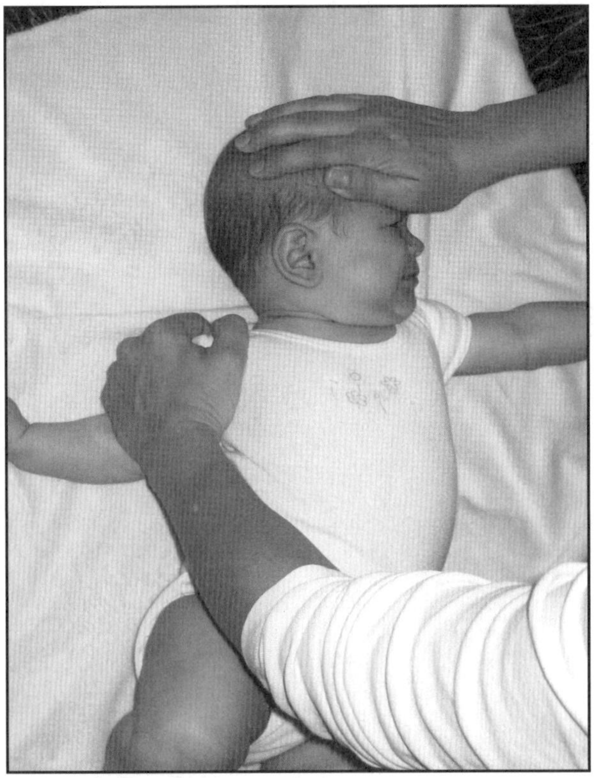

그림 11-13.

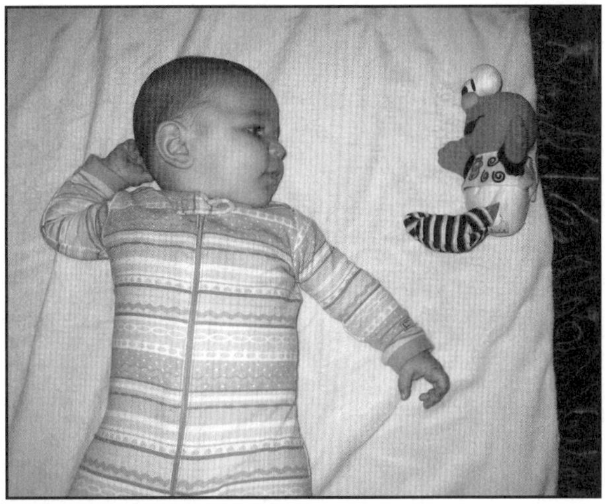

그림 11-14.

(그림 11-12, 11-13).

아이의 목 스트레칭은 의사나 경력 있는 작업치료사나 물리치료사에 의한 교육 없이 실시해서는 안 된다. 기저귀를 바꿀 때 마다 반복한다.

- 아이에게 선호하지 않는 방향 보게 하기: 아이가 선호하지 않는 쪽에 장난감을 놓거나 까꿍놀이를 해서 이것을 자극한다. 등, 배, 또는 당신의 무릎에 아이를 앉히거나 눕힐 수 있다(그림 11-14).
- 아이가 걷는 동안 장난감 유모차를 아이가 선호하지 않는 방향에 놓는다.
- 아이가 잠잘 때 아이가 선호하지 않는 방향으로 머리를 돌린다.
- 옆으로 누운 자세에서 아이를 놀게 한다.
- 아이의 상체 힘을 길러주기 위한 엎어 놓기 시간을 늘린다. 아이의 상체 힘을 길러주기 위한 엎어 놓기 시간의 내성을 증가시키는데 도움이 되는 방법을 19장 "상지근력 강화 및 안정화 운동"에서 보자.

12

독립적인 손가락 움직임
Finger Individuation

독립적인 손가락 움직임은 다른 손가락들로부터 분리되어 하나의 손가락만 움직이는 능력이다. 이 기술은 글씨쓰기용 유텐실 잡기, 타이핑, 열쇠로 문 잠그기, 자조활동과 같은 많은 일상적인 활동에 필요하며, 소근육 활동에 많이 쓰인다. 손가락 움직임의 정확한 협응은 물건을 만지기 전에 물건의 크기, 모양, 쓰임새를 파악해야 한다. 어떤 아이들은 다른 손가락들로부터 분리되어 하나의 손가락만 움직이지 못할 수 있으므로 소근육 활동에 필요한 정확도의 수준이 낮은 경우가 많다.

이 장에서는 분리된 손가락 사용이 필요한 활동과 손과 손가락의 기능을 향상시키는 방법을 제시한다.

손가락의 독립적인 움직임을 위한 치료활동
FINGER INDIVIDUATION TREATMENT ACTIVITIES

신나는 손가락 게임 ***Playful Finger Games***

- 아이는 적절한 손가락을 보이면서 "엄지손가락 어디 있니?"를 부른다:

  엄지 어디 있니, 엄지 어디 있니?
코러스:
여기 있다, 여기 있다.
오늘은 어떠니?
아주 좋아 고마워.
뛰어가자, 뛰어가자.

  - "포인터", "키 큰 남자", "권투 선수", "새끼손가락"이란 명칭을 사용해도 좋다.
- 치료사와 아이는 "작은 아기돼지" 놀이를 한다: 이 게임에서 아이는 손가락을 하나씩 내민다(그림 12-1).

그림 12-1.

그림 12-2.

그림 12-3.

- 숫자 세기: 아이는 숫자 하나에 손가락 한 개씩 접으면서 큰 목소리로 숫자를 센다. 아이는 10까지 세고 거꾸로도 센다.
- 치료사는 아이의 손가락에 손가락 인형을 낀다.
  그 다음 아이는 이야기에 맞게 손가락 인형을 움직인다.
- 손가락 전쟁

  이 게임은 치료사와 아이 둘만 해야 하며, 두 명의 아이가 할 경우 누군가 다칠 수 있다.

- 치료사는 아이에게 기본적인 수화와 수화로 알파벳을 표시하는 방법을 가르친다.

컴퓨터와 키보드 활동

Computer and Keyboard Activities

- 치료사는 아이에게 기본적인 수화와 수화로 알파벳을 표시하는 방법을 가르친다.
- 마우스를 사용하는 컴퓨터 게임 하기: 많은 아이들이 마우스 사용을 어려워한다. 왜냐하면 아이들은 두 번째 손가락만 사용하여 누르지 못하는 대신 여러 손가락을 같이 사용하여 누르기 때문이다.
- 타이핑: 아이는 키보드로 단어와 문장 또는 이야기를 쓸 수 있다.
- 아이는 피아노나 키보드를 치면서 노래한다. 이 활동이 너무 어렵다면 아이는 피아노의 특정 음을 치는 것을 따라 할 수 있다.

공예와 색칠하기 Crafts and Coloring

- 손가락 크레용
  - 치료사는 아이의 손가락에 손가락 크레용을 끼운다. 아이는 손가락 크레용으로 그림을 색칠한다.
  - 치료사는 아이의 손가락에 손가락 크레용을 끼운다. 치료사는 아이에게 특정한 색으로만 선을 그으라고 말한다. 그 다음 치료사는 아이에게 두 가지 색을 한꺼번에 사용해서 선을 그으라고 지시한다.
- 아이는 스티커 시트에서 스티커를 떼서 종이에 붙인다.
- 아이는 작은 모양을 따라 그리거나 색칠한다.
- 구슬 게임: 치료사는 아이의 두 번째 손가락과 엄지손

그림 12-4.

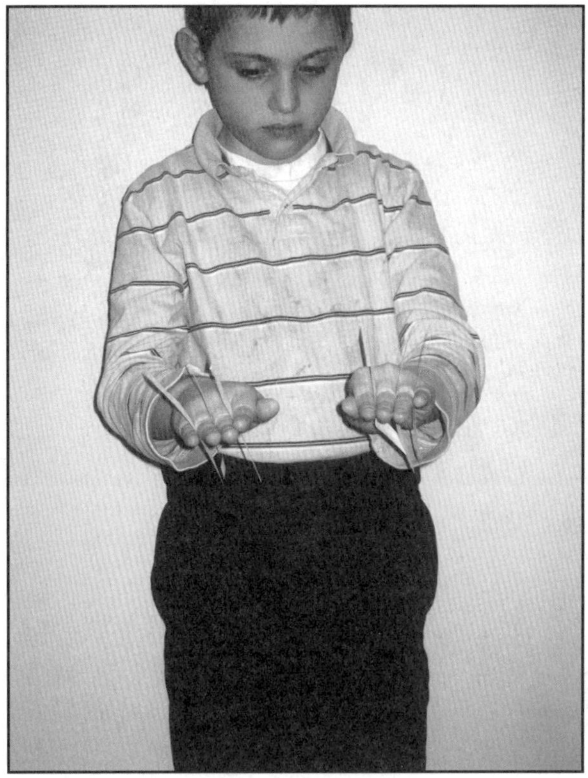

그림 12-5.

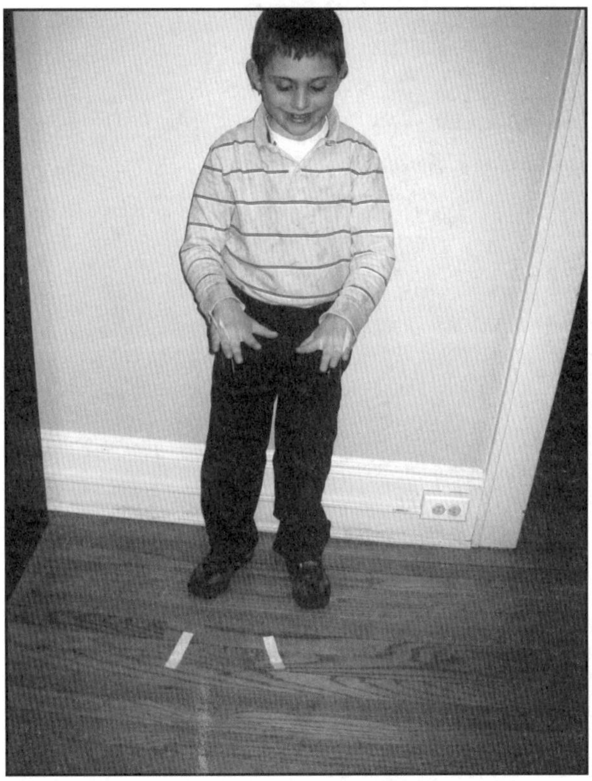

그림 12-6.

가락 사이에 작은 구슬을 놓는다. 아이는 구슬을 앞뒤, 좌우로 굴린다. 그 다음 아이는 구슬을 옆의 손가락과 엄지손가락 사이로 옮겨서 같은 활동을 수행한다.

- 공작 점토/세라 퍼티: 아이는 퍼티 안으로 손가락을 하나씩 넣는다.
- 아이는 구슬을 꿰서 목걸이를 만든다.
- 아이는 한 손으로 휴지를 구기는데, 손가락 끝만 사용하도록 한다.
- 아이는 모눈종이에 글씨를 쓴다(그림 12-2, 12-3).

손가락 운동과 자세 취하기

Finger Exercises and Positions

- 아이는 엄지손가락에 손가락 하나씩을 접촉한다(그림 12-4).
- 아이는 손과 손가락의 다양한 자세를 따라 한다.
- 손가락 글씨쓰기: 아이는 손가락 끝이 연필인 것처럼 하여 종이 위에 단어를 쓴다. 손가락과 손가락 끝만 움직여 글씨를 쓰도록 하기 위해 치료사는 아이의 손을 부드럽게 고정할 필요가 있다(이 활동은 몇몇 아이들에겐 어려울 수 있어 정교한 손가락 움직임에는 사용하지 않도록 한다. 치료사는 아이가 이 활동을 할 때 약간의 도움만 주도록 한다.).
- 아이는 양손으로 여러 가지 물건을 든다. 아이는 손가락으로 각각의 물건(고리, 가방 끈, 훌라후프, 펜 등 손가락으로만 잡을 수 있는 물건)을 포장한다. 치료사는 한 물건을 지정하고 아이는 손에 있는 물건을 떨어뜨리지 않고 지정된 물건을 놓아야 한다(그림 12-5, 12-

그림 12-7.

6). 이 게임은 종이로도 할 수 있다. 아이는 손가락 사이에 여러 가지 색의 판지 조각을 껴놓는다. 치료사는 색깔을 지정하고 아이는 다른 색깔을 떨어뜨리지 않고 지정된 색깔을 떨어뜨려야 한다.

엄지손가락과 검지손가락 함께 사용하기

Using the Thumb and Index Finger Together

- 아이는 작은 알갱이 크기의 물건을 잡는다.
- 책장 넘기기: 아이는 동화책의 책장을 한 장씩 넘긴다.
- 카드 돌리기: 아이는 카드 한 벌을 한 장씩 한 손으로만 나누어주는데, 엄지손가락만 움직이도록 한다.
- 아이는 손가락으로 펜을 돌린다.
- 팽이 돌리기: 아이는 테이블 윗면, 바닥과 같은 딱딱한 바닥 위에 팽이를 돌린다.

악기 놀이 *Playing Musical Instruments*

- 치료사는 아이에게 기타, 바이올린, 첼로와 같은 줄이 있는 악기를 다루는 방법을 알려준다(그림 12-7).
- 치료사는 아이에게 리코더, 관악기, 금관악기와 같은 버튼이나 구멍을 막으면 소리가 나는 악기를 다루는 방법을 알려준다.

상업적 상품

Commercially Available Products

- Etch a Sketch

제 IV 부

손 기술

Hand Skills

손 기술은 정밀한 소동작 과제는 물론 대동작 과제같은 일상의 기능에 필요한 기술이다. 이 장에서는 손의 기능적 사용을 향상시킬 수 있도록 반드시 필요한 손 기술에 초점을 맞추어 여러 가지 활동을 보여줄 것이다. 또한 소동작 활동과 정밀함이 요구되는 매우 작은 물체를 가지고 노는 게임을 할 때의 손과 손가락을 위치하는 올바른 자세에 중점을 두고 있다. 마지막으로 손의 소근육을 강화하는 것은 물론 이 근육들이 관계되는 예를 들어, 양말을 잡아 올리거나, 크레용으로 색을 칠하거나, 공예활동에 참여할 때 필요한 것과 같이 활동 기술을 증진시키는데 중점을 두고 있다.

13

엄지와 검지 사이 공간 확보

Open Webspace

Open Webspace는(그림 13-1) 물체를 잡을 때 엄지와 검지가 적절하게 닿으면서 생기는 사이의 공간을 말한다. Closed Webspace는 엄지의 안정성이 저하되는 것을 나타낸다. 이런 아동은 보통 두 가지 방법으로 보상하려고 한다. 첫 번째 방법은 아동이 연필을 서투르게 잡아 손 글씨를 엉망으로 쓰는 것이다. 두 번째 방법은 글씨를 쓸 때 연필을 안정시키려고 너무 많은 힘과 에너지를 쏟게 되는 것이다. 이렇게 되면 아동이 관련된 작업을 할 때 쉽게 피로감을 느끼고 이런 활동에 고통 받게 될 것이다.

이 장에서는 2가지 활동을 제공한다. 첫 번째 활동은 엄지 끝에 다른 손가락을 움직이도록 촉진하여 맞섬(opposition)을 촉진하고 그것에 의해 엄지와 검지 사이의 공간이 확보되도록 하는 활동이다(opening the webspace). 두 번째 활동은 아동이 손으로 여러 가지 물체를 잡게하여 자연스럽게 엄지와 검지 사이의 공간을 만드는 것이다. 이 장의 활동들은 정확한 기술과 소동작 기술을 위한 아동의 손가락과 손의 안정성 증진을 목표로 한다.

엄지와 검지 사이 공간 확보를 위한 활동들

Activities to Open the Webspace

운동 *Exercises*

- 각각의 손가락을 엄지와 닿게 한다. 손가락 순서대로 진행하고 거꾸로도 진행한다. 그리고 양손을 동시에 진행한다.
- "O"만들기: 엄지와 검지의 사이 공간(webspace)을 알파벳 문자 "O"처럼 만든다.
- 스트레칭: 치료사가 아동의 손을 부드럽게 마사지 하고 엄지와 검지의 사이 공간(webspace)이 만들어 지도록 스트레칭 한다.
- "손가락 꼬기": 치료사가 작은 트위스터 보드(twister board, 역주: 상품화된 제품명 중 하나)를 만들어 아동이 손가락을 꼬면서 놀 수 있도록 한다.
- 아동의 손을 탁자위에 놓고 엄지로 원을 그리게 한다.

그림 13-1.

그림 13-3.

원은 20번 그리도록 한다. 치료사는 아동이 활동하는 동안 손을 제대로 놓지 못한다면 2~5번 손가락을 지지해 줄 필요가 있다.

- "O"모양 손가락 그리기: 치료사는 아동이 엄지로 그리기를 할 수 있도록 한다. 아동은 엄지를 제외한 다른

그림 13-2.

손가락은 종이위에 편평하게 유지시키고 "O" 모양을 엄지로 그린다.

- 아동이 작은 알갱이 크기의 구슬을 잡아 올리도록 한다. 잡아 올릴 때 "O" 모양을 유지하게 하고 구슬 보관통에 다시 넣게 한다.
- 아동이 엄지와 검지사이 "O" 공간으로 작은 마쉬멜로우를 잡게 한다. 마쉬멜로우의 형태를 부서뜨리지 않고 부드럽게 잡게 하며 천천히 10초를 세어 유지하게 한다.
- 아동이 연필이나 보드마카(marker)를 한손으로 손가락만을 사용해 올렸다 내렸다한다(예. 아동이 연필을 잡아서 손가락으로 올리고 내리고 한다).

특수도구 *Special Equipment*

- 아동이 쓰거나 색칠하기를 할 때 연필 쥐기 도구를 사용하게 하여 엄지와 검지사이의 공간(webspace)을 확보한다.

둥근 물체를 손으로 감싸기

Wrapping the Hands Around Round Objects

- 다음의 물체를 손으로 잡게한다.
    - 작은 공(그림 13-2)
    - 자전거 손잡이(그림 13-3)
    - 운동장 사다리의 가로대
    - 운동장 정글짐에 있는 가로대(그림 13-4)
    - 트램펄린 핸들 바의 둘레(그림 13-5)
    - 줄넘기 손잡이(그림 13-6)

그림 13-4.

그림 13-5.

그림 13-6.

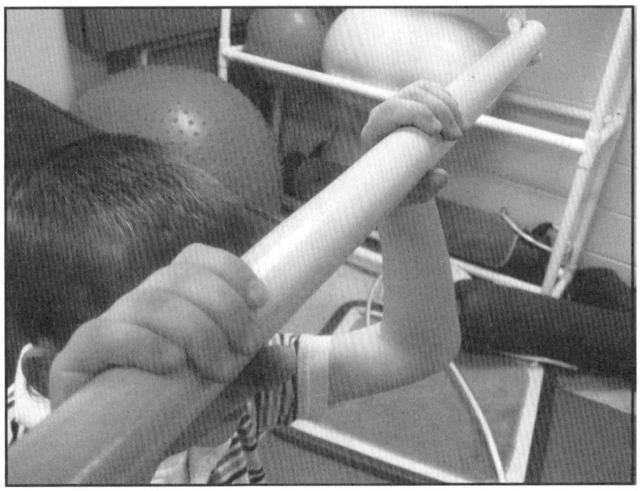

그림 13-7.

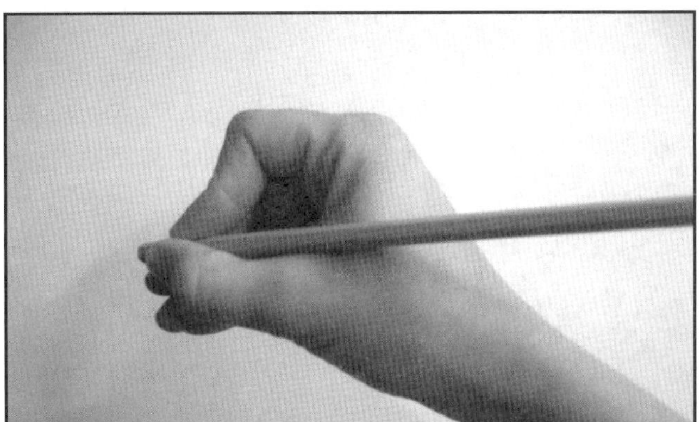

그림 13-8.

- 편평한 반죽을 만드는 롤러 사용하기
- 그네에서 로프잡기
- 공중그네 바 잡기(그림 13-7)
- 시소에 앉아서 손잡이 바 잡기
- 아동이 연필을 적절하게 쥐게 하고 치료사가 엄지와 검지사이 공간이 열리도록(open webspace) 격려하기(그림 13-8)

14

소동작 기술
Fine Motor Skills

소동작 기술은 손, 손가락, 엄지를 제어하는 소근육에 대해 정의된 사용과 관련한 기술이다. 이런 기술들은 쓰기, 그리기, 작은 물체 집어 올리기, 셔츠의 단추 잠그기와 같은 일을 할 수 있도록 한다.

이 장에서는 아동이 작은 도구나 조각을 가지고 하는 게임이나 활동에 참여함으로써 소동작 기술을 강화하는데 도움이 되는 여러 활동을 제공한다. 제안된 활동의 목적은 손의 전반적인 기민성을 향상시키는 것이다. 제안된 활동들은 아동이 손 안에서의 조작(in-hand manipulation), 집게 잡기(pincer grasp), 기타 조작 기술을 사용하도록 한다.

소동작 활동 Fine Motor Activities

퍼티 / 플레이도우 *Thera-Putty/Play-Doh*

- 아동이 손가락 끝으로 퍼티나 플레이도우를 굴려서 작은 공 형태로 만든다. 아동은 만든 공을 집게를 이용해 잡아 올리고 보관통에 놓는다.
- 아동은 자신의 이름이 써진 구슬을 찾는다. 아동의 이름이 적힌 구슬을 퍼티나 플레이도우에 숨겨서 찾게 한다.

쓰기/색칠하기 *Writing/Coloring*

- 손가락 크레용: 특정 손가락에 끼운 손가락 크레용을 이용해 그림을 그리거나 색칠하게 한다(그림 14-1, 14-2).
- 이쑤시개 활동: 치료사는 연필이나 펜으로 스티로폼 보드위에 가볍게 아동의 이름을 새긴다. 아동은 한 번에 하나씩 새겨진 문자를 따라서 이쑤시개를 꽂는다(그림 14-3). 그 후에 글자 위를 색칠한다(그림 14-4).

구슬과 끈 활동 *Beading and Lacing Activities*

- 팝 비즈(Pop Beads)
  - 아동은 작은 팝 비즈를 밀어 넣어 연결하고, 한 번에

그림 14-1.

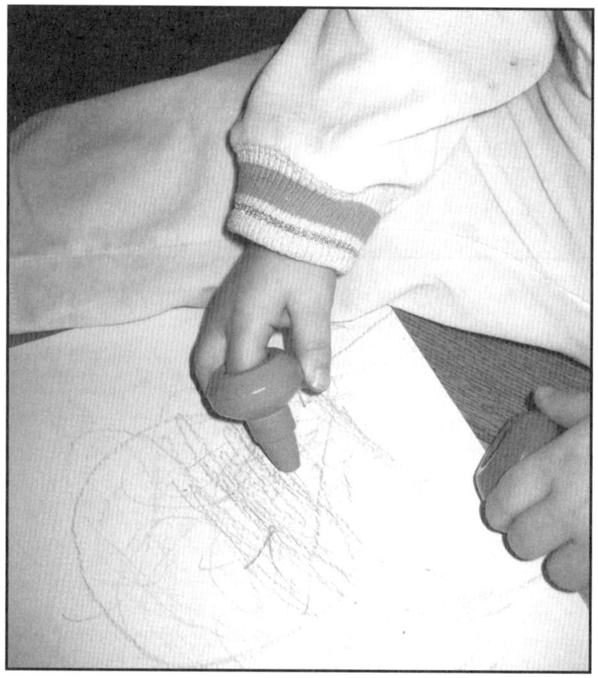

그림 14-2.

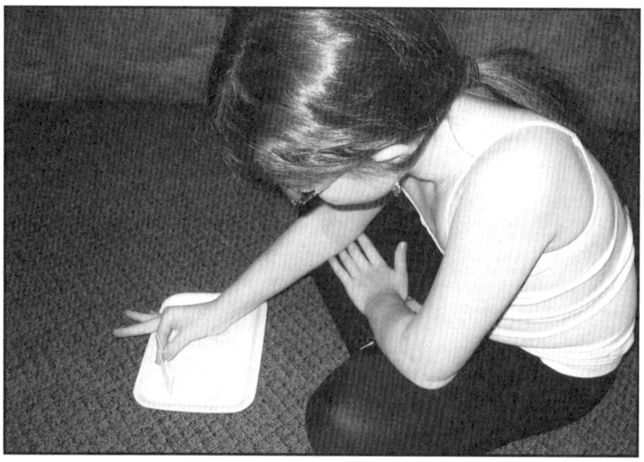

그림 14-3.

그림 14-4.

그림 14-5.

그림 14-6.

그림 14-7.

그림 14-8.

하나씩 잡아당겨 뗀다(그림 14-5, 그림 14-6).

- ◦ 아동은 큰 팝 비즈를 밀어 넣어 연결하고, 한 번에 하나씩 잡아당겨 뗀다(그림 14-7, 그림 14-8).
- 푸드 아트(Food art): 아동은 마카로니를 끈으로 연결하여 목걸이, 팔찌 등 여러 모양을 만든다.
- 씨리얼 목걸이(Froot Loops necklace): 아동은 Froot Loops 씨리얼(역주: 작은 도넛 형태의 씨리얼)을 길고 가는 끈에 연결한다(Froot Loops 씨리얼 대신 Cheerios라는 씨리얼을 사용해도 좋다).
- 비즈 끈에 꿰기: 아동은 비즈를 얇은 끈에 꿴다(만약 너무 어렵다면, 단계를 낮춰서 파이프 클리너(역주: 끈 종류중 하나)에 비즈를 꿰게 한다.).
- 비즈 굴리기: 치료사는 작은 비즈를 아동의 엄지와 검지 사이에 놓는다. 아동은 비즈를 앞 뒤로, 이쪽저쪽으로, 원을 그리면서 굴린다. 그 후에 비즈를 그 다음 손가락과 엄지사이에 놓고 같은 활동을 하게 한다. 아동은 새끼손가락까지 했다가 거꾸로 다시 돌아가도록 계속한다.
- 끈 끼우기와 바느질(Lacing art and Sewing kits): 치료사는 바늘과 실을 가지고 아동에게 다양한 형태(감침질/홈질)의 바느질을 가르친다(바늘이 너무 날카롭지 않게 해야하고, 안전에 대한 인식이 적합한 아동에게만 적용한다).

손끝으로 껍질 벗기기

Peeling with the fingertips

- 아동은 테이프 롤에서 마스킹 테이프를 벗긴다. 이것을 이용해 아동은 다른 종류로 여러 모양, 글자, 그림을 만든다(색깔 있는 마스킹 테이프를 사용하면 더 재미있게 할 수 있다.).
- 아동은 스티커지에서 스티커를 떼어내고 종이 위에 붙인다.
- 버튼 캔디(Button candy): 치료사는 아동에게 보상으로 버튼 캔디를 주고 포장으로부터 캔디를 떼어낼 수 있도록 한다(그림 14-9).
- 페이지 넘기기: 치료사는 아동에게 책을 읽어주고 아동은 손가락 끝으로 책을 넘긴다.
- 팝업북(Pop-up books): 치료사는 아동에게 팝업북을 읽어주고 아동은 손가락 끝으로 튀어나온 페이지를 움직인다.
- 아동은 오렌지나 포토 껍질을 벗기고 그것을 먹는다.
- 쿠키 커터(Cookie cutters): 아동은 반죽을 쿠키 커터로 누르고, 밖으로 밀려나온 부분을 벗겨낸다.

작은 물체 조작하기

Manipulating Small Objects

- 쥐기-펴기 활동(발달연령 7~9개월)
  - ◦ 치료사는 장난감 물고기통에 장난감 물고기를 놓고 아동은 물고기통에서 물고기를 한번에 하나씩 꺼내

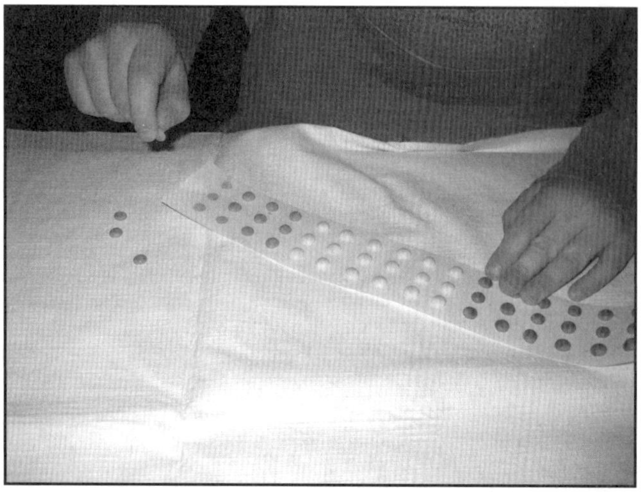

그림 14-9.

그림 14-10.

었다가 다시 돌려놓는다(Ocean Wonders Musical Fishbowl을 이용하면(역주: 음악이 나오는 제품) 아동이 보다 효과적으로 활동할 수 있다.).

- ◦ 치료사는 아동이 가지고 놀 수 있는 여러 가지의 장난감과 양동이를 준비한다. 치료사는 장난감을 양동이에 넣고 아동은 한 번에 하나씩 장난감을 꺼냈다가 다시 돌려놓는다. 아동은 여러 번 반복한다.

- 아동은 클립을 연결해서 체인처럼 만든다.
- 너트와 볼트(Nuts and bolts): 아동은 여러 종류의 너트와 볼트를 가지고 나사를 조인다.
- 치료사가 테이블위에 동전을 여러 개 흩뿌린다. 아동이 한 번에 동전 세 개를 집어서 하나씩 돼지저금통에 넣는다(손 안에서의 조작과 이동에 관련한 이 활동의 난이도를 증가시키려면 아동이 한 번에 집을 동전수를 늘린다.).
- 동전 뒤집기: 치료사는 테이블에 한 줄로 동전 10개를 놓고 아동은 한 번에 하나씩 동전을 뒤집는다.
- 동전 디자인 만들기: 아동은 동전을 사용해서 그림과 디자인을 만든다.
- 동전 그림 유인물(penny picture handouts): 아동은 하나씩 동전을 집어서 모양이 있는 유인물의 동그라미 표시 안에 넣는다(부록 A, pp.226-228에 유인물이 있다).
- 아동은 피스타치오 껍질을 깨서 먹는다.

  땅콩 알레르기가 있는지 확인하고 조심한다.

자르기 활동들 *Cutting Activities*

- 치료사는 종이위에 선, 도형, 동물을 그린다. 아동은 그림의 선을 따라 자르기를 연습한다. 만약 너무 어렵다면, 치료사가 종이 1인치를 잡고 아동이 자르도록 한다(부록 A의 pp.181-186의 예시를 보라).

열쇠 *Keys*

- 자물쇠와 열쇠: 치료사는 아동에게 여러 종류의 열쇠를 준다. 아동은 여러 종류의 문이나 잠긴 박스를 연다.
- 아동이 열쇠고리에 열쇠를 끼워 넣는다(열쇠고리가 클수록 이 활동이 더 쉬워진다.).

게임 *Games*

- 치료사가 "인과관계"와 관련된 장난감을 시범으로 보여주고 아동은 장난감의 캐릭터가 튀어나오도록 스위치나 버튼을 누르고/당기고/민다(발달연령 6~9개월).
- 도미노: 아동이 편평한 표면에 긴 줄의 도미노를 만들고 "도미노효과"를 보기 위해서 마지막 도미노를 넘어뜨린다. 아동이 실수로 너무 일찍 넘어뜨리지 않도록 도와줘야 할 수도 있다(그림 14-10, 그림 14-11, 그림 14-12).
- 카드 뒤집기: 치료사는 카드게임이나 메모리게임으로 아동이 테이블위의 카드를 뒤집게 한다(카드를 뒤집을 때 아동이 테이블 끝으로 카드를 끌고 와 뒤집지 않도록 하고, 손가락의 소근육을 사용하지 않고 뒤집는 것을 막는다).

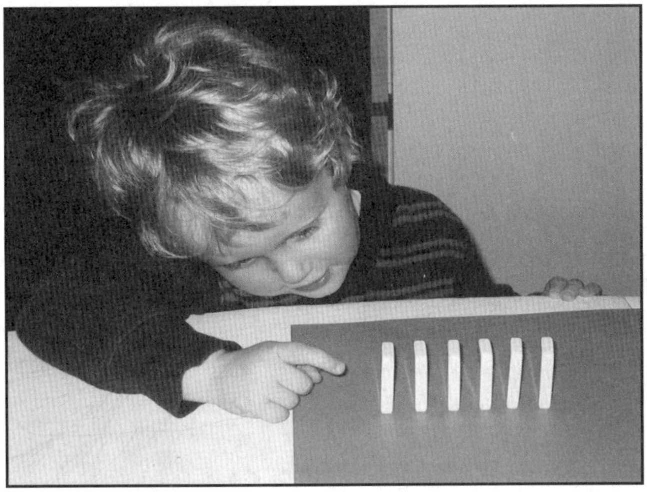

그림 14-11.

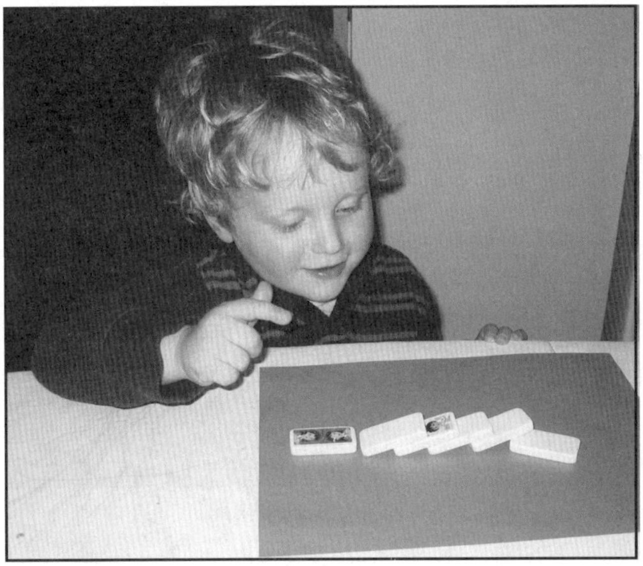

그림 14-12.

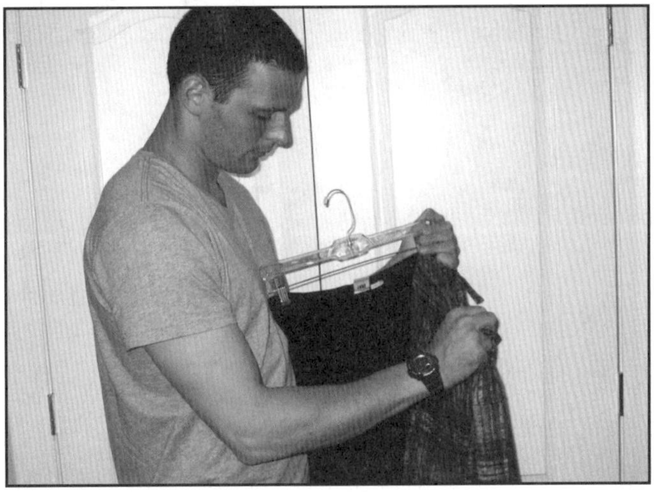

그림 14-13.

- 여행용사이즈 게임: 아동은 작은 조각으로 된 여행용 크기의 게임을 한다(예: 체커놀이, 체스게임, Connect four게임(역주: 보드게임의 일종)).

옷 입기와 꾸미기 *Dressing and Grooming*

- 인형 옷 입히기: 아동은 작은 인형의 옷을 입히고 벗긴다.
- 옷 입기 기술과 잠금 기구 조작. 다음의 활동들을 말한다.
  - 신발 끈 매고 풀기
  - 셔츠단추 채우고 풀기
  - 벨트 버클 잠그고 열기
  - 지퍼 열고 닫기
  - 스냅을 열고 잠그기
  - 걸쇠를 걸고 풀기
- "옷 떨어뜨리지 말기": 치료사는 여러 가지 스커트와 바지를 바지걸이에 걸어놓는다. 아동은 바지걸이를 들고 있는 채로 걸려있는 옷을 바지걸이에서 빼도록 한다. 이때 바닥으로 떨어뜨리지 않게 한다(그림 14-13).
- 접기활동: 치료사는 어떻게 옷을 깔끔하게 접어 쌓는지 아동에게 가르친다.
- 메이크업 활용: 치료사는 좀 더 성숙한 소녀들이

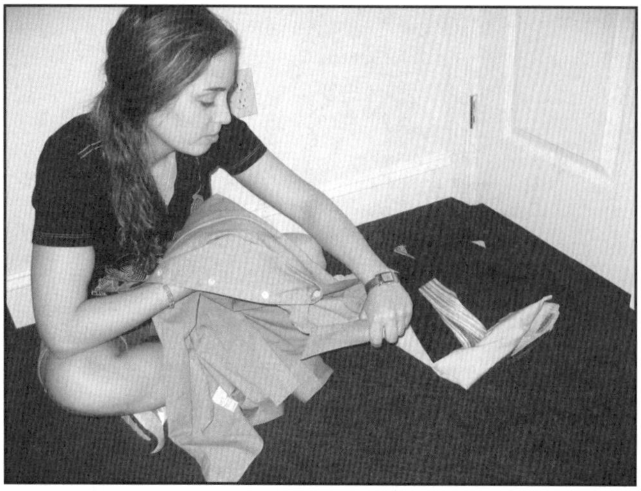

그림 14-14.

그림 14-15.

어떻게 메이크업을 하는지 가르쳐준다.

- 매니큐어 바르기: 치료사와 아동은 손가락 혹은 발가락에 매니큐어 바르기 연습을 한다(그림 14-15).

상업적 상품

Commercially Available Products

- ADL books
- Bead art
- Cheerios book
- Connect Four
- Cootie Game
- Don't Spill the Beans
- Hi-Ho Cherry-O
- Lite Brite
- Mancala
- Matermind
- Melissa & Doug Basic Skills Board
- Melissa & Doug Latches Puzzle
- Perler Beads
- Tinkertoys

15

집게 잡기 조작
Pinch-Grasp Manipulation

집게 잡기 조작은 물체를 엄지와 검지 끝으로 잡고 필요한 어떤식으로 조작하는 능력이다. 이 능력은 건포도 같은 작은 알갱이 크기의 물건을 집어들 때, 신발끈을 묶을 때, 저금통에 동전을 넣을 때 요구된다. 많은 아동은 집게 잡기를 위해 소동작 기술이 필요하지만, 필요한 힘에 제한이 있다. 이 장에서는 집게 잡기를 강화하기 위한 방안이 논의된다.

집게 잡기 조작
PINCH-GRASP MANIPULATION

집게 활동 *Pincer Activities*

- 아동은 작게 깨진 크레파스 조각으로 색칠하기를 한다(그림 15-1). 이것은 자동적으로 아동의 손가락이 할 때 글쓰기 활동과 같이 올바른 잡기 자세를 만든다.
- 아동은 필기구를 바른 자세로 쥐고 색칠한다(그림 15-2).
- 아동은 작은 물체를 집는다(예: 작은 나무조각, 비즈, 쌀알).
- 아동은 동전을 돼지 저금통에 넣기 위해 집는다.
- 아동은 작은 물체를 집기 위해 족집게, 핀셋, 젓가락을 사용한다. 마쉬멜로우, 스티로폼, 견과류, 비즈, 폼-폼을 집게하면 좋다(집게가 활동을 좀 더 쉽게한다).
- 아동은 웃는 모습, 꽃, 원형 등 다양한 형태를 그리기 위해 퍼티에 이쑤시개를 깊게 넣는다. 그리고 한 번에 하나씩 이쑤시개를 제거한다.
- 종이 티슈 작업: 아동은 종이 티슈를 작고 가늘게 자른다. 자른 종이 티슈를 구기고 종이에 풀을 발라 그림을 만들거나 이름과 같은 글자를 만들어 붙인다(그림 15-3).
- 종이 티슈 나비: 아동은 종이 티슈를 작게 잘라 양손에 쥐고 구긴다. 구길 때는 몸에 가깝지 않게 하여 구긴다. 아동은 구겨진 종이 티슈로 나비 모양으로 만든다(그림 15-4).
- 비즈에 끈 꿰기: 아동은 비즈를 끈에 연결하여 목걸이

그림 15-1.

그림 15-2.

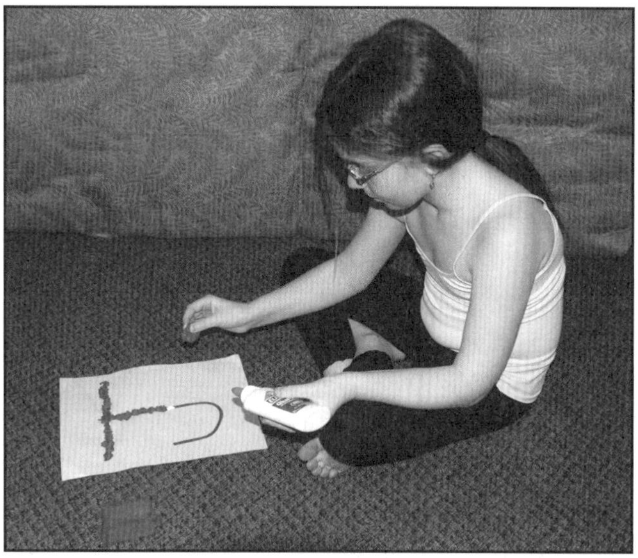

그림 15-3.

그림 15-4.

그림 15-5.

를 만든다. 이 활동의 수준을 낮추려면, 끈 대신 파이프 클리너(역주: 끈 종류중 하나)를 이용하도록 한다.

- 비즈 굴리기: 치료사는 테이블위에 비즈를 흩뿌린다. 아동은 비즈를 한 번에 하나씩 집어서 엄지와 검지사이에서 3초간 강하게 잡는다. 아동은 비즈를 앞뒤로 이쪽 저쪽으로 굴리다가 컵 안에 넣는다.
- 플레이도우 굴리기: 아동은 알갱이 크기의 플레이도우를 엄지와 검지에서 굴린다. 그리고 집게 잡기로 한번에 하나씩 잡아 누른다.
- 작은 손잡이 퍼즐: 아동은 퍼즐의 작은 손잡이를 잡아 퍼즐을 완성한다(그림 15-5).

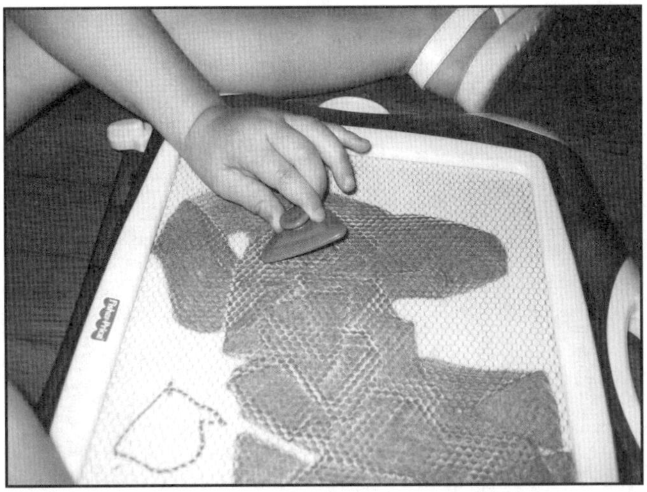

그림 15-6.

그림 15-8.

- Magna Doodle 보드: 아동은 Magna Doodle의 작은 끝을 잡고 그림의 색에 맞춘다(그림 15-6과 15-7).
- 감는 장난감(wind-up toys): 아동은 여러 가지 감는 장난감을 감아서 그것의 움직임을 본다.
- 도장찍기: 아동은 작은 손잡이가 있는 여러 종류의 도장을 들어 종이나 자신의 피부에 도장을 찍는다.
- 스티커: 치료사는 웃는 얼굴이나 아동이 좋아하는 그림을 그린다. 아동은 아주 작은 스티커를 그림의 선을 따라 눈, 코, 입 등의 부위에 붙인다.
- 아동은 이쑤시개를 엄지와 검지로 잡아 작은 마쉬멜로우나 잘려진 과일같은 음식을 먹도록 한다.

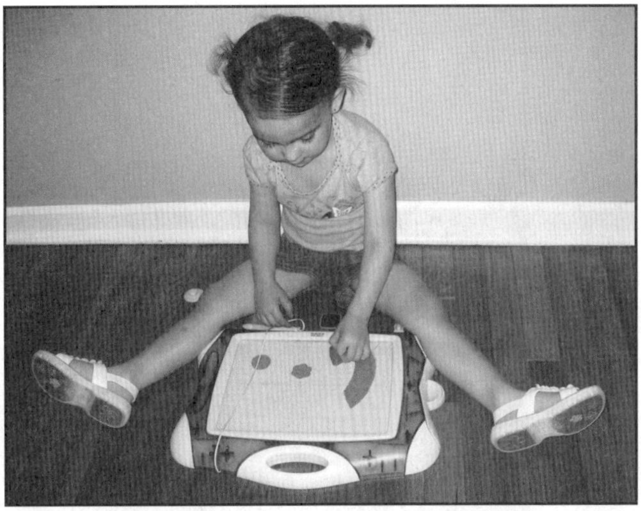

그림 15-7.

그림 15-9.

집게 근력강화 Pincer strengthening

- 아동은 집게를 사용해 바닥의 물건을 집어 올려 양동이 안에 넣는다(그림 15-8).
- 아동은 다음과 같은 빨래집게 활동을 한다.
  - 아동은 빨래집개를 줄에 꿰어 목걸이로 만든다.
  - 치료사는 빨래집게 위에 글자를 쓰고 아동은 빨래집게를 가지고 단어를 만든다(그림 15-9와 15-10).
- 분무기: 아동은 분무기를 사용하여 식물에 물을 주거나, 칠판을 닦는다.
- 물총: 치료사는 물총에 물을 채우고 벽에 황소의 눈을 그려놓는다. 아동은 타겟에서 몇 발자국 떨어져 서서

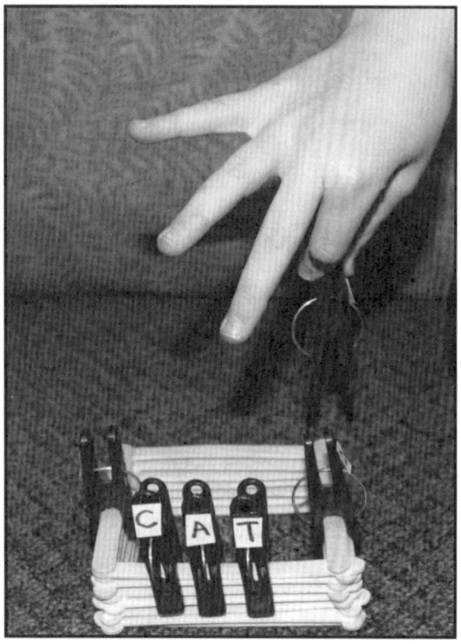

그림 15-10.

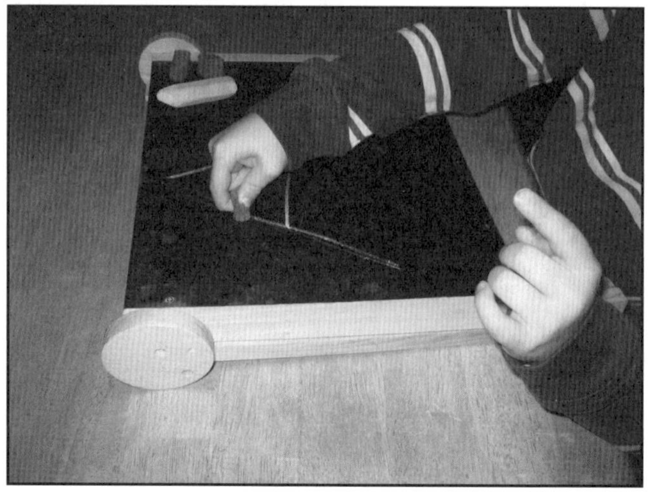

그림 15-11.

벽에 그린 황소의 눈을 물총으로 맞춘다.

- 풀 붙이기 활동: 아동은 엄지와 검지로 풀을 짜서 사용한다.
- 뽁뽁이 활동: 아동은 물건을 포장할 때 쓰는 뽁뽁이 비닐을 엄지와 검지를 이용하여 터뜨린다.
- 스폰지 활동:
  - 아동은 스폰지 페인팅을 위해 스폰지를 작게 뜯어낸다.
  - 아동은 작은 스폰지를 적셔서 칠판의 글자를 지운다(그림 15-11).

상업적 상품

Commercially Available Products

(역주: 상품화된 제품명이다)

- Ants in the Pants Game
- Barbeque Party
- Bed Bugs
- Design and Drill Activity Center
- Digi Piggy Digital Piggy Bank
- Digital Coin Bank
- Gator Grabber Tweezers
- Hungry Dog/Monkey/Munny Motor Skills Game
- Hungry Hungry Hippos
- Jolly Octopus
- Mr. Mouth Game
- Operation game
- Peg Domino
- Plastic Frog Jumping Toys
- Rock Em'Sock Em'Robots
- Scatterpillar Scamble
- Squiggly Worms Game
- Super Sorting
- Tiddlywinks
- Wok and Roll

16

손의 근력강화
Hand Strengthening

이전 장에서 언급한 적절한 손의 위치와 소동작 기술은 기능적 손 사용을 위해 필요한 부분 중 하나이다. 손의 근력 강화는 물건을 들어 올리고, 잡고, 움켜쥐는데 필요하다. 자르고, 색칠하고, 접착제를 짜고, 플레잉도우를 가지고 노는 것은 적절한 손의 근력이 필요하다.

손의 근력뿐만 아니라 지구력 또한 동일하게 중요하다. 지구력이 적절하지 않은 아동은 작문을 쓰고, 색을 칠하고, 그림을 자르는 것과 같은 지속적인 소동작 활동을 할 때 힘들어 할 것이다. 지구력이 약한 아동들은 자신의 한계를 인식하여 보통 소동작 활동을 피하려는 경향이 있고, 이에 나이에 적합한 기술 개발을 어렵게 한다. 이런 아동들은 활동 중 손을 바꾸고, 이는 우세손과 우선적인 발달에 영향을 미친다. 이 장에서는 손의 근력을 강화하는 활동뿐만 아니라 지구력에도 초점을 맞춘 활동들을 제공한다.

손의 근력강화 활동
Hand-Strengthening Activities

밀고 당기기 Push and Pull

- 레고: 아동은 레고 조각을 단단히 밀고, 그 다음 그것을 뺀다.
- 팝 비즈(Pop beads)
  - 치료사는 팝 비즈의 연결 고리를 잡고 아동이 다른 한쪽 끝을 잡고 당기도록 한다.
  - 아동은 팝 비즈를 밀고, 그 다음에 그것을 한번에 하나씩 잡아 당긴다.
- Rapper Snappers: 치료사는 rapper snappers 장난감을 으스러트리고, 아동이 한쪽 끝을 잡고 있는 동안 다른 쪽을 잡고 있는다. 치료사는 아동이 한쪽으로 잡아 당기도록 하며 치료사는 반대로 잡아당긴다(이 장난감이 만들어내는 소리가 활동을 더욱 촉진한다).

그림 16-1.

그림 16-2.

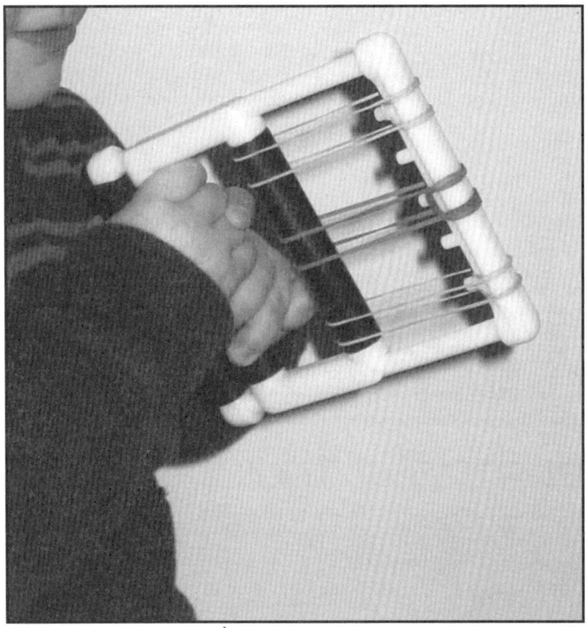

그림 16-3.

쥐어짜고 잡기 *Squeezing and Pinching*

- 웃는 테니스공: 치료사나 아동이 테니스 공위에 웃는 얼굴을 그리고, 어른이 가위나 칼을 가지고 테니스공에 1인치 정도를 잘라 틈을 내어 입을 만든다. 아동은 테니스공을 눌러서 이 부분에 작은 비즈를 넣는다. 비즈를 다 넣으면 아동은 손으로 쥐어짜서 복통을 앓는 표정의 테니스공을 만들 수도 있고 모든 비즈를 한 번에 내뱉게 할 수도 있다(그림 16-1과 16-2). (테니스공의 틈을 크게 할수록 더 쉽다.)
- 퓨티 훈련
  - 아동은 퓨티를 당기고 쥐어짠다.
  - 아동은 여러 물체를 퓨티안에 숨기고 가능하면 빠르게 찾아낸다(이 활동은 초시계를 사용해 아동이 얼마나 빨리 찾는지를 알게 하고 기록을 깨도록 하면 더욱 재미있다).
- 플레이도우
  - 아동은 플레이도우를 굴리거나 쥐어짠다.
  - 아동은 플레이도우로 공, 사각형, 삼각형과 같은 여러 가지 모양을 만든다.
- 밀가루 반죽하기: 아동은 빵 만들기를 위해 반죽이 부드러워질 때까지 밀가루 반죽 준비한다.
- 장난감 쥐어짜기: 아동은 스트레스볼(stress ball), 쿠쉬볼(Koosh ball)과과 같은 다양한 감각 볼(sensory ball)을 쥐어짠다.
- 저항성이 있는 그리퍼(Resistive gripper) 사용하기: 아동은 핸드 그리퍼로 손 근력강화 운동을 한다(그림 16-3과 16-4). 필요하다면 고무밴드를 추가하여 저항성을 높인다.
- 퍼프로 칠하기: 아동은 퍼프를 구기거나 쥐어짜서 종이, 옷감, 다른 재료표면에 그림을 그리거나 모양을 만든다.
- 접착제 짜기: 아동은 접착제 용기에서 풀을 짜낸다(딱풀은 사용하지 않도록 한다.). 이 활동은 붙이기 활동으로 응용하거나 다른 공예활동과 함께 할 수 있다.
- 아동은 쥐어짜는 장난감을 물로 채워 손으로 눌러 발사한다.

그림 16-4.

그림 16-5.

- 비누방울 곰(Pustefix Bubble Bear): 아동은 계속해서 병을 쥐어짜거나 눌러서 비누방울을 날리거나 불 수 있다(그림 16-5).

지구력 강화 Increasing Endurance

- 손 꼭두각시: 아동은 여러 종류의 손 꼭두각시를 이용해 놀이한다.
- 색칠하기: 색칠공부책의 커다란 그림을 색칠한다.
- 손가락으로 소리내기: 치료사는 아동에게 어떻게 손가락으로 딱 딱 소리를 내는지 가르쳐주고 함께 노래에 맞춰 해본다.
- 손 운동: 아동은 노래의 박자에 맞춰 손과 손가락을 열고 닫는다.

자르기 활동 Cutting Activities

- 단순한 자르기: 치료사는 종이에 선, 도형, 동물을 그린다. 아동은 그림을 오리기 위해 선을 따라 자른다(부록 A, pp.181-186의 샘플을 참고).
- 종이 싹둑 자르기: 치료사가 종이 1인치를 잡고 아동에게 종이 자르게 한다(좀더 단계가 낮은 아동들을 위해).
- 아동은 저항성 있는 자르기를 한다
  - 강한 강도의 퍼티 자르기
  - 두꺼운 종이 자르기
  - 한 번에 여러 겹 종이 자르기
- 수공예 가위: 아동이 종이를 자를 때 수공예 가위를 사용한다(수공예 가위는 일반가위보다 자르기가 좀 더 어렵다.).

압박 Pressing

- 스테이플러로 박기: 아동은 종이와 소책자를 스테이플러로 박는다.
- 펀치로 구멍내기: 치료사는 종이위에 선이나 모양을 그린다. 아동은 펀치를 이용하여 그림의 선에 구멍을 낸다(그림 16-6).
- 아동은 뽁뽁이를 꼭 쥐어 터뜨린다.
- 아동은 튀어나오는 장난감을 누른다(그림 16-7).

그림 16-6.

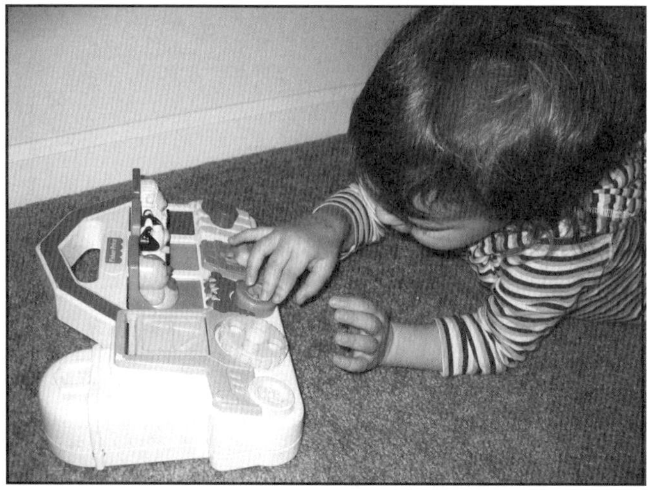

그림 16-7.

상업적 상품

Commercially Available Products

(역주: 상품화된 제품명이다)

- Bug-Out-Bob
- Mr. Potato Head
- Smart Snacks Sorting Shapes Cupcakes

제 V 부

신체 근력강화와 안정성

Body Strengthening and Stabilizing

운동활동을 성공적으로 수행하기 위한 한 부분으로 일상의 다양한 활동에 필요한 기술과 협응력을 학습해야 한다. 또한 아동은 이를 위하여 근력과 안정성이 절대적으로 필요하다. 근력과 안정성은 움직임의 기반을 제공하여 아동이 일상생활기술, 스포츠 활동, 그리고 학업 등을 성공적으로 그리고 독립적으로 할 수 있도록 해준다.

제5부에서는 신체 근력과 안정성의 여러 가지 요소들에 대해 이야기할 것이다. 코어강화, 균형 활동, 그리고 어깨와 팔의 안정성을 향상시키는데 도움이 되는 활동들을 주제로 다룰 것이다.

17

코어강화활동
Core-Strengthening Activity

*코어강화(Core strengthening)*란 몸통, 복부, 그리고 골반 부위의 근육들을 강화시키는 것을 뜻한다. 코어근력이 약화되면 거의 모든 소운동 및 대운동 활동에 영향을 미칠 수 있는데, 작은 근육일수록 강하고, 안정적인 지지부를 바탕으로 기능을 수행할 수 있기 때문이다. 예를 들어, 글씨쓰기에 어려움이 있는 아동을 생각해보면, 손의 문제나 약화로 인해 글씨쓰기가 어려운 것이라고 가정할 것이다. 하지만, 코어근력과 안정성의 감소로 손의 사용이 어려운 것이다. 모든 경우가 그런 것은 아니지만, 코어근육의 약화가 많은 소운동활동 문제의 원인일 때가 종종 있다.

코어근력은 소운동 또는 대운동문제가 있을 때 가장 먼저 고려해야 할 점 중 하나이다. 이 장에서, 운동기술 발달의 강한 기초를 확립하는데 유용한 여러 가지 코어근력강화 운동 방법들이 소개된다.

유아, 어린이, 그리고 발달지연아동들과 활동을 할 때, 치료사는 선택한 활동의 안전과 효과적 수행을 위해 적절한 핸들링기술을 익혀야 한다. 이러한 핸들링 기술에 익숙해지기 위하여, 치료사는 특정 아동을 지도하는데 숙련된 아동작업치료사나 아동물리치료사와의 학습이 필요하다.

코어강화활동
Core-Strengthening Activities

복부운동 *Abdominal Exercise*

- 변형된 윗몸일으키기(Modified sit-up): 아동을 마루나 부드러운 바닥에 등을 대고 눕게 한다. 아동의 양 손을 부드럽게 동시에 끌어당겨 아동이 복부근육을 사용해 스스로 몸을 세워 앉게 한다(4-6개월의 발달연령; 그림 17-1).
- "노를 저어라, 노를 저어라, 보트의 노를 저어라(Row, Row, Row Your Boat)" 게임: 이 게임에서 아동은 마

Danto AH, Pruzansky M. *1001 Pediatric Treatment Activities: Creative Ideas for Therapy Sessions, Second Edition* (pp.101-109).

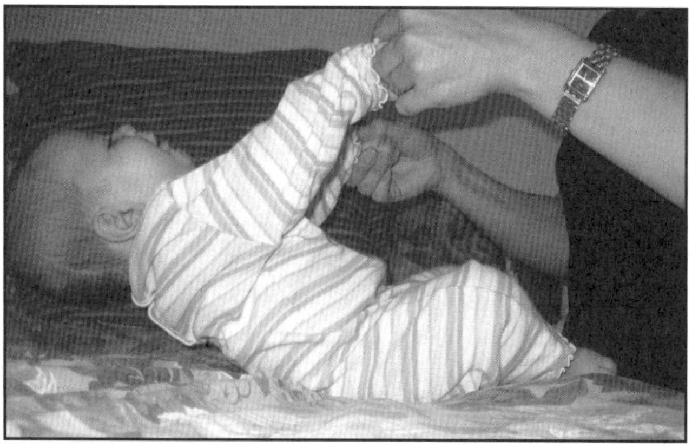

그림 17-1.

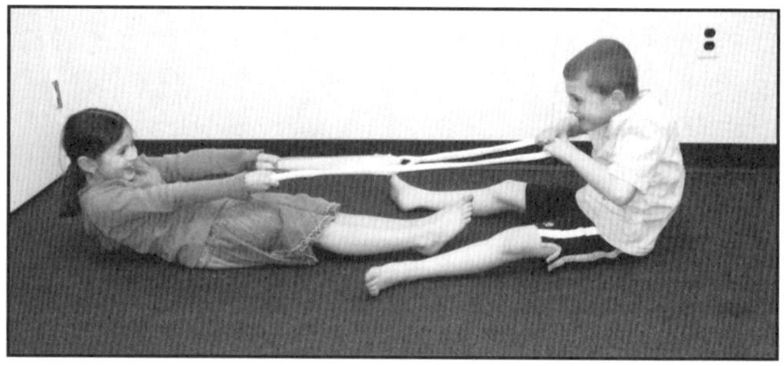

그림 17-2.

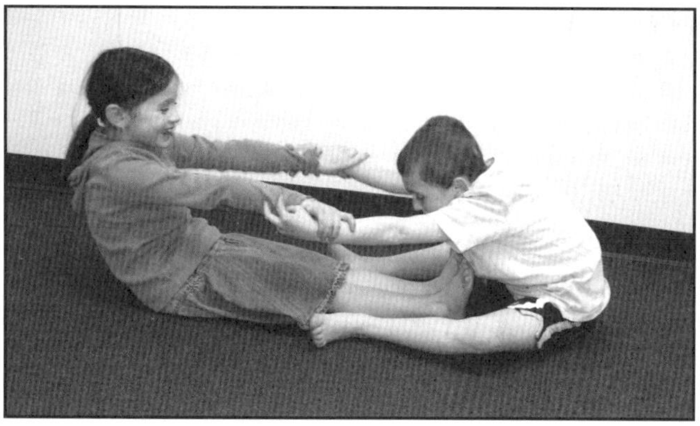

그림 17-3.

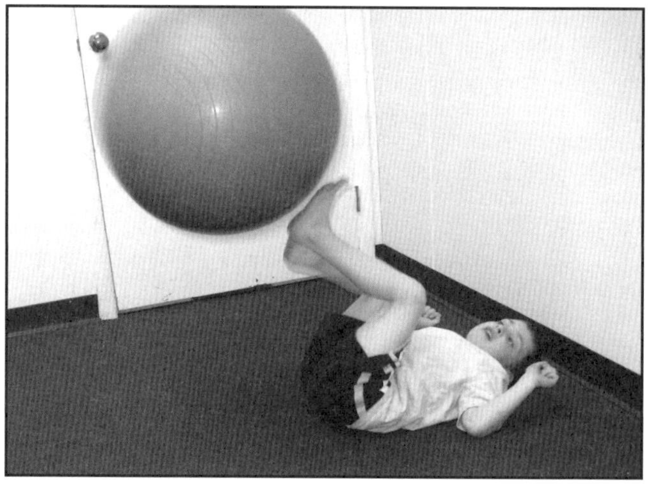

그림 17-4.

루에 치료사 또는 다른 아동과 마주보고 앉아 각자 줄넘기의 한쪽 끝을 잡거나(자세 I) 상대편의 손목을 잡는다(자세 II). 함께 노래를 부르면서, 한 사람이 뒤로 몸을 기울이면, 나머지 한 쪽은 앞쪽으로 몸을 기울인 다음 서로 반대방향으로 움직인다.

- ○ 자세 I(그림 17-2)
- ○ 자세 II(그림 17-3)

- 윗몸일으키기 및 크런치(Sit-ups and crunches): 아동이 마루에서 윗몸일으키기와 크런치를 한다. 치료사도 옆에서 같은 운동을 함으로써 아동에게 운동의 동기를 부여한다(발달연령 6세 이상).
- 발차기(Feet kick): 아동이 매트에 등을 대고 누운 양발을 공중으로 든다. 치료사는 큰 치료용 볼을 아동의 발쪽으로 던진다. 아동은 공을 위쪽으로 발로 차서 치료사에게 던진다(그림 17-4).
- 다리 들기(Leg lifts): 아동은 바닥에 누워 마루에서 다리를 들어 올렸다 내렸다 한다(발달연령 6세 이상)
- 자전거 윗몸일으키기(Bicycle sit-ups): 아동은 등을 대고 누워 오른쪽 다리는 편 채로, 오른쪽 팔꿈치를 왼쪽 무릎으로 가져간다. 그 다음 팔 다리를 바꿔 같은 방식으로 반복한다. 아동이 할 수 있는 만큼 교대로 실시한다(발달연령 6세 이상; 그림 17-5).
- 치료사는 아동과 발을 마주대고 눕는다. 치료사는 작은 공을 치료사의 발목사이에 넣은 다음 아동에게 전달한다. 아동은 마찬가지로 양 발목 사이로 공을 받아 다시 치료사에게 같은 방법으로 전달한다. 2명의 아동끼리 할 수도 있다(그림 17-6에서 그림 17-8).
- 백워드플립(Backward flip): 아동은 치료용 볼에 등을 대고 눕는다. 양팔로 바닥을 짚어 균형을 유지한다. 그 다음 발을 위로 들어 올린다.

전신안정화운동 *Whole-body Stabilization*

- 앉은 자세에서 운동(발달연령 6-8개월)
  - ○ 치료사는 아동을 얼굴을 바라보게 무릎에 눕힌다. 치료사는 아동의 양손을 잡고 한쪽 무릎씩 들어 올려 옆에서 옆으로 체중을 옮겨준다.

그림 17-5.

그림 17-6.

그림 17-7.

그림 17-8.

그림 17-9.

그림 17-10.

○ 체중이동(Weight shifting): 치료사는 아동을 최소한의 지지만 제공하며 마루위에 앉힌다. 치료사는 가볍게 아동을 각 양쪽 방향으로 기울여 균형을 깨뜨린 다음(한번에 한쪽씩) 앞쪽과 뒤쪽으로도 마찬가지로 한다. 치료사는 아동을 살짝만 기울여 가능하다면 아동이 다시 균형을 잡고 몸을 세워 스스로 앉은 자세를 취하게 한다.

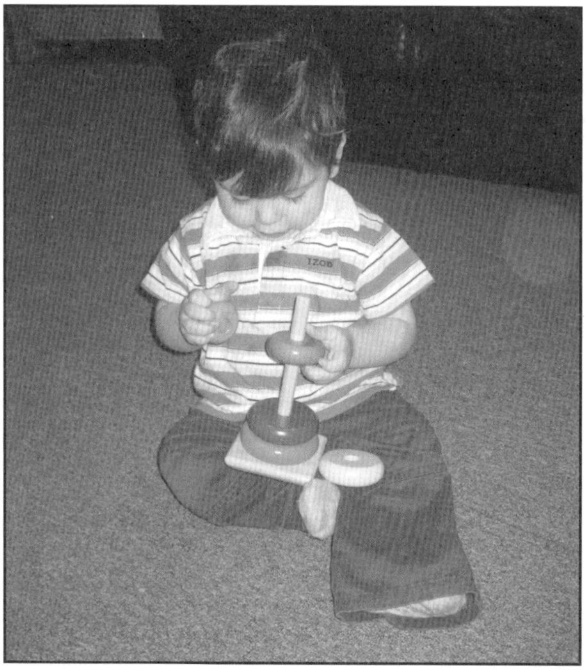

그림 17-11.

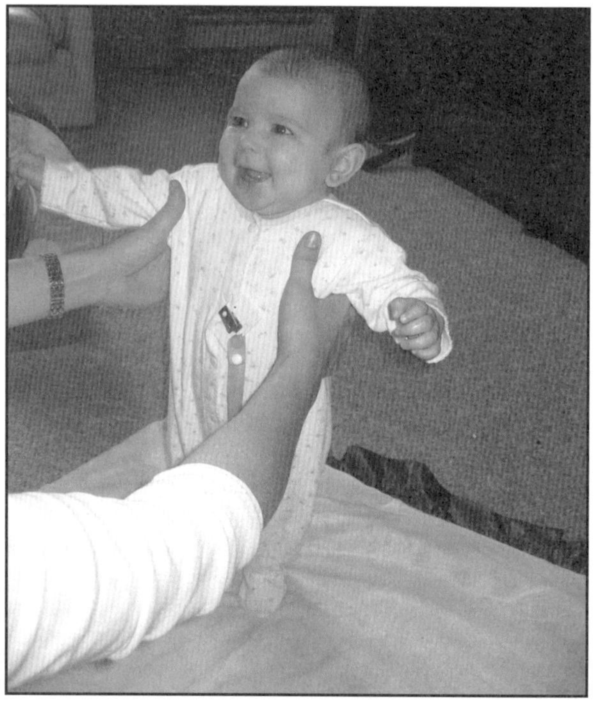

그림 17-12.

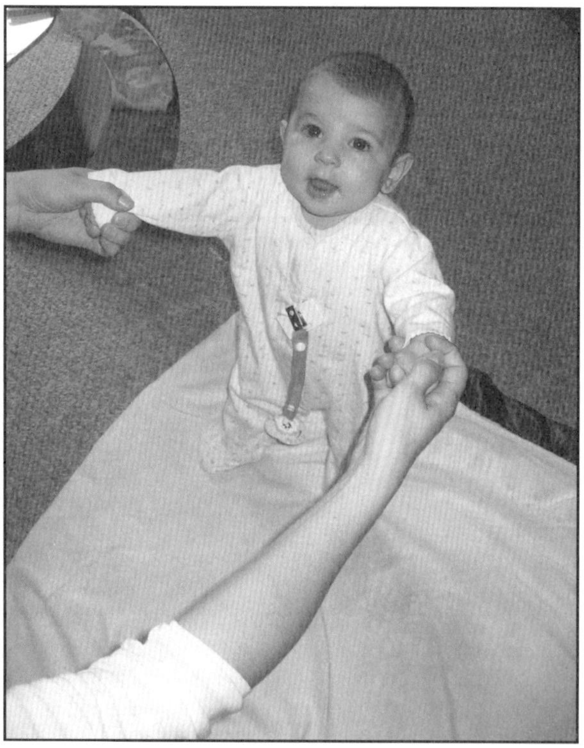

그림 17-13.

- ◦ 치료사는 아동을 버피(Boppy) 베개로 안정성을 제공하여 앉히고 놀이 및 상호작용을 한다(그림 17-10).
- ◦ 치료사는 힙 헬퍼(www.hiphelpers.com)로 아이가 앉아있는 동안 추가적인 지지를 제공한다. 힙헬퍼는 아이가 "W" 앉기(또는 양다리를 넓게 벌려 지지면을 넓게 하여 앉기)를 막아주어, 아이가 앉아 있는 동안 몸통근육이 활성화된다.
- ◦ 치료사는 아이를 최소한의 지지만 제공하며 마루에 앉힌다. 치료사는 놀이 활동을 하면서 아이가 이 자세를 견딜 수 있을 때까지 앉혀둔다(그림 17-11).
- ◦ 아이가 앉아있는 동안, 치료사는 딸랑이 같이 아이가 좋아하는 장난감을 아이의 머리 바로 위로 들어 아이가 손을 뻗어 장난감을 잡도록 유도한다. 치료사는 다양한 장난감을 준비해 여러 번 연속적으로 이 활동을 반복한다.
- ◦ 치료사는 장난감들을 아이의 사방에 두고 아이가 장난감을 갖기 위해 여러 방향으로 손을 뻗게 한다.

- 선 자세에서의 운동(발달연령 3-4개월; Cottrell, 2004, p.20): 아이가 제한된 지지를 통해 선 자세를 연습하게 한다. 아이의 겨드랑이 밑을 잡고(그림 17-12) 세우거나 양손을 잡고 세워(그림 17-13), 아이가 서는데 필요한 최소한의 지지를 제공한다. 아이의 양발을 바닥에 안정적으로 놓여야 한다. 아이가 할 수 있는 범위에서 한 번에 몇 초씩 선 자세를 연습하게 한다.
- 무릎서기 자세에서의 운동: 아이가 마루에 무릎서기

그림 17-14.

그림 17-15.

그림 17-16.

그림 17-17.

자세에서 활동을 수행하게 한다(그림 17-14 및 17-15). 이 자세에서 할 수 있는 게임이 많은데, 색칠하기, 퍼즐 맞추기, 공 잡기, 낮은 의자에서 카드게임하기, 그리고 마루에서 링(ring) 굴리기(아이가 자세가 불안정하여 지지면에 몸을 기대지 않게 한다) 등을 예로 들 수 있다.

- 아동이 천천히 경사로(ramp)를 걸어 올라가게 한다. 치료사는 아이를 똑바로 서게 하여 양손이나 머리를 사용하지 않게 한다.
- 디지 디스크(Dizzy disc): 아이가 넘어지지 않고 디스크에 앉아 빙글빙글 돌게 한다(그림 17-16).
- 아이가 볼스터나 땅콩볼 위에 앉아 아이 양쪽으로 떨어

그림 17-18.

그림 17-19.

그림 17-20.

그림 17-21.

진 곳에 놓인 물건들을 잡게 한다. 그 다음 그 물건을 바구니에 던져 담게 한다(그림 17-7).

- 카우치 푸쉬-업(Couch push-up): 아동이 소파와 수직이 되도록 배를 대고 엎드려 눕게 하여, 상체는 소파에 닿지 않고 양손으로 바닥을 짚은 다음 푸쉬-업을 하게 한다(그림 17-18). 아이는 이 자세에서 게임 또는 퍼즐을 해도 된다.
- 스텝-업(Step-ups): 아이가 대략 한 발을 들어 올라갈 수 있는 높이의 물건 위로 올라가고 내려가게 한다. 치료사는 아이가 양팔을 옆으로 벌리게 하여, 스텝-업 활동을 할 때 팔 근육으로 균형을 잡지 못하게 한다(그림 17-19).
- 히피티홉 장난감(Hippity Hop toy): 아이가 히피티홉을 타고 통통거리며 방을 가로질러 움직이게 한다(그림 17-20). 이 장난감은 릴레이 경주 때도 사용할 수 있다).
- 게걸음(Crab-walking): 아이가 방을 가로질러 게처럼 옆으로 걸으면서 바닥에 놓인 물건들을 집게 한다(그림 17-21).
- 다리 만들기(Bridge making): 아이가 마루 위에 등을 대고 눕게 한다. 치료사는 아이가 다리를 만드는 것을 도와준다. 그 다음 아이 스스로 다리 만들기를 시도하게 한다(그림 17-22* 및 17-23*; 아이는 치료용 볼 위에 누어서도 다리 만들기를 할 수 있다.
- 림보(Limbo): 아이가 림보게임에서 막대기 아래로 걸

그림 17-22.

그림 17-23.

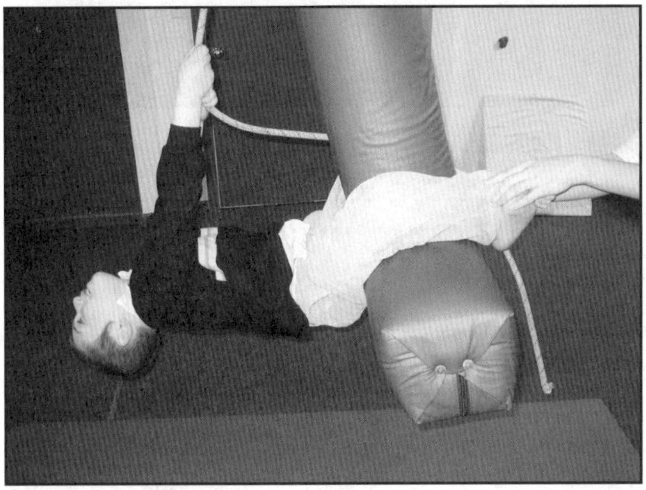

그림 17-24.

그림 17-25.

어서 통과하게 한다. 치료사는 아이가 막대기 아래를 통과할 때 앞으로 기울이지 말고 뒤로 기울이게 하거나 복근을 사용하지 않게 한다.

- 포고 스틱 점핑(Pogo stick jumping): 아이가 포고스틱을 타고 방 이리저리로 점프한다.

매다는 장비

Suspended Equipment Activities

치료사는 활동을 하는 동안 모든 매다는 장비 아래에 매트 또는 표면이 부드러운 바닥을 깔아둔다.

- 치료사는 아이의 다리로 티 그네(T-swing)를 감싸게 한다. 아이가 몸을 거꾸로 한 다음 스스로 몸을 일으켜 세우게 한다(그림 17-24*).
- 로그 스윙(Log swing)
  - 아이가 로그 스윙에 걸터앉아 넘어지지 않고 앞뒤로 움직이게 한다.
  - 아이가 스윙에서 몸을 거꾸로 해 스윙을 잡고 버티게 한다. 이 활동을 여러 차례 반복하면서 버티는 시간을 늘려가게 한다(그림 17-25*; 거꾸로 매달린 상태에서 마루에 손을 뻗어 물건을 잡는 활동을 추가하면 보다 난이도가 높은 활동이 된다).
- 타이어 스윙(Tire swing): 아이가 타이어에 걸쳐 앉는다. 치료사는 아이가 앞 또는 뒤로 기대어 앉게 하기 보다는, 똑바로 앉게 해 등과 배가 타이어에 닿지 않게 한다. 치료사는 타이어를 앞뒤 그리고 양옆으로 움직여준다. 아이는 가능한 오래 타이어를 잡고 이 활동을 유지

** 특히 인대가 이완되거나 탈구되기 쉽거나 머리역전이 금기인 의학적 문제를 갖은 아동은 이러한 활동에 주의를 기울여야 한다.*

그림 17-26.

그림 17-28.

한다(그림 17-26).

• 아이가 트라페즈 바(trapez bar)를 잡고 몸을 거꾸로 했다가 스스로 똑바로 세우게 한다(그림 17-27*).

• 라이크라 스윙(Lycra swing): 아이가 긴 라이크라 스윙 꼭대기까지 올라가서 미끄러져 내려오게 한다.

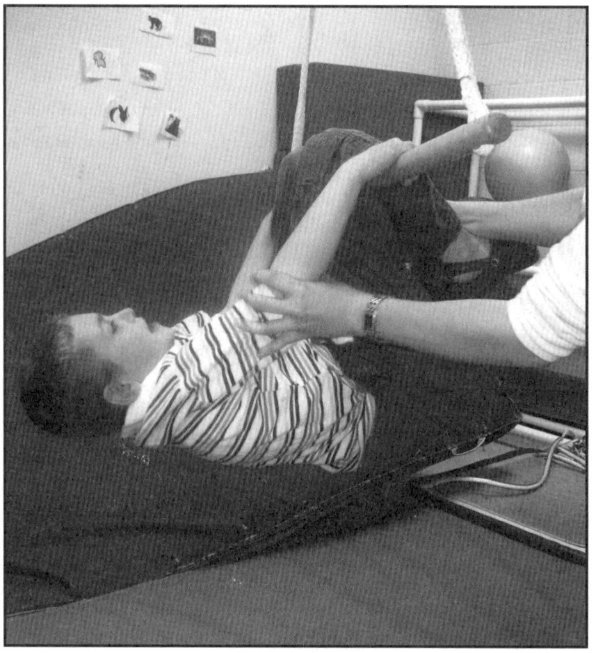

그림 17-27.

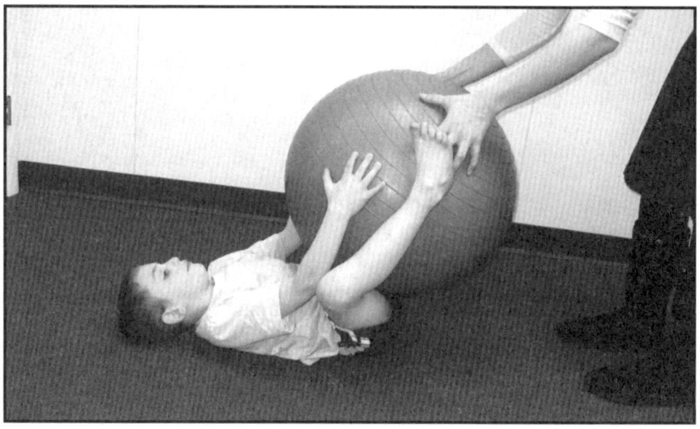

그림 17-29.

치료용 공을 이용한 활동

Therapy Ball Activities

• 아이는 몸(손은 사용하지 않음)과 벽 사이로 치료용 공이 떨어지지 않게 선다. 치료용 공을 대고 선다. 양발을 마루에 단단히 고정하고 등으로 벽에 대하여 공을 통통 튀기듯 눌러준다.

• 아이가 큰 치료용 공이 벽에서 떨어지지 않게 몸으로 유지한 다음 손은 사용하지 않고 가슴과 위를 이용하여 벽을 따라 공을 살짝 앞뒤로 움직인다(그림 17-28).

• 치료사는 아이를 치료용 공 위에 앉힌다. 먼저 아이가 떨어지지 않게 잡아준 다음 아이의 참여를 유도하며 공을 앞뒤와 양옆으로 굴린다.

그림 17-30.

그림 17-31.

그림 17-32.

그림 17-33.

- 아이가 마루에 등을 대고 누운 다음 양발과 양손으로 치료용 공을 잡게 한다. 치료사는 아이에게서 공을 빼앗으려 하고 이때 아이는 공을 놓치지 않으려고 한다(그림 17-29)
- 퍼즐 볼 윗몸일으키기(Puzzle Ball si-ups): 치료사는 퍼즐 조각을 치료용 공 주변에 어질러 놓는다. 아이는 치료용 공 위에 앉아 공 뒤 또는 옆에 있는 퍼즐 조각을 집는다. 아이는 그런 다음 일어나 앉아 퍼즐판에 퍼즐 조각을 맞힌다(그림 17-30 및 17-31).

오르기 *Climbing*

- 가구 위로 올라가기: 치료사는 아이를 의자, 소파, 또는 작은 탁자 근처로 데려간다. 치료사는 아이가 좋아하는 장난감을 바닥에 두고 아이를 최소한으로 유도하거나/도움을 주면서 장난감을 잡기 위해 소파나 의자를 잡고 앉은 자세 또는 네발자세로부터 선 자세로 옮겨가게 한다(그림 17-32 및 17-33).
- 사다리 오르기(Ladder climbing): 아이가 치료공간 또는 치료실 밖 놀이터에 있는 사다리나 그물을 기어오르게 한다.
- 바위벽 게임(Rock wall game)
  - 아이가 벽을 기어오른다.
  - 아이가 특정 색깔의 바위를 이용해 바위벽을 기어오

른다.

치료사는 바위벽 맨 꼭대기와 바위벽에 링을 걸어둔다. 아이가 바위벽을 올라가면서 링을 꺼내 바구니에 속으로 던진다.

18

균형 활동
Balance Activities

균형은 부드럽고 조절된 움직임을 위해 필요하다. 균형은 걷기, 복잡한 방 통과하기, 계단 오르기, 놀이, 그리고 다른 온갖 종류의 활동에 영향을 미친다. 적절한 균형능력을 갖기 위하여, 우선 강한 코어근육이 발달해야 한다. 이전 장에서 코어를 강화할 수 있는 운동들을 소개하였다. 이 장에서는 균형능력을 증진시켜 주는 활동들에만 초점을 맞출 것이다.

비록 균형 훈련 그 자체가 코어근육의 강화에 도움이 되겠지만, 이 장은 두 가지 주요 차이점을 강조하기 위하여 이전 장과는 별개로 구성되었다. 이전 장에서, 우리는 균형 및 아동발달에 중요한 다른 기술들의 향상시키는 수단으로 코어근육의 강화에 대해 논의하였다. 이 장의 목표는 균형능력의 향상이지만, 추가적으로 코어 근육이 함께 강화된다는 이점까지 있다.

특징적으로, 이 장에서 포함하고 있는 균형 활동은 아이가 한 발로 서거나 불안정한 지지면에서 균형을 잡는 능력이 요구된다. 아이는 역동적인 환경 속에서 살아간다. 예를 들어, 아이는 편평하지 않는 길 걷기, 연석 올라가고 내려오기, 그리고 울퉁불퉁한 풀밭 걷기도 할 줄 알아야 한다. 안정적이고 고정된 지지면에서만 균형을 유지할 수 있는 아이는 "현실" 상황에서 심각한 어려움을 직면하게 된다.

균형에 관하여 또 다른 중요한 점은 평형반응, 몸 정위반응, 그리고 보호반응 등이다. 균형을 유지하기 위하여, 누구에게 밀리거나 무엇인가에 걸려 넘어지는 것과 같은 외부의 방해에 반응할 수 있어야 한다. 보통, 이러한 방해에 대하여 보호 또는 평형반응으로 대처한다. 평형반응은 몸이 한쪽으로 기울여지면 몸을 스스로 바로 세워 반대방향으로 기울이거나 기울이는 것이다. 이 반응은 앞쪽 및 뒤쪽 그리고 옆쪽 운동면에서 일어난다. 보호반응은 넘어질 때 팔을 넘어지는 방향 쪽으로 뻗어 스스로 균형을 회복하는 것이다. 이러한 반응 역시 앞쪽, 뒤쪽 그리고 옆쪽으로 일어난다(Case-Smith, 2001). 이 장은 또한 이러한 반응이 작용하는데 도움이 되는 활동들을 다룰 것이다.

그림 18-1.

그림 18-2.

균형활동 BALANCE ACTIVITIES

이 장의 모든 활동들은 어른이 아이 가까이에서 감독을 하는 가운데 이루어져야 하며, 균형기술이 부족한 아이의 경우는 특히 그렇다.

한발 활동 *One-Foot Activities*

- 아이가 한 발로 X초 동안 균형을 유지한 다음 발을 바꿔서 다시 X초 동안 유지한다(유지시간은 아이의 담당 치료사가 정한다.).
- 아이가 한 발로 서고 다른 발은 공 위에 올려놓는다. 치료사는 필요한 경우 공이 움직이지 않게 해준다. 난이도를 높이기 위하여, 한 발로 선 자세에서 공 주고받기, 손뼉치기 등과 같은 활동을 한다(그림 18–1).
- 한 발로 원뿔을 톡톡 두드린다: 아이는 한 발로 선다. 치료사는 숫자가 매겨진(또는 색깔이 다른) 원뿔을 마루에 아이로부터 한 발 정도 떨어진 거리에 세워둔다. 치료사가 숫자(또는 색깔)를 말하면 아이는 균형을 유지하며 해당 원뿔을 발로 톡톡 두드린다(그림 18–2).
- 한발로 깡충뛰기 활동(Hopping activities):
  - 아이가 마루와 놓인 링 안으로 한발 깡충뛰기로 들어간 다음 움직이지 않고 선다(그림 18–3).
  - 아이가 범피균형판(bumpy balance board) 위로 한발 깡충뛰기로 올라간다(그림 18–4).
  - 아이가 제자리에서 한발 깡충뛰기한다.
  - 마루에 글자가 새겨진 카드판들을 흩어놓는다. 아이는 자기 이름이 쓰여진 카드판위로 한발 깡충뛰기한다.
  - 치료사는 마루위에 로프를 두고 양 끝을 테이프로 고정시킨다. 아이는 로프 앞 뒤로 한발 깡충뛰기 한다(그림 18–5).
  - 치료사는 로프를 마루에 놓고 양 끝을 테이프로 고정시킨다. 로프 한 쪽 끝에서 시작하여 로프를 기준으로 왼쪽과 오른쪽으로 한발씩 번갈아 깡충뛰기하면서 로프의 반대편 끝까지 간다.
- 균형잡기놀이("Balance on it"): 치료사는 신체 부분을 지명한다. 아이는 호명하는 부위로 균형을 유지한다(예를 들어, 오른발, 왼발, 양쪽 무릎, 한쪽 무릎, 양손, 등).

불안정한 지지면에서 서기/걷기 *Standing/Walking on Unstable Surfaces*

- 균형판 활동
  - 아이가 균형판을 올라가고 내려온다.
  - 아이가 360° 원을 그리며 회전한다.

그림 18-3.

그림 18-4.

그림 18-6.

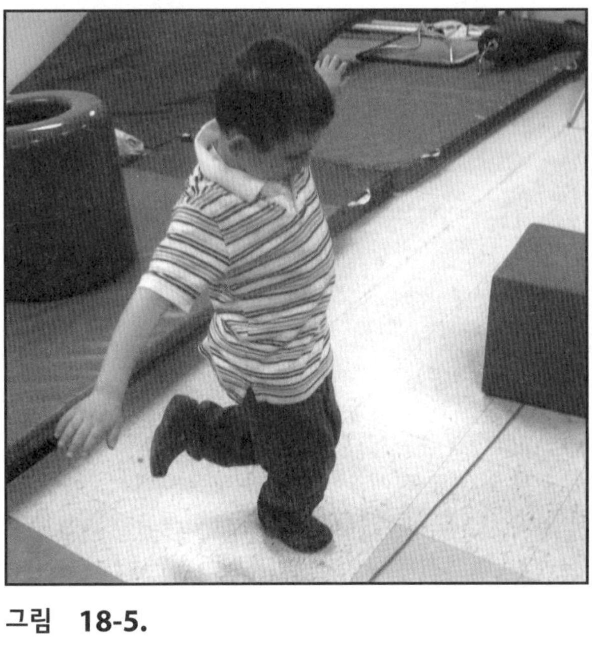

그림 18-5.

- 아이가 치료사와 캐치볼 놀이를 한다.
- 아이가 공중의 물방울을 터뜨린다.
- 아이가 신체중심선을 지나 물건을 잡는다(그림 18–7).
- 아이가 농구를 한다(그림 18–8).

그림 18-7.

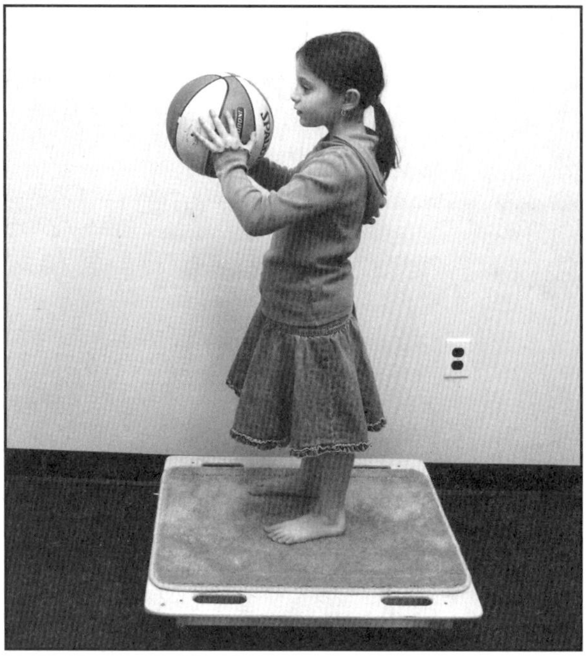

그림 18-8.

그림 18-9.

그림 18-10.

- ◦ 아이가 벽에 공을 맞히고 되돌아오는 공을 받는다(그림 18-9).
  - ◦ 아이가 머리에 콩 주머니를 올리고 균형판 위에서 균형을 잡는다.
- 균형판 활동(Balance-beam activities):
  - ◦ 아이가 균형판위를 걷는다.
  - ◦ 아이가 마루에서 물건을 집어 들고 바구니 속으로 던진다(그림 18-10).
  - ◦ 아이가 양손에 물건을 들고 균형판 위를 걷는다.
  - ◦ 아이가 균형판위에서 캐치볼 놀이를 한다.
  - ◦ 아이가 균형을 유지하며 움직이지 않고 서 있는다.
- 공기주입식 에어디스크(Inflatable air disc): 아이가 양발을 공기주입식 디스크 위에 양발을 놓고 균형을 유지한다.
  - ◦ 이 활동은 아이의 발가락을 약간 앞쪽으로 미끄러지게 하면 마루와 닿아 활동이 쉬워진다(에어디스크에 완전히 두 발을 올려놓는 것과 반대 됨).
- Woggler: 아이는 Woggler를 타고 방안을 왔다 갔다 한다(그림 18-11).
- 징검돌(Stepping stone): 아이가 특정 색깔이나 숫자가 새겨진 징검돌 위를 걷는다(그림 18-12).
- 아이가 빈백 또는 다른 편평하지 않은 지지면을 걷는다(그림 18-13).
- 치료사는 치료용 볼을 매트/경사로 아래에 놓는다. 아이는 매트/경사로를 걷는다(그림 18-14).
- 치료사는 치료용 볼을 매트 밑에 놓는다. 아이는 움직이는 매트 위에서 "파도타기"를 하듯이 균형을 잡으면서 한 자리에서 선 자세를 유지한다(그림 18-15).
- 치료사는 로그 스윙을 마루에 놓는다. 아이는 넘어지지 않고 그 위를 걷는다(치료사는 아이가 걸을 때 스윙이 움직이지 않도록 잘 고정시킨다.).
- 연석-걷기(Curb-walking): 아이는 밖에서 보도 연석을 따라 걷는다.
- 일직선 따라 걷기(Walking on straight line): 아이는 마루에 붙여져 있는 긴 일직선 테이프선을 따라 걷는다.

그림 18-11.

그림 18-12.

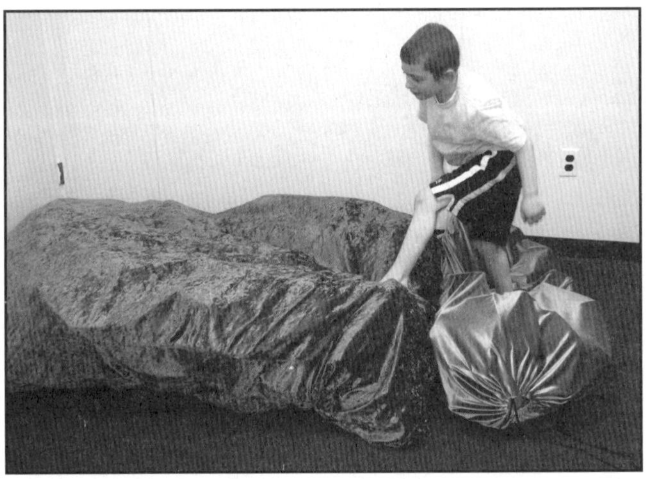

그림 18-13.

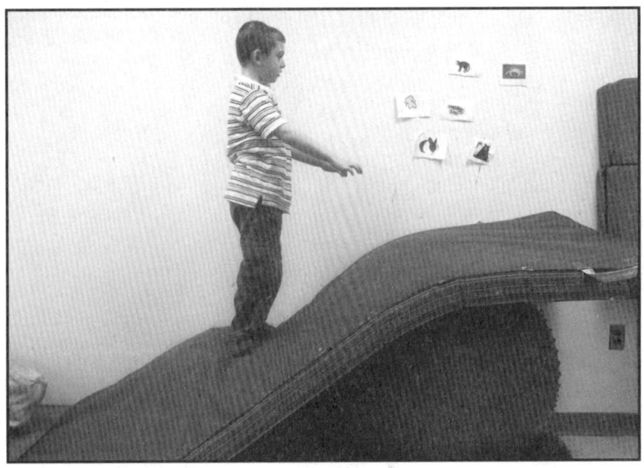

그림 18-14.

그림 18-15.

- 계단 오르기
  - 아이는 난간을 잡지 않고 계단을 올라가고 내려온다.
  - 아이는 뒤로 계단을 올라가고 내려온다.

대안형태의 운동

Alternative Forms of Exercise

- 가라데
  - 필라테스
  - 요가

19

상지근력강화 및 안정화운동

Upper Arm Strengthening and Stabilization

상지근력과 안정성은 손의 기능적 사용에 꼭 필요하다. 이전 2개의 장에서 언급했듯이, 코어근력은 소운동기술 및 대운동기술의 수행에 필수적이다. 상지 안정성은 코어근력 다음으로 손의 사용을 위해 요구되는 요소이다.

상지근력과 안정성이 부족한 아이는 손으로 하는 과제 수행에 빈번히 어려움을 겪는다. 안정성이 감소된 결과로 팔 및 팔의 근육을 고정하기 위해 지나친 노력을 쏟아야 한다. 팔을 고정하고 안정성을 획득하기 위하여 지나친 노력을 하게 되면, 과제의 질이 떨어진다. 그 결과 글씨쓰기, 자조활동 수행, 공을 이용하는 기술, 그리고 전반적 소운동기술이 감소한다.

이 장에서는 팔과 어깨의 근력과 안정화에 도움이 되는 다양한 활동들을 제공한다. 비록 이 장에서 제공하는 놀이 활동을 별개로 수행할 수 있지만, 기능적 활동과 함께 수행할 때 가장 효과적이다.

상지근력강화 및 안정화운동

UPPER ARM STRENGTHENING AND STABILIZATION

손으로 체중지지

Bearing Weight Through the Hands

- 아이를 엎드려 누운 자세에서 양쪽 전완부와 손에 체중이 실리게 한다.
- 마루 위에 아이의 눈높이 보다 약간 높게 눈을 맞추며 아이와 함께 엎드린다. 다른 형태로는, 아이를 침대에 엎드려 눕게 하면 아이의 눈높이에 맞추기가 쉽다(발달연령 4–6개월; 그림 19–1).
- 아이를 보피(Boppy) 또는 지지면을 약간 높게 하여 아이를 엎드리게 하면 아이가 엎드린 자세에 적응하기 쉽다(발달연령 4–6개월; 그림 19–2).
- 어린 아기는 어른의 감독 하에 "아기엎어놓기(tummy time)" 시간을 늘린다(발달연령 4–6개월).

그림 19-1.

그림 19-2.

그림 19-3.

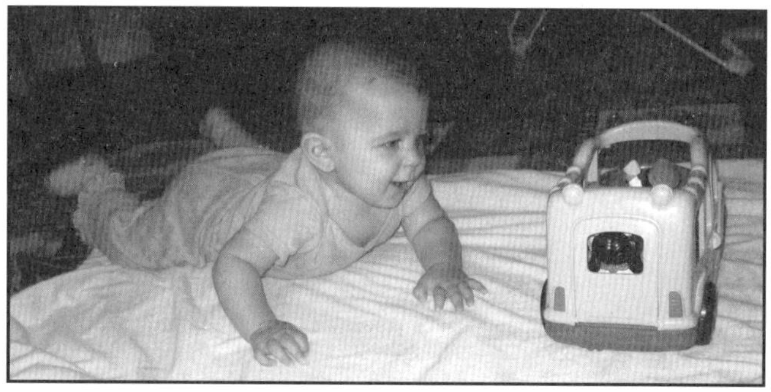

그림 19-4.

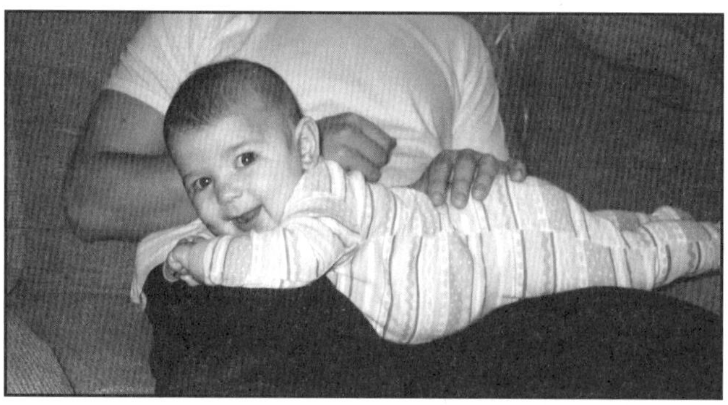

그림 19-5.

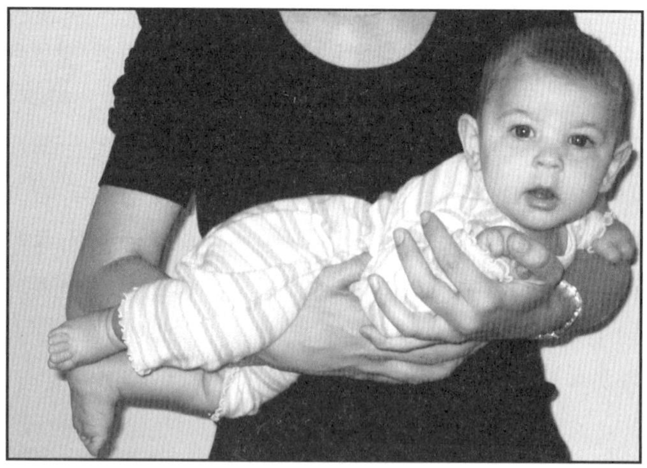

그림 19-6.

- ○ 치료사는 마루, 소파, 또는 침대에 약간 몸을 세운 자세로 누워 아이를 위/가슴에 엎드려놓는다(그림 19-3).
- ○ 가볍고 부드러운 담요를 마루에 깔로 아이를 엎드려 눕히고 아이 앞에 장난감을 둔다(19-4).
- ○ 아이를 거울 앞에 엎드려 놓는다.
- ○ 아이를 치료사의 무릎위에 엎드려 놓는다(그림 19-5).
- ○ 어른의 전완부에 아이의 체중이 실리도록 수평으로 안는다(그림 19-6).

- 아이가 네발자세를 취하게 한다.

그림 19-7.

그림 19-8.

그림 19-9.

그림 19-10.

- ○ 아이가 움직이지 않게 한다.
- ○ 아이가 이 자세에서 물건을 잡게 한다(그림 19-7).
- ○ 이 자세에서 치료사는 아이가 네발기기로 움직이도록 움직임을 촉진시킨다.

- 아이를 바닥에서 몇 인치 떨어지게 매달아 놓은 플랫폼 그네(platform swing) 또는 그물그네에 엎드리게 한다. 아이는 그네 가장자리 밖으로 몸을 기울여 가슴이 그네에 닿지 않고 그네 밖으로 나오게 한다. 치료사는 그네 아래에 물건들을 흩어놓는다. 아이는 손 걸음으로 물건을 집어 통 속으로 던지거나, 다른 과제를 수행한다(그림 19-8).
- 아이를 스쿠터보드에 엎드려 놓는다. 치료사와 아이는 고무끈 또는 줄넘기를 잡고 서로 밀리지 않도록 잡아당기기를 한다.
- 아이가 스쿠터보드에 엎드려 타고 물건이 있는 곳으로 움직여 물건을 잡게 한다. 예를 들어, 마루에 흩어져 있는 콩주머니 또는 쿠시볼(koosh ball)을 집어 바구니에 넣게 한다.
- 아이는 매트에 양 손을 짚어 체중을 지지하면서 발로 벽을 타고 올라간다(그림 19-9).
- 게걸음(Crab-walking): 아이는 바로 누운 자세를 취한 다음 양 손과 양 발로만 체중을 지지하여 신체의 다른 부위가 마루에 닿지 않게 하여 손과 발로 움직인다(그림 19-10).
- 손수레자세로 걷기(Wheelbarrow walking)
  - ○ 아이가 손수레 자세를 유지하게 한다.
  - ○ 아이는 이 자세에서 장난감에 손을 뻗는다.
  - ○ 치료사가 다리를 잡아주고 아이는 양 손으로만 움직여 나아간다(그림 19-11). 이 활동은 움직인 거리

그림 19-11.

그림 19-12.

그림 19-13.

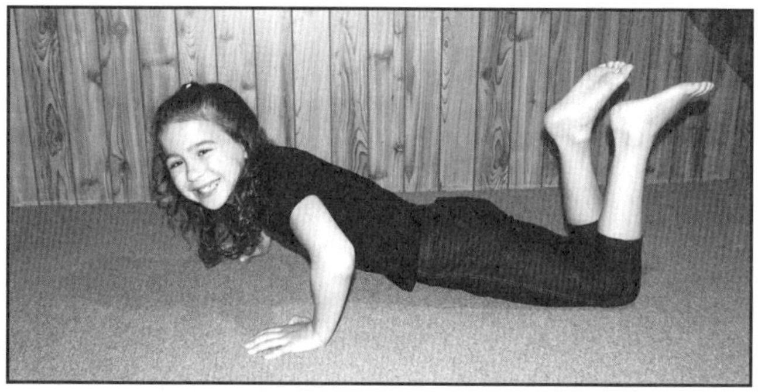

그림 19-14.

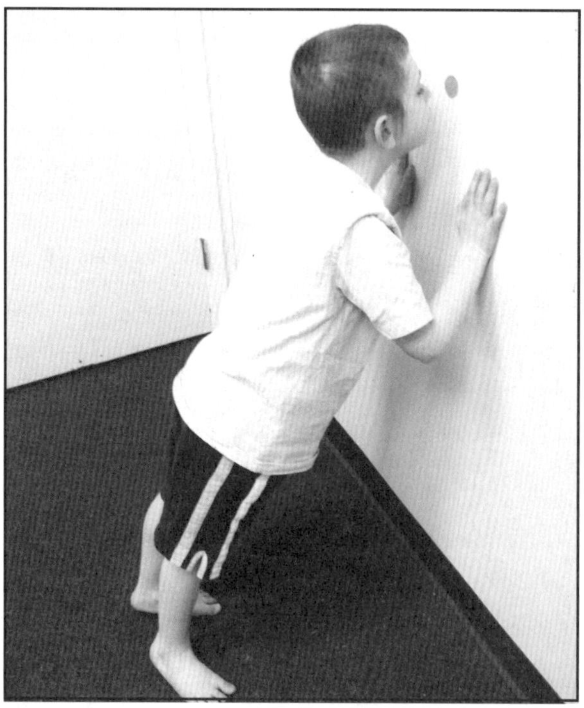

그림 19-15.

그리고 치료사가 아이의 다리 어는 부분을 잡아주었는지에 따라 난이도를 정한다. 치료사가 발목을 잡아줄 때 가장 난이도가 높아진다. 힙 가까이로 잡아줄수록 활동이 쉬워진다.

- 손수레자세로 걷기 경주(그림 19-12).
- 푸쉬 업: 아이가 다음과 같이 다양한 형태의 푸쉬 업을 한다
    - 일반 형태의 푸쉬 업(그림 19-13)
    - 양쪽 무릎을 마루에 붙이고 하는 반 푸쉬 업(그림 19-14)
    - 벽에서 하는 푸쉬 업(그림 19-15)
    - 카우치 푸쉬 업: 아이를 소파 밖으로 몸을 내밀고 배를 대로 엎드리게 한다. 아이는 양팔로 마루를 짚고 하지는 카우치에 유지하면서 푸쉬 업 한다(그림 19-16).
    - 의자 푸쉬 업: 아이는 의자에 앉아, 의자의 양옆을 손으로 잡고, 팔꿈치를 쭉 펴고, 엉덩이를 의자에서 붙인 채로 손으로 의자 바닥을 민다(그림 19-17).

그림 19-16.

그림 19-17.

그림 19-18.

그림 19-19.

그림 19-20.

- 아이가 표면이 부드러운 단단한 표면위에 가슴을 지지면 밖으로 해서 엎드려 눕게 한다. 치료사는 퍼즐 조각을 아이의 팔 길이 범위 안에 흩어놓는다(그림 19-18).
- 아이가 치료용 볼 위에 양팔로 체중을 지지하여 엎드려 눕게 한다. 아이가 이 자세에서 푸쉬 업 한다(그림 19-19 및 그림 19-20).
- 버블랩 팝핑(Bubble wrap popping). 치료사는 버블랩 비닐을 마루에 깔아둔다. 아이는 밀고 다닐 수 있는 트럭이나 자동차를 버블랩 비닐 위에 놓고 버블랩이 깔린 선을 따라 '펑' 소리가 나도록 힘을 주어 트럭을 밀면서 지나간다(그림 19-21).

수직면을 이용한 활동 *Using Vertical Surfaces*

주의: 다음의 활동들을 팔의 위치가 어깨나 어깨높이 보다 높게 하면(어깨 굽힘 90°) 어깨 안정화운동에 최적의 효과를 볼 수 있다.

- 수직면에 쓰기
  - 아이가 이젤에 색칠을 한다.
  - 아이가 칠판에 적는다.
  - 아이가 화이트보드 위의 글자를 따라간다.
  - 아이가 경사판 위 종이에 적는다.
  - 아이가 벽에 붙인 종이에 색칠을 한다(아이는 색칠, 페인트칠, 또는 쓰기를 할 수 있다.).
- 아이가 지우개 또는 젖은 종이타월로 칠판을 지운다.

그림 19-21.

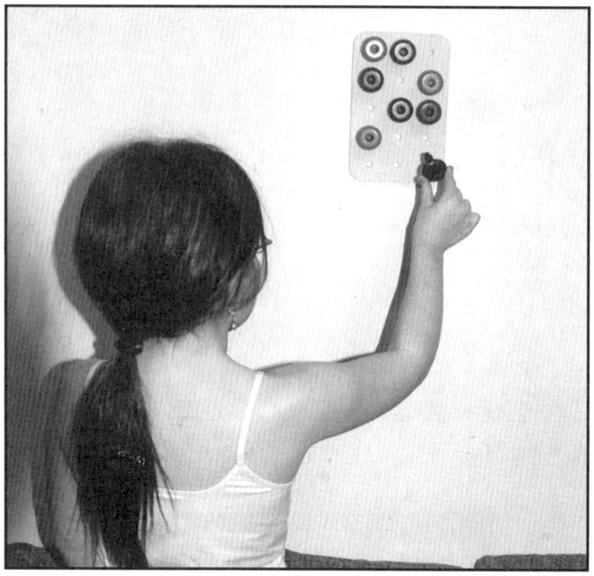

그림 19-22.

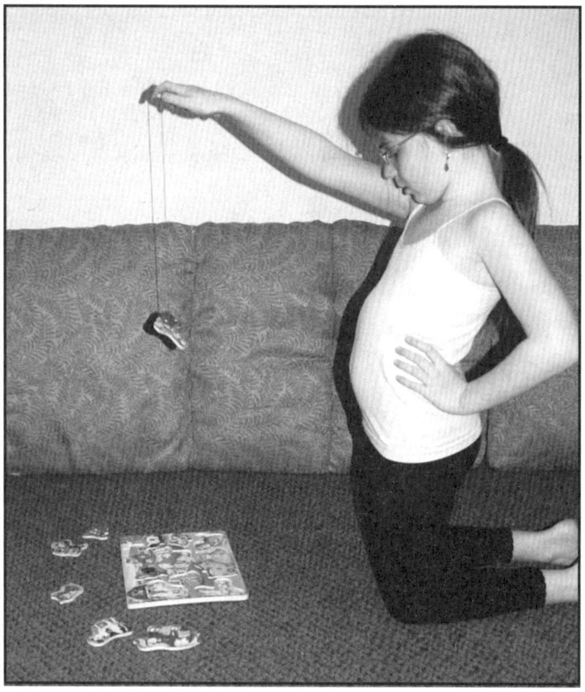

그림 19-23.

그림 19-24.

- 아이가 수직면 패그보드에 패그를 꽂게 한다 (그림 19-22).
- 아이가 수직면에 자석을 붙인다.

중력에 대항하는 어깨 안정화 운동

Stabilizing the Shoulder Against Gravity

주의: 다음의 활동들을 팔의 위치가 어깨나 어깨높이 보다 높게 하면(어깨 굽힘 90°) 어깨 안정화운동에 최적의 효과를 볼 수 있다.

- 아이가 줄넘기를 한다.
- 아이가 공중에 팔을 X초 동안 들고 있다(시간은 담당 치료사가 결정한다.).
- 아이가 자석낚싯대를 가지고 게임을 한다. 낚싯대에 물고기 자석이 닿으면 물고기를 잡게된다(그림 19-23).
- 아이가 블록으로 탑을 쌓는다.
- 아이가 플랫폼 그네에 엎드린다. 아이가 막대집게로 흩어져 있는 공주머니/장난감을 집거바구니에 담는다(그림 19-24). 치료사는 바구니를 놓은 높이와 거리를 다르게 하여 이 활동의 난이도를 조절할 수 있다.
- 아이가 마루에 엎드려 마찬가지로 마루에 엎드린 다른 아이나 치료사와 얼굴을 마주본다. 그 자세에서 서로 공을 굴려 주고받는다(그림 19-25 및 그림 19-26).

그림 19-25.

그림 19-26.

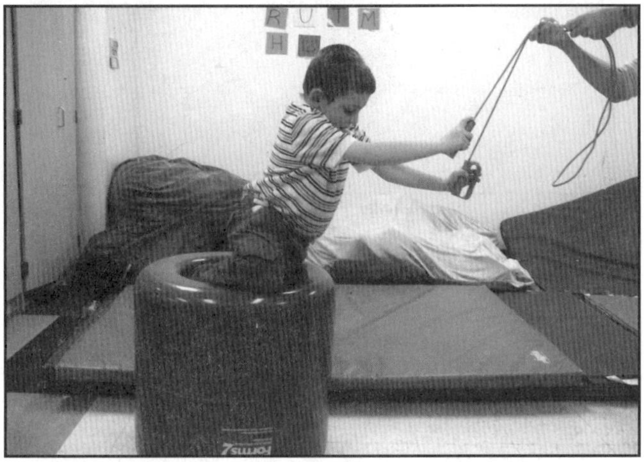

그림 19-27.

그림 19-28.

그림 19-29.

그림 19-30.

저항운동을 위한 활동 Resistive Activities

- 아이는 정리함이나 통에 앉은 자세에서 치료사가 단단히 잡고 있는 밧줄을 당겨 스스로 몸을 일으킨다(그림 19-27).

그림 19-31.

그림 19-32.

- 아이는 팔을 앞으로 쭉 펴서 플라스틱 튜브나 탄력밴드 양 끝을 잡은 다음 서로 반대방향으로 당긴다(그림 19-28 및 그림 19-29).
- 아이는 중간크기의 치료용 볼을 양팔(손이 아님)로 들고 방을 걸어 다닌다(그림 19-30). 작은 볼을 사용할수록 난이도가 낮아진다.
- 아이는 사다리를 올라간다.
- 아이는 트라페즈 바를 잡고 그네를 탄다.
- 아이가 놀이터에서 몽키바(monkey bar)를 잡고 이동한다(그림 19-31).
- 아이가 몽키바를 잡고 제자리에서 버틴다 (그림 19-32).
- 탄력밴드를 이용한 운동
    - 아이가 몸 앞에서 양손으로 탄력밴드를 잡고 양옆으로 잡아당기기를 아이가 할 수 있는 만큼 반복한다 (그림 19-33).
    - 아이가 탄력밴드를 어깨 뒤로 넘겨서 양 끝을 손으로 잡는다. 아이는 탄력밴드를 양옆으로 잡아당기기를 할 수 있는 만큼 반복한다(그림 19-34).
- 훌라후프 당기기: 치료사는 아이가 그네 또는 스쿠터 위에 훌라후프를 잡고 있게 한다. 치료사는 훌라후프의 반대쪽을 잡고 아이와 서로 밀리지 않게 당기기를 한다.
- 줄다리기: 이 게임을 아이와 치료사 또는 두 아이 간에 이루어진다. 이 게임을 안전사고가 일어나지 않도록 주의 깊게 감독해야 한다(그림 19-35).
- 아령 들기: 선 자세에서, 아이는 어깨 높이로 팔꿈치를 구부리고 양손에 아령을 든다(그림 19-36). 아이는 어깨를 90°로 구부리고 팔은 완전히 편다(그림 19-37). 일정회수 동안 이 활동을 반복한다(반복회수는 담당 치료사가 결정한다).

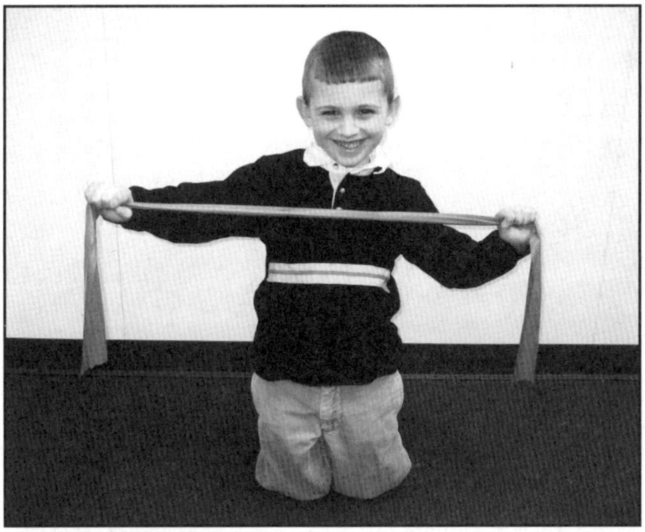

그림 19-33.

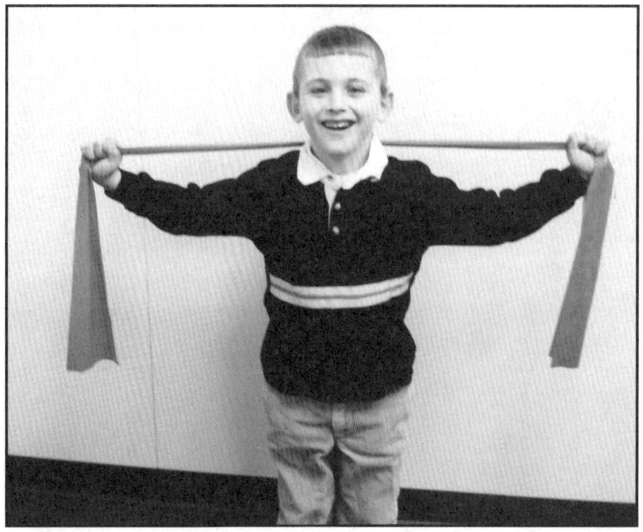

그림 19-34.

그림 19-35.

그림 19-36.

그림 19-37.

상업적 상품

Commercially Available Products

- Don't Spill the Be ans
- Fantacolor Jr.
- Jenga
- Lite Brite
- Magnet Express
- Melissa & Doug Magnetic Puzzles
- Zoom Ball

제 VI 부

인지와 고위 인지 기술 형성

Cognition and High-Level Skill Building

인지와 고위 인지 기술은 아동이 실행기능을 수행하도록 하는 기술이다.

이러한 기술 없이 아동은 단순한 질문에도 대답할 수 없고, 다양한 단계의 지시를 따를 수 없으며 혹은 활동에 집중을 유지할 수도 없다. 낮은 고위 인지 기술과 인지 저하 아동들은 조직화의 혼란스러움과 집중을 할 수 없을 수도 있다. 이러한 어려움들이 있는 아동은 기본적인 보드게임은 서툴고, 공을 주고받는 단순한 게임은 잘할 것이다.

이 장은 인지와 실행 기능과 관련된 전반적인 조직화 기술들의 증진을 도와줄 수 있는 활동들을 포함하고 있다. Zeigler-Dendy(2002)가 설명한 것에 의하면, 학교생활에 영향을 미치는 실행 기능의 요소를 아래에 제시하였다.

- 작업 기억과 회상(정보를 조작하는 동안 사실을 유지하기, 장기 기억 저장영역에 접근하는 사실들)
- 활동, 각성, 그리고 노력(일을 시작하기, 활동하는 동안 집중하기, 일을 마무리하기)
- 감정 조절하기(좌절을 이겨내는 능력, 행동 혹은 말하기 전에 생각하기)
- 내면화 언어('혼자말하기'를 통해 행동을 조절하고 앞으로 행할 행동을 지시하기)
- 개별적으로 문제 삼기, 문제 분석하기, 새로운 생각들로 문제를 재구성하기와 조직화하기(복잡한 문제 해결)

인지의 특별한 영역과 높은 수준의 기술 설계는 집중력 향상하고 구성기술 향상을 포함한 내용은 다음 장에서 설명할 것이다.

20

집중력 증진

Increasing attention

집중을 유지할 수 있는 능력은 어떠한 활동에 필요한 선행조건이다. 이번 장에서 두 가지 종류의 중요한 집중력을 논의하게 된다. 첫 번째는 시각적 집중이다. 이것은 손에 있는 과제에 대해 시각적으로 집중할 수 있는 능력이다. 많은 아동들은 그들이 무엇을 하는지 보지 않는다. 그들이 무엇을 하는지 보지 않는다면 대부분의 기술들을 성공하는데 매우 어려울 것이다. 예를 들어, 신발을 보지 않는 아동은 신발 끈 묶기 연습에 어려워질 것이다. 종이의 일부분을 보지 않는 아동은 손으로 글씨를 쓰는 기술을 증진이 서툴 것이다.

이 장에서 논의될 집중의 다음 단계는 관심을 유지하는 능력이다. 이 집중의 상위 단계는 지속적 집중 그리고 집중의 이동/분리를 포함한다. 지속적 집중력은 오랜 시간 동안 특정한 부분에 집중을 유지하는 능력을 말한다. 이동/분리 집중력은 하나의 과제에서 다른 과제로 집중을 이동시키는 능력을 말한다.

이번 장에서 제안될 활동들의 유형은 성공적인 결과를 위해서 지속적인 참여가 요구된다. 제공되는 대부분의 활동들과 게임들은 두 가지 모두의 집중을 요구한다. 이러한 기술들을 바탕으로 아동들과 함께 치료하는 치료사는 한 번에 하나의 집중에만 초점을 맞춤으로써 과제의 등급을 낮출 수도 있다. 필요에 따라 어떤 활동을 상향시키는 것은 치료사의 방향일 것이다.

집중력을 증진에 도움이 되는 전략들을 다음을 포함한다.

- 치료사는 아동이 필요한 장난감 혹은 다른 물건을 얻기 위해서 활동이 중지되지 않기 위해 치료하기 전에 치료 환경을 준비해야 한다.
- 아동이 밖으로 주의가 산만해지는 것을 피하기 위해 텐트/터널 혹은 칸막이가 있는 공간에서 치료와 놀이가 도움이 될 것이다.
- 상위 단계의 아동이 놀고 있으면 배경음악과 같은 치료나 놀이를 시도해 본다. 이것은 아동이 외부의 잡음을 듣지 않고 지금 하고 있는 활동에 집중할 수 있는 능

Danto AH, Pruzansky M. *1001 Pediatric Treatment Activities: Creative Ideas for Therapy Sessions, Second Edition* (pp.129-130).

력을 강화시키는데 도움을 줄 것이다. 이것은 조용하며 산만한 환경이 아닌 곳에서 집중하는 기술을 습득한 아동에게만 행하여져야 한다.

- 아동이 집중을 유지할 수 있도록 속도가 빠른 활동들을 수행한다.

집중력을 증진시키는 활동
ACTIVITIES TO INCREASE ATTENTION

시각 집중력 *Visual Attention*

- 치료사는 아동과 함께 까꿍 놀이를 한다.
- 아동이 치료용 공 위에 튀게 하거나 게임을 하는 동안에 에어디스크(air disc) 위에 앉는다.
- 아동은 다양한 면(plane)에서 시각적으로 물건을 추적한다(아동이 요구하는 물건을 선택하기)

상위 수준의 집중력 형성
Higher-Level Attention Building

- 패턴 모방: 아동은 패턴의 색 혹은 모양에 맞추어 구슬을 꿴다.
- 아동은 특정한 패턴으로 종이 위에 색이 있는 선을 그린다. 아동은 기억 도구로서 혼자서 노래를 부르며 패턴을 반복한다.
- ABC wall 게임: 치료사는 A부터 E까지 글자 대략 1/2 인치 간격으로 무작위로 벽에 붙인다. 글자는 아동이 벽으로부터 몇 발 떨어져 서서도 볼 수 있을 만큼 충분히 커야 할 것이다. 아동은 공을 글자 "A"에 던지고 다시 공을 잡는다. 아동은 다음 글자에 공을 계속해서 던지고 그 공을 잡는다(이 활동에 좀 더 많은 글자를 추가함으로써 단계가 높아지고 2~3개의 글자를 한 장소에 붙인다면 단계가 낮아진다.).
- 아동은 숫자, 글자 혹은 색의 순서를 반복한다.
- 보드 게임: 치료사는 아동과 함께 보드 게임을 한다. 아동이 그/그녀의 순서가 되었을때 치료사의 언어적 자극 없이 순서를 기억하도록 시도한다.
- 아동은 다양한 예술 혹은 공예 활동에 참여한다.
- 아동은 활동을 수행하는 동안에 노래의 일부분을 부른다.
- 아동은 치료사를 위하여 노래 한 곡을 완전히 부른다.
- Freeze dancing: 아동은 노래에 춤을 춘다. 음악이 멈추면 아동은 그 상태로 멈춘다.
- "빨간 불, 초록 불, 1,2,3": 치료사는 벽 옆에 아동에게 등을 보인채로 선다. 치료사는 "빨간 불, 초록 불, 1,2,3"라고 말하고 아동의 얼굴 방향으로 돌아선다. 아동은 치료사를 터치하기 위해 뛰지만 치료사가 돌아보면 멈춘다. 만약 치료사가 아동이 달리고 있는 것을 발견하면 아동은 벽으로 돌아와서 다시 시작한다.
- 아동은 공 구덩이 안으로 뛴다. 치료사는 아동에게 색상별 다른 공을 특별한 명령에 공을 바구니 안에 던져 넣도록 지시한다. 예를 들어, 치료사는 아동에게 "빨강, 파랑, 빨강, 노랑"이라는 특별한 명령을 제공하여 아동이 공을 던지도록 지시한다.
- "빙고": 아동은 그룹으로 혹은 치료사와 함께 빙고 게임을 한다(단계를 높이거나 낮추기 위해 숫자, 모양 혹은 그림이 들어간 카드로 빙고 게임을 할 수 있다.).
- 카드 게임: 치료사와 아동은 함께 카드 게임을 한다. 예를 들어, gin(둘이서 하는 카드 게임의 일종), 낚시 하러가기, 전쟁 등
- 기억: 아동과 치료사는 함께 기억 게임을 한다.
- "알아내기(I spy)": 치료사는 아동과 함께 작은 방에서 "알아내기" 게임을 한다(이것은 아동이 집중하면서 방 주위를 자세를 볼 것이다.).
- "화살표 게임": 치료사는 방 혹은 건물 내에 무언가를 숨긴다. 치료사는 화살표를(만들어진 화살표) 숨겨둔 장난감 쪽으로 이끌도록 바닥에 붙인다. 아이는 화살표를 따라 가고 각각의 화살표를 지나갈 때마다 바닥에서 화살표를 떼어 낸다.

상업적 상품
Commercially Available Products

- Clue Junior
- Craium Hullabaloo
- Hyper-Dash
- Simon
- Stare board game

21

조직화 기술
Organizational Skills

조직화 기술은 한 사람의 생각을 조직화하고, 지시를 따르기, 문제해결, 전략하기 시 필요한 상위 단계의 기술이다. 평균적인 사람에게 조직화 기술이 부여되지만 이러한 기술들은 복잡한 활동뿐만 아니라 단순한 문제 해결에도 필요하다. 이러한 기술들을 강화시키기 위해선 다양한 기능과 학문적 영역에 성공과 독립이 향상되어야 할 것이다.

이번 장은 아동의 기능적 단계와 능력에 기초한 높고 낮은 등급의 다양한 활동들을 제공한다. 만약 제대로 등급화가 되지 않는다면 아동은 만족스러운 도전감이나 성취감이 없을 것이며 좌절감만 느끼게 될 것이다. 연구에 의하면 아동이 학습을 할 때 가장 적합한 단계의 요구는 아동의 현재 능력보다 약간 상위여야 한다고 나타났다. 이 단계는 러시아의 심리학자인 Lev Vygotsky에 의해 발달된 개념으로 "근접한 발달 영역"이라고 부른다. 이 학습 방식은 아동이 좀 더 숙련된 누군가로부터 도움을 받고 궁극적으로 그 기술을 독립적으로 성취할 수 있게 하는 것이다(Vygotsky,1986).

조직화 기술 활동들
ORGANIZATIONAL SKILLS ACTIVITIES

정해진 지시 따르기 Following Set Directions

- 한 단계의 지시 따르기: 치료사는 아동을 위한 점수 기록지를 만들고 그/그녀에게 각각의 지시사항을 정확하게 완료했을 때 스티커를 준다(부록 A p. 229쪽의 스티커 점수 카드의 견본보기). 한 단계의 지시는 전치사적 사용을 하는 명령에 집중할 수 있다. "동전을 박스 안에 넣어라", "종이 위에 올라서라", "의자 주위를 걸어라", "터널을 지나서 기어올라라"의 예시가 있다.
- 다양한 단계의 지시 따르기: 아동은 세 단계의 지시를 따른다. 예시: "문을 향해 뛰어라, 농구공 테를 넘어라, 그리고 3 득점을 하여라." 치료사는 아동의 능력에 기

그림 21-1.

그림 21-2.

초하여 지시의 난이도를 조절한다.

- 아동은 숫자 위의 색깔/글자 위의 색깔을 완성한다 (부록 A, pp.230-235의 유인물 견본보기).
- 아동은 블록이나 건축 모형을 모방한다.
- 아동은 구슬, 페그, 혹은 Froot loops(과자의 일종)로 패턴을 따라한다(21-1과 21-2의 그림).
- 옷 입기: 치료사는 아동에게 특정한 명령을 주어 다양한 물품의 옷을 입도록 지시한다. 예를 들어, 처음에는 양말, 그리고 신말, 그런 다음 모자, 그리고 자켓, 등
- 테이블 준비하기: 아동은 식사시간 테이블 준비하기 위해 언어적 혹은 시각적 지시/지령에 따라 한다.
- 조리법 따라 하기:
    - 아동은 준비부터 빵 굽기 혼합까지 단순한 요리하기 계획을 완수한다.
    - 아동은 도움을 주는 치료사로부터 보조와 감독 아래 요리책을 보고 좀 더 어려운 조리법을 따라 한다.

전략 세우기 Strategizing

- 스도쿠: 이것은 전략과 집중을 요구하는 게임이다. www.websudoku.com을 방문하여 매우 간단한 스도쿠 퍼즐의 형식을 인쇄할 수 있다.
- 주워 모으기 게임: 치료사는 아동이 방에서 반드시 찾아야 할 항목의 리스트를 만든다. 아동은 물건을 찾으면 각각의 항목들을 체크한다(부록 A, p.236의 주워 모으기 게임의 견본 보기).
- 다양한 단계의 장애물 코스: 아동은 장애물 코스를 연속해서 완수한다. 예를 들어, 터널을 지나 기어가기, 통 넘기, 콩 주머니 받기, 굴렁쇠 안으로 점프하기, 막대 주위를 걷기, 블록 뛰어넘기 등이 있다.
- 치료사는 아동에게 하나의 글자를 말해준다. 아동은 장애물 코스를 완수하고 그 코스가 끝날 때 벽에 걸린 다른 글자들 가운데서 숨겨진 그 글자를 찾는다.

상업적 상품

Commercially Available Products

- Battleship
- Connect 4
- Memory Game
- Othello Board Game
- Scrabble

제 VII 부

사회적 기술

Social skills

사회적 기술은 아동이 "사회적으로 인정된" 방식으로 행동하는 것을 말한다. 사회적 기술이 어떤 아동은 쉬운 반면, 어떤 아동들은 어렵게 다가온다. 어려움을 가지는 아동들은 다른 아동과 협력하는 놀이, 플레이 게임을 할 때 규칙 따르기, 대화하기, 질문에 대답하기, 적절한 대화를 시작하기, 신체 자세와 물리적 관점에서 자세를 조절하고, 자신의 친구에게 관심을 가지는데 어려움을 가진다. 그들은 또한 얼굴 표정을 읽고 다른 비언어적인 사회 단서를 아는데 어려움을 가졌다. 이러한 어려움은 또래와 게임을 하는 학급활동 참여를 어렵게 만들거나 친구들과 말할 때 눈 마주치기가 어려울 것이다(Williamson & Dorman,2002).

이 장에서는 사회적 상호 작용을 돕고 여러 게임, 그룹 프로젝트, 그룹 활동, 계절 기반의 게임과 사회적 기술 증진에 모든 구성을 제공한다.

활동의 대부분이 사회적 능력의 여러 구성 요소에 대한 작업을 제공하고 치료사는 신중하게 아이와 함께 작업에 우선적인 일을 결정하는 것이 중요하다.

22

사회적 상호작용과 관계성 증가

Increasing Social Interaction and Relatedness

사회적 상호작용과 사회적 관계는 환경 속에서 다른 어른과 아동들과 상호작용하고 관계하는 아동의 능력과 관련이 있다. 적절한 사회 상호작용은 아동에게 친구를 만들게 하고 또래들과 관계를 형성하는 것을 가능하게 해 준다. 사회적 상호작용 역시 아동들에게 사회적으로 적절한 태도를 어떻게 행동해야 하는지를 가르쳐 준다.

적절한 사회적 상호작용과 관련된 다른 구성요소가 있다. 눈 맞춤을 유지하는 것은 또래들과 상호작용하고 관계할 수 있게 하는 중요한 요소이다. 눈 맞춤을 유지하는 특히 자폐를 가진 아동에게 종종 어려울 수 있다.

눈 맞춤을 유지하는 것뿐만 아니라, 이 장에서 활동들을 수행하는 동안 나타나는 사회적 능력은 많은 다른 요소들이 있을 수 있다. 얼굴표정 읽기, 비언어적 사회적 암시 이해, 적절한 개인 공간 유지, 목소리 조절, 주고받는 능력 갖기, 협상, 문제해결능력 등을 포함한다 (Williamson & Dorman, 2002).

아동의 사회적 기술을 증진시키는 수많은 게임들과 활동들이 있기 하지만 이 장에서 이런 종류의 활동들을 예시를 제공할 것이다. 활동에서 성취하기 위해 아동의 파트너와 상호의존을 요구하고 아이와 짝을 이루는 것을 여러 번 요구할 수도 있다. 이런 활동들과 게임들은 먼저 어른과 상호작용하는 아동에게 사용된다. 아동이 활동에 익숙해지고 나서 다른 아동에게 활동을 시도해야 한다.

또래 아이들과 사회적 관계성과 상호 작용 증가

Increasing Social Interaction and Relatedness With Child and Peers

뒤–앞 게임 *Back-and-forth games*

- Roly Poly(롤리폴리): 치료사와 아이는 다리를 벌려 함께 바닥에 앉아 그 사이로 앞뒤로 굴린다(그림 22–1).
- Wonder ball 바닥에서 공을 패스하는 게임: 치료사와 아이는 노래를 부르는 동안 Wonder ball을 앞뒤로 패

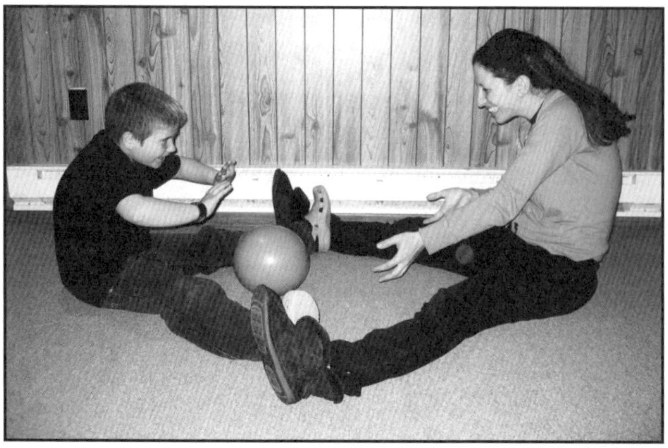

그림 22-1.

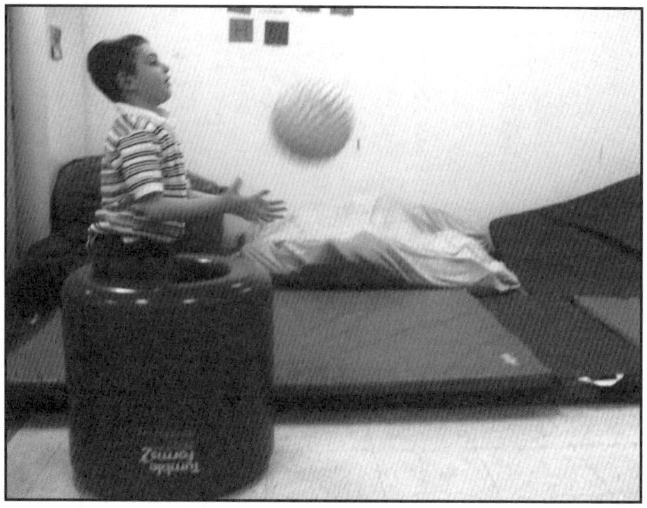

그림 22-2.

스합니다. 공이 멈추면 치료사는 아이와 함께 작업을 수행한다(예를 들어, 그들의 머리를 만지기, 박수치기 등).

- 볼 게임: 아이는 의자에 앉거나 통에 서서(고정, 유지하기 위해) 치료사와 함께 던지기/잡기 놀이한다(그림 22-2).

상호의존 게임 Interdependence game

- 까꿍게임: 아이는 베개 뒤, 담요 밑이나 터널안에 숨고 치료사와 까꿍놀이한다.
- 스쿠터보드게임
  - 아이는 로프 위에 있는 스쿠터에 앉는다. 치료사는 로프를 당김으로써 아이가 스쿠터 위로 간다
  - 두 아이는 다른 스쿠터 위에 앉는다. 치료사는 두 개의 스쿠터 핸들을 로프로 묶는다. 아이들은 당기는 동안 손을 유지한다
  - 여러 명의 아이는 스쿠터보드 위에 엎드려 눕는다. 어린이들은 그 또는 그녀 앞 발목 위를 잡은 채로 기차를 만든다. 치료사는 맨 처음 스쿠터보드 위에 묶인 로프를 당긴다.
- 추적게임: 아이와 치료사는 태그 놀이하거나 함께 추척게임을 한다.

그룹게임 Group Games

아래 게임은 치료사가 놀이에 직접 참여인지, 감독인지, 촉진인지 등 적절한 관여 수준을 결정하는 것이 중요하다.

- 숨바꼭질
- 시몬가라사대
- 지도자 따르기/ 인디안 추장
- 호키포키
- 얼음춤
- 뮤지컬 의자
- "빨간 불 초록 불 1, 2, 3"
- 카드게임: Gin, war, go fish 등.
- 보드게임 : 치료사는 두 개 또는 이상의 플레이어를 요구하는 보드게임을 선택한다(검사자, 캔디 랜드, 손님 등).
- 네거리: 이 게임에서 한사람이 패를 지정합니다. 4개의 코너에 방에는 하나의 번호가 있습니다. 그/그녀의 눈을 감고 카운터가 10을 세는 동안에 다른 아이들은 방 주변을 뛰어 코너에 붙고 1에서 4중 숫자를 하나를 부르고, 불려진 그/그녀는 감고 있던 눈을 뜬다. 코너에 있는 모든 학생은 아웃이라고 부른다. 그리고 한명이 남을 때까지 반복한다. 마지막 아이가 다음 게임의 카운터가 된다.

움직임, 터치와 노래가 있는 감각 활동 Sensory Activities With Movemant, Touch, and Song

- 새끼손가락 문지르기
- 작은 돼지...(그림 22-3)
- 케이크파티, 미스 메리 맥(그림 22-4)

그림 **22-3.**

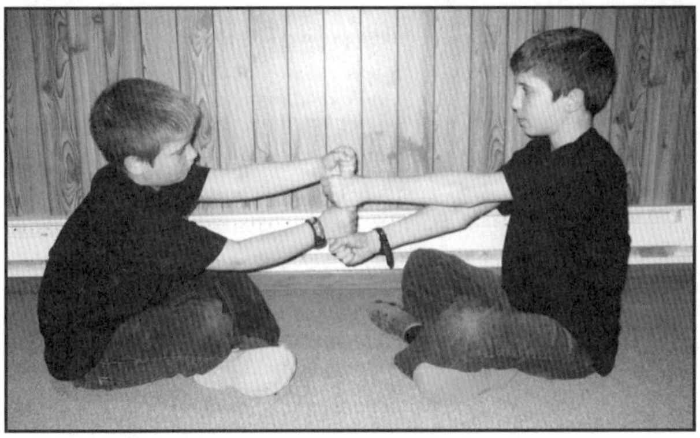

그림 **22-5.**

- 핫 포테이토(그림 22-5 and 22-6)
- 조그만 거미: 치료사가 눈을 맞춤을 시도하는 동안 아이와 함께 노래를 부른다.
- "너가 그것을 안다면 행복이야": 치료사와 아이는 노래를 부른다. 아이의 부분이 끝나면 치료사와 함께 밖으로 나가는 행동을 한다(예를 들어, 니가 그것을 안다면 행복이야... 너의 코를 만져봐.).
- 치료사는 스윙 위에 아이를 위치시키고 운동을 시작하고 중단할 때 "고" 그리고 "스톱"이라고 말한다. 치료사는 흔드는 동안 직접적으로 전달하기 위하여 단어를 말한다. 그리고 치료사는 아이가 흔들 때 하나, 둘, 셋 이라고 셀수 있다.
- 치료사는 치료 볼 위에 아이를 위치시킨다. 치료공간에서 아이와 눈을 마주치면서 소리를 내며 공 위에 아이를 태운다.
- 치료사는 아이의 눈을 마주보면서 플렛폼 스윙에서

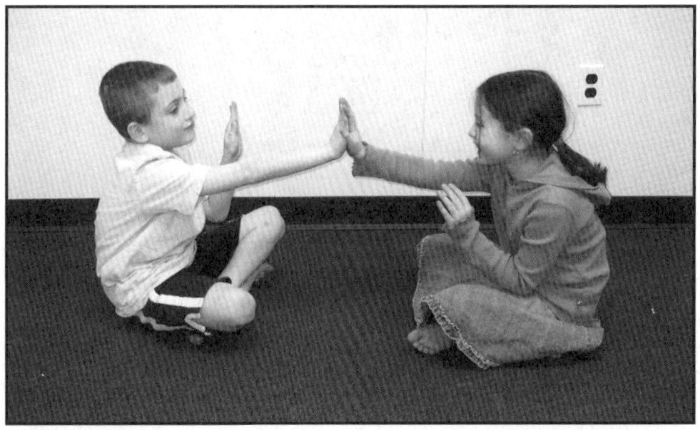

그림 **22-4.**

그림 **22-6.**

전정 움직임을 제공한다.

눈 마주치기 *Making Eye Contact*

- 치료사는 거울 앞에 있는 아이와 눈을 보며 게임을 한다(예를 들어, 치료사와 아이는 노래를 부른다. "머리 어깨 무릎 발.").
  - 다른 얼굴 표정을 모방한다.
  - 드럼위에 박자 페턴을 모방한다.
  - 다른 재미있는 몸 자세를 모방한다.
- 얼굴 단서: 치료사는 아이의 다른 표정을 만든다. 아이는 나타난 감정의 표현이 무엇인지 치료사에게 말한다(화남, 슬픔, 기쁨, 놀람 등). 그리고 아이는 특정한 감정을 모방하려고 시도한다.

상업적 상품

Commercially Available Products

- Guess Who?
- Twister

23

그룹활동
Group Activities

그룹활동은 모든 연령대 많은 아동의 사회적 기술과 친밀감 형성에 효과적인 방법이다. 이 장에서는 2명 또는 이상의 아동이 참여할 수 있는 재미와 흥분 게임이 제공되었다. 치료사는 치료사와 아동 사이 또는 여러명 아동이 노는 활동 리스트를 가지고 선택할 수 있다. 심한 사회적 결손을 가진 아동에게 많은 사회적 활동을 통해서 지도하고 성장하도록 요구할 것이다.

그룹 계획은, 사전에 반드시 아동의 특성에 대한 지식과 함께 활동이 가능한 수를 이해하는 것이 중요하다. 감독과 보조할 충분한 어른을 만들어야 한다. 그룹의 성공은 어른의 감독과 보조에 종종 의존한다.

그룹활동테마 Group Activity Themes

재미있는 공 게임 *Funny Ball Games*

- 이상 / 이하 게임: 아이 라인은 패스와 그들 사이에 작은 공을 전달합니다. 첫 번째 아이는 그 / 그녀의 머리 뒤로 그것을 전달하고 다음 하나는 다리 사이에 거꾸로 그것을 전달합니다. 마지막으로 아이가 공을 받으면, 모든 아이들은 회전과 반대 방향으로 다시 공을 줍니다 (그림 23–1 and 23–2).
- 재미있는 페스 놀이: 어린이 원형에 앉고 그들의 손을 사용하지 않고 작은 공을 패스하려고 시도한다. 그들의 머리 이용 또는 다른 안전하면서 창의적인 다른 방법 또는 그들의 팔꿈치, 발을 이용해 그것을 전달할 수 있다.
- 목이용 공운동: 아이들은 손을 사용하지 않고 한 아이에서 다른 아이로 오로지 그들의 목으로 볼을 통과하는 게임이다(그림 23–3).

색깔–테마 그룹 *Color-Themed Groups*

- 색깔 호키 포키: 치료사는 종이 화장지 조각을 자른다. 그리고 아이들에게 다른 색깔의 조각을 준다. 아동은 호키포기 노래를 부른다.: "빨간손을 안에 놓아라": 종이 화장지를 사용한 후에, 작은 공이나 다른 색의 콩 주

Danto AH, Pruzansky M. *1001 Pediatric Treatment Activities: Creative Ideas for Therapy Sessions, Second Edition* (pp.139-146).

그림 23-1.

그림 23-2.

그림 23-3.

머니를 사용해도 가능하다.

- 치료사는 플래쉬 불빛에 여러 가지 색의 셀로판지로 덮는다. 치료사는 불빛을 끄고 켜서 천장에 각각의 색깔이 비치게 하고, 그리고 각 아이들에게 주어진 색안에 하나의 셀로판지를 찾게 한다. 아동은 원 가운데로 그들의 셀포판지를 가지고 온다.
- 색깔 사냥: 아이들은 눈을 감고 다양한 색깔의 종이조각이 있는 가방안에서 종이조각을 집는다. 아동은 각각 방안에서 그 색깔과 같은 색의 물건을 찾는다.
- "만약 니가 입고 있다면...": "가라사대" 형태의 게임을 한다(예를 들어, "만약 니가 빨간색을 입고 있다면, 일어나기. 만약 니가 파란색을 입었다면, 손뼉치기 등").
- 색깔 연관 게임: 치료사는 다른 색의 과일, 동물, 옷가지 등이 있는 색인카드를 아동의 앞에 보트 위에 놓는다. 아동은 카드를 뒤집어 올바른 범주의 색깔로 정리한다.
- "나는 스파이": 아동들은 "나는 스파이" 게임을 색깔을 단서로 하여 시작한다. 예를 들어, 치료사가 이렇게 말한다. "나는 책장의 선반 꼭대기에 있는 빨간 것에 대해 정보를 캔다." 아이들은 선택된 그 물건에 대해 추리한다.
- 색깔 타워 짓기: 아이들은 꼭대기의 색깔을 선택하고 타워에 색깔있는 블록을 쌓는다. 아이들은 무너지기 전까지 그 타워가 얼마나 높이 쌓을 수 있는지 말한다.
- 아이가 꼭대기의 색상을 선택하고, 방을 지나면서 동일한 색깥의 호핑/점프/손수레를 잡는다.

문자 테마 그룹 Letter-Themed Groups

- 치료사는 벽에 글자가 있는 몇장의 색인 카드를 여러 방향으로 위치하고 놓는다(어떤 카드는 위, 위아래, 옆으로, 대각선 등). 치료사는 무작위 단어를 선택한다. 아동은 공은 벽에다가 던져 처음 글자를 맞친다. 그리고 벽에서 반동된 공을 잡는다. 아동은 계속해서 두 번째 단어를 향해 공을 벽에 던진다. 그리고 남아있는 글자에 계속해서 던진다.
- 글자 테마 장애물 코스: 아동은 꼭대기의 글자를 짓고, 보지만 글자를 치료사는 그것을 쥐고 있다. 아동은 그리고 나서 장애물 코스를 완주한다. 장애물 코스의 끝에서 몇몇 문자가 벽에 같은 형태로 혹은 다른 형태로 매달려 있다(위 또는 아래). 아동은 선택한 글자를 확인하고, 벽 위에 있는 매칭된 글자 위에 둔다(그림 23-4)
- 각 아동은 페그로 그 또는 그녀의 이름을 만든다. 치료사는 조립된 문자를 섞어서 바닥에 흐트린다. 각 아동

그림 23-4.

그림 23-5.

그림 23-6.

은 개별적으로 걸어서 자신의 이름의 문자를 찾고 책상 위에 정확한 형태로 올린다(그림 23-5와 23-6).

수 테마 그룹 *Number-Themed Groups*

- 아동은 밖으로 나가서 작은 낙엽 또는 꽃을 모은다. 아이들은 비어있는 나무나 꽃의 그림을 받는다. 아이들을 나뭇잎과 꽃을 종이위에 붙인다. 아이들은 나무의 낙엽/꽃잎의 수를 세고 그 수를 그림의 나무의 몸통/꽃줄기 위에 쓴다(그림 23-7과 23-8).
- 수 차트: 아동은 수 차트를 받는다(부록 1, p. 237 보기). 그리고 관련된 수만큼 금속이나 고무 조각을 열위에 붙인다(그림 23-9와 23-10).

모양 그룹 *Shapes Groups*

- 치료사는 방 주위 바닥에 여러 종류의 모양을 놓는다. 치료사는 모양에 관련하여 아동들에게 대근육 운동 지시를 내린다. 예를 들어, "사각형 위로 점프, 삼각형 위로 뜀뛰기, 직사각형 주변에 정렬." 등
- 치료사는 다른 형태의 아이템을 가방에서 잡는다(사각형 책, 세모 퍼즐 조각, 볼 등). 그들이 만지는 것이 어떤 모양인지 결정하기 위해, 아동들은 입체인지(시각의 도움없이 촉각을 기반으로 물체를 확인하는 능력)를 사용하여 가방 안에 손을 넣는다 .
- 아이들은 줄넘기로 모양을 만든다(그림 23-11).
- 아동은 손가락으로 모양을 만들려고 노력한다. 아동은 바닥에 눕고 자신의 몸을 특별한 형태로 만들려고 노력한다. 치료사는 폴라로이드 또는 디지털 카메라로 아동이 올바른 자세를 했을 때, 아이들의 모습을 찍는다.
- 모양 지시: 치료사는 아동에게 각각의 모양을 제공한

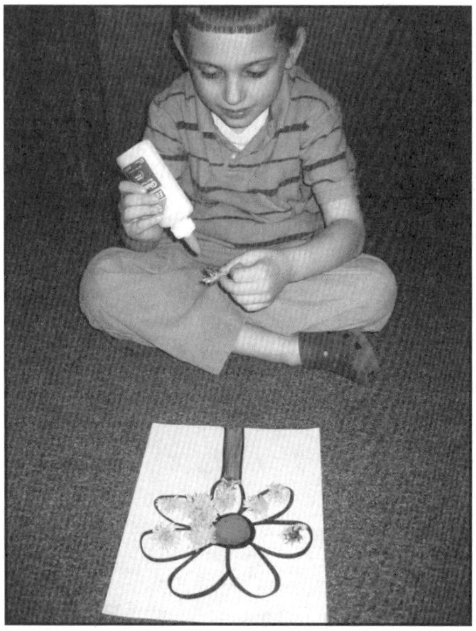

그림 23-7.

그림 23-8.

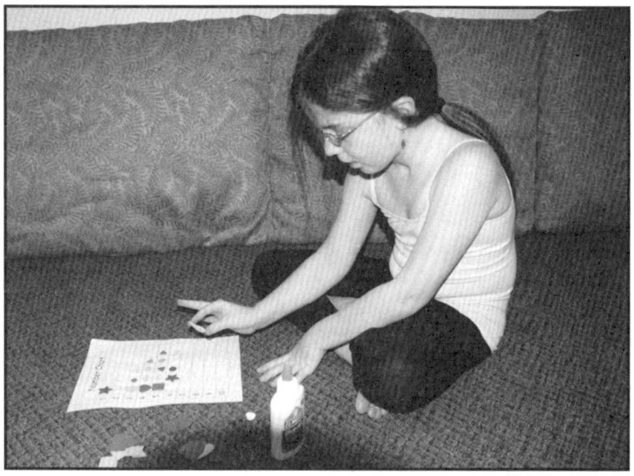

그림 23-9.

그림 23-10.

그림 23-11.

그림 23-12.

그림 23-13.

그림 23-15.

다(부록 A. p. 238 보기) 아동들은 페이지 바닥에 있는 키를 따라간다. 지시는 원안에 점찍기, 삼각형 안에 수직선 그리기, 사각형 안에 수평선 그리기 등을 포함한다.

- 모양 콜라주: 치료사는 종이조각 위에 큰원, 사각형, 직사각형, 다른 여러 모양을 만들고, 고무 조각 수공예품을 준다. 아동은 종이 위 큰 모양안에 일치하는 모양으로 붙인다(그림 23-12). 대안적인 활동은 아동이 큰 모양안에 작은 모양의 그림을 그리는 것이다(그림 23-13).
- 아동은 모양을 올려서 단독으로 그림을 창조할 수 있다

그림 23-14.

(사람, 집, 아이스크림콘 등; 그림 23-14).

팀웍 게임 Teamwork Games

- 릴레이 경주: 예를 들어, 3각 경기, 감자 색 경주, 숟가락 위에 탁구공 또는 계란을 사용하여 입에 숟가락 위치하기, 물주머니 여기서 저기로 이동, 개구리 점프, 뒤로 걷기, 빙글빙글 돌기 등을 포함한다.
- 옷입기 경주: 치료사는 방안 한쪽에 치수가 큰 다양한 옷을 놓는다. 아동은 다른 방에서 달려야 하고 가능한 빨리 큰 티셔츠, 미니, 양말 등을 입는다(그림 23-15와 23-16).
- 물건 찾기 게임: 아동은 원 안에서 함께 게임한다. 아동은 리스트에 있는 하나의 물건을 찾고 그것을 원안에 다시 가지고 온다. 대안적으로, 작은 그룹으로 게임을 진행할 수 있고 서로 다른 팀이 되어 게임을 할 수 있다(부록 A, p.236 물건 찾기 게임 샘플 보기).

사회적 기술 만들기 Building Social Skills

- "당신이 게임을 알도록": 아동은 빈 스티커 차트를 받는다(부록 A, p.229 스티커 챠트 보기). 각 아동은 가방 안 무작위로 질문이 적힌 카탈로그 카드를 집어 든다. 그리고 이 질문을 구성원에게 질문하고 대답하기를 요청한다. 예를 들어, 집어든 카테고리가 가장 좋아하는 색깔이라면, 아동은 반드시 구성원들에게 "당신이 가장

그림 23-16.

그림 23-18.

좋아하는 색은?"이라고 묻는다. 그리고 가능한 그 답을 그룹에서 말해야 한다. 올바른 질문과 올바른 답을 한 아동들에게는 스티커 챠트에 주어진 작은 스티커를 붙인다.

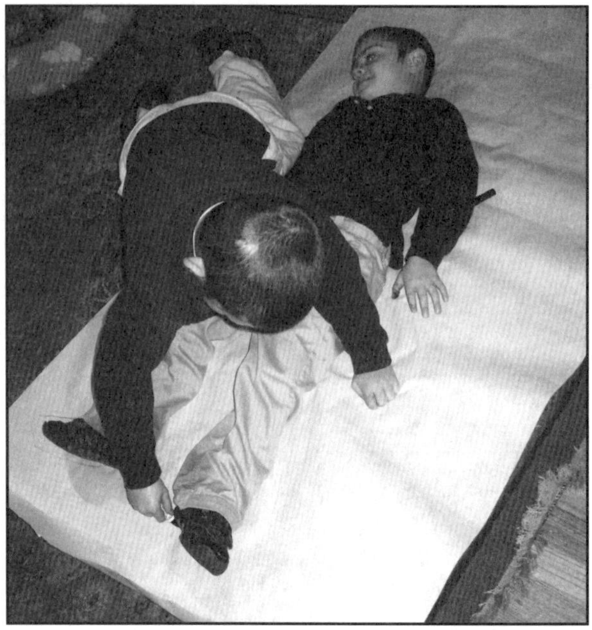

그림 23-17.

그림 23-19.

- 미라 감싸기: 아동은 두 명 또는 더 많은 사람들의 팀을 이룬다. 한 아동이 "미라"로 선정이 된다. 미라는 다른 아동이 그 또는 그녀 주위를 화장지로 몸을 감쌀때까지, 서서 유지해야 한다.
- 인간 꼭두각시 게임: 치료사는 아동을 짝 지워준다. 치료사는 바닥에 큰 종이 조각을 놓는다. 짝 한 명이 종이 위에 눕는다. 다른 아동은 그 몸의 외각을 그린다. 아

그림 23-20.

동들은 상황을 바꾼다. 완성된 후에, 아동들은 그들의 꼭두각시를 자른다(필요하다면 치료사가 도와준다). 그림을 그리고 신체의 각 부분을 풀로 붙인다. 그리고 그것을 장식한다(그림 23-17과 23-18).

- 아동은 갈색 종이 봉투로 손 인형을 만든다. 아동은 희번거리는 눈을 붙이고, 입을 색칠하고, 머리카락을 털로 붙인다. 아동은 인형을 사용하면서 노래하고 말한다(그림 23-19).
- "다리 신체 연결"
  - 어떤 아동들은 그들의 등을 이용하여 다리를 만든다(치료사의 도움이 아마 필요할 것이다). 남아있는 아이들은 다른 아이들이 만든 다리 아래를 기어간다(그림 23-20).
  - 치료사들은 아동을 2명씩 짝을 짓는다. 아이들은 파트너의 발을 서로 맞댄채로 등을 대고 눕는다. 아이들은 서로의 발을 기대고 다리를 들어 올린다(그림 23-21). 남아있는 아이들은 이들이 만든 다리 아래를 기어간다.
  - 아이들은 서로 마주보고 손을 잡고 있다. 아이들은 서로의 손을 들어 올려 다른 아동들이 밑으로 지나가게 한다(재밌고 창조적인 방법은 아이들의 몸을 연결해서 다리를 만드는 것이다.).
- 전화기: 아이들이 원안에 앉아 있다. 한 아동이나 치료사가 옆에 있는 아동의 귀에 단어나 문장을 속삭인다. 그 아동은 그 옆에 있는 아동에게 들은 내용을 속삭인다. 마지막으로, 마지막 아동이 들은 내용을 크게 말하고, 원래 말했던 내용과 일치한지 아닌지 확인한다.
- 쿠키만들기: 치료사는 쿠키를 가지고, 아이들이 그들의

그림 23-21.

손에 나누어 주게 한다. 아이들은 설탕, 조그만 프레첼 조각, 건포도 등으로 장식한다. 각 아동들은 2개의 쿠키를 만들고, 하나는 스스로 먹고 다른 하나는 친구를 준다.

- "링 어라운드 더 로지"
- 굴리기 게임: 아이들은 모두 매트에 등을 대고 누워있다. 노래를 부른다. "침대에 아이가 있고(삽입 수) 다른 아이는 구르라고 한다". 노래를 부르는 동안 옆 아이와 부딪침 없이 계속적으로 구른다: 가장자리까지 굴러가며 멈춘다. 계속해서 아이들은 매트위에서 다른 방향으로 구른다.

집중력과 조직화 작업을 위한 그룹

Groups to Work on Attention and Organization

- 무작위 연합 그룹: 아이들은 그들과 어떤 것과 관련된 그림 또는 단어를 매칭시킨다(여름/뜨거움, 개/뼈, 빗방울/우산 등).
- 연합그룹은 계절과 휴일을 기초로 한다. 치료사들은 연관된 그림과 단어가 적인 카드를 만든다. 아동은 카드를 사용하여 정리하는 게임 혹은 연결하는 게임을 한다.
- 기억/집중: 아동은 그룹에서 기억/집중 게임을 한다.
- 빙고: 아동은 빙고를 함께한다. 아동은 빙고에 숫자, 모양, 그림을 사용할 수 있다. 치료사는 어려움 정도를 높이거나 낮추기 위해, 빙고 시트를 몇 가지 도구로 빙고시트를 만들 수 있다.

감각 그룹 Sensory Groups

- 감각 야구: 아동은 매트를 티 위나 천천히 치기 위해 가지고 간다. 아동은 배트를 휘두르고 베이스를 돈다.

그림 23-22.

그림 23-24.

각 베이스는 감각 활동이 되어야 한다. 예를 들어, 첫 번째 베이스는 트램폴린에서 10번 뛰는 것이다. 두 번째 베이스는 큰 콩주머니에 돌진하는 것이다. 세 번째 베이스는 아동이 기어가야 하고, 점프해야 하는 웨지 등이다.

- 구강 운동 그룹
  - 치료사는 책상위에 방울술을 놓는다. 아동은 서로 입으로 불어서 앞뒤로 움직이도록 하여 책상 밖으로 떨어지지 않도록 한다(그림 23-22).

그림 23-23.

  - 아이들은 호루라기가 주어지고 그것을 분다. 이 과정 후에, 치료사는 비어있는 종이 타올을 잡고 있어야 하고 함께 노래를 불러야 한다(마이크로폰을 사용하면서). 치료사들은 오직 노래를 시작할 때 관여한다. 아동은 "마이크폰" 주변을 지나다니며, 특별한 노래 구절을 부를 때 마이크폰를 잡는다.
- 당나귀 꼬리에 핀: 아동은 눈을 뜨고, 감고, 돌기, 돌지 않고 게임을 할 수 있다.
- 낙하산 게임: 아동들이 낙하산을 손으로 잡고 걷는다. 낙하산이 위로 올라갈 때, 그 아래를 달린다. 치료사들에 의해 당겨지고 있는 낙하산 가운데 아이가 앉는다(그림 23-23).
- 낙하산 팝콘 게임: 아동들은 낙하산 가운데 색깔을 입힌 화장지 뭉치들을 던져 넣는다. 가운데에 색깔들이 모이면, 아이들은 낙하산을 위아래로 흔들면서 "팝콘"을 본다. 가능한 팝콘이 옆으로 떨어지지 않도록 유지하면서 게임을 한다(그림 23-24).

24

계절 테마 프로젝트와 활동
Seasonal-Themed Project and activities

다른 계절들은 배움과 재미를 위한 시간을 제공한다. 아이들은 흔히 계절테마 프로젝트에 참여하는 것에 종종 높은 동기를 갖는다. 이 장에서는 다른 계절 동안 성취할 수 있는 활동과 프로젝트를 제공한다. 프로젝트나 활동을 선택할 때에는, 강화가 필요한 아이들의 능력과 특별한 기술을 생각하는 것이 중요하다.

왜냐하면 많은 선생님들이나 치료사들은 다른 배경을 가진 다양한 아이들과 함께 하기 때문에, 프로젝트나 활동을 선택하기 전에 문화적 종교적 예민함을 생각하는 것이 중요하다.

가을활동 Fall Activities

- 게임
  - 호박위에 줄기 달기: 종이나 오크테크에 줄기가 없는 큰 호박을 그리기. 초록색 종이에 줄기 자르기. 줄기 뒤에 접착제 위치하기. 아동의 눈을 가리고 돌아가면서 줄기를 호박의 올바른 위치에 놓게끔 한다(비슷한 방법으로 "당나귀에다가 꼬리 달기")

  치료사들은 특정한 아동들과 눈을 가리고 하는 활동을 선택할 때 소리 판단을 사용해야 하고, 눈을 가리는 것을 포함한 어떠한 활동들도 주의깊게 감독해야 한다.

  - 사과볼링: 볼링핀에 사과사진을 놓는다. 애들은 공을 굴리고 핀을 넘어뜨린다(만약 볼링핀이 사용가능하지 않으면, 작은 콘을 사용할 수도 있다).
  - 가을빙고: 가을 빙고 시트를 만든다. 사과, 호박, 아콘, 나뭇잎, 파인콘, 가을색깔이 들어간 나뭇잎의 나무들 같은 범주를 포함할 수 있다. 아이들은 그룹에서 함께 빙고놀이하기.
  - 가을 기억: 가을 테마 사진으로 된 작은 카드들을 만들기. 각각 2개를 만들기. 카드를 섞고 그것들을 뒤집어서 카드에 올려놓는다. 그리고 가을기억 놀이한다(샘플카테고리로는 가을빙고에서 썼던것을 포함해도 된다).
  - 칠면조 찾기: 칠면조 사진을 복사한다. 그리고 칠면조 사진들을 방 주위에 숨기고, 아이들은 숨겨진 칠면조를 찾도록 요청한다. 한 라운드는 끝내고, 아이

Danto AH, Pruzansky M. *1001 Pediatric Treatment Activities: Creative Ideas for Therapy Sessions, Second Edition* (pp.147-150).

들을 두 그룹으로 나눈다. 한 그룹의 아이들은 칠면조를 숨기고, 다른 그룹의 아이들은 칠면조를 찾는다(그리고 찾는 그룹이랑 숨기는 그룹을 바꾼다.).

- ○ 가을 대운동 활동: 매칭되는 두셋트의 가을 카드를 만들기(샘플카테고리로 위에 했던 이전에 가을빙고 활동에 제공되었다) 두셋트의 카드들을 방의 맞은편의 사이드들로 뿌리기. 애들한테 첫 번째 더미에서 특별한 카드를 줍는것을 지시하고, 그리고 아동은 대운동활동 지시를 수행하는 동안(예로, 깡충뛰기, 점프, 건너뛰기, 빠른 걸음, 손수레 걷기, 게 걷기, 스쿠터, 뒤로걷기, 개구리 점프 등등) 다른 더미로 가져 간다.
- ○ 나뭇잎 찾기: 밖에 나가서 다른 타입의 나뭇잎들 찾기.
- ○ 웹사이트 http://dltk-holidays.com. 방문하기. 이 곳에 빙고시트, 기억 카드, 할로인 테마 게임 만들기를 쉽게 할 수 있을 것이다.

- 계획
  - ○ 호박모양으로 자르고 색칠해라. 그리고 방 주변에 호박들을 숨기고 아이들은 숨겨놓은 호박들을 어디에 있는지 찾아야 한다.
  - ○ 휴지 종이 큰 계획: 큰 견본을 만들고 애들은 그것을 자른다. 긴 휴지종이랑 작은 노랑 휴지종이를 가진다. 애들은 껍질을 위해 긴 초록색 종이에 풀칠을 한다. 그리고 아이들은 휴지종이의 각 손에 노랑 휴지종이를 가지고 구긴다. 알맹이를 위해서 노랑 휴지종이의 중간에 풀칠을 한다. 휴지종이가 전체의 견본을 덮을 때까지 계속해서 구기고 풀칠한다.
  - ○ 허수아비계획: 아동한테 각각 다른 5허수아비 조각을 주고 올바른 순서에 맞게끔 놓아야 된다. 각 아동은 자른 호박머리, 밀짚 몸, 바지, 슈즈, 밀짚모자를 받아야 된다(신체부분은 복사본으로 할 수 있고, 애들이 스스로 그것들을 잘라서 파트를 나눌수도 있다)
  - ○ 열매 마라카스: 아이들은 밖에서 열매를 모은다. 2개판을 색칠하고 꾸민다. 각각의 판 위쪽의 안단을 고정시킨다. 열매가 들어갈 수 있는 구멍이 있도록 약간 공간을 두고 막아라. 아이들에게 열매를 줘서 구멍 안쪽으로 집어넣어라. 그리고 열매들이 밖으로 나오지 못하도록 모든 공간을 막아라. 아이들은 장단에 맞추워 마카라스를 가지고 흔들고 논다.
  - ○ 호박 꾸미기: 아이들에게 조그마한 호박을 제공해주어라. 그리고 아이들이 마커나, 페인트, 장식용 판, 깃털 등으로 구미도록 허락한다.
  - ○ 손 칠면조: 갈색으로 된 구상 종이 위에서 칠면조를 만들기 위해 아이의 손에 스케치하라. 손가락 끝 위에 풀칠한 깃털과 엄지손가락에 희번거리는 눈을 붙인다.
  - ○ 과일칠면조: 오렌지나 사과를 테이블 가장 자리에 올려놓는다. 과일의 윗부분에 4개의 이쑤시개, 과일의 한쪽면에 한 개의 이쑤시개를 놓는다(이쑤시개는 깃털이랑 목을 대신 해줄 것이다). 4개의 건포도를 칠면조의 등쪽 이쑤시게에 꽂고, 칠면조 머리 포도 한알은 꽂는다. 그리고 칠면조의 등쪽에 4개의 이쑤시게에 끝에 작은 마쉬멜로우를 꽂는다.
  - ○ 감사하는 칠면조 계획: 아동에게 칠면조 등을 대신할 종이 접시의 뒷면에 색칠한 휴지종이를 붙이도록 요청하라. 각각의 아이들에게 칠면조 깃털 모양으로 잘려진 색판지 조각을 나누어준다. 아이들은 각각의 깃털에 감사한 것들을 하나씩 적으라고 요청하라. 그리고 접시에 깃털을 붙인다. 희번덕거리는 눈 위치하고 코를 그려라.
  - ○ 감사의 책: 아이들은 각각의 그들이 감사하는 어떤 것에 대하여 각각의 페이지로 단어나, 문장을 이용하여 "감사의 책"을 만들라고 요청하라. 그리고 아이들은 "감사의 책"을 삽화하라고 시킨다. 책을 묶기 위해, 종이 끝부분에 구멍을 뚫어서 스트링 또는 실을 이용하여 묶는다(이 책은 함께 묶을수 있다).
  - ○ 손 나무: 작업치료사들은 아동의 팔과 손에 갈색과 초록색 페인트로 각각 색칠한다. 아동은 나무의 나뭇잎과 몸통 형태를 만들기 위해 종이 아래로 누른다. 아이들은 손끝을 가을색깔 페인트에 살짝 담군다. 그리고 종이 위에 손가락으로 점을 찍고 나뭇잎과 나무를 그린다.
  - ○ 나뭇잎 그늘: 야외의 땅에서 나뭇잎들을 모은다. 하얀 종이 아래에 나뭇잎을 놓는다. 크래파스로 나뭇잎 위의 종이를 연하게 칠한다. 그러면 종이에 나뭇잎 모양이 나타날 것이다.

겨울 활동 WINTER ACTIVITIES

- 게임
  - ○ 웹사이트 http://www.dltk-holidays.com. 이 곳에 빙고시트, 기억 카드, 할로인 테마 게임 만들기를 쉽게 할 수 있을 것이다.
  - ○ 곰 입히기: 옷입는 기술을 익히기 위해, 아동들은 유아옷을 사용하거나 겨울옷을 직물동물에 입힌다. 이러한 것들은 "다른 사람들과 곰을 돌린다." 게임으

로 만들 수 있고, 각 시간에 멈추고, 다른 종류로 옷을 추가할 수 있다.

- 실내 썰매타기: 아동은 양손으로 줄넘기를 잡아서 스코드보드에 앉아 있기, 어른과 다른 아동이 로프를 끌어당겨서 아동을 방 여기저기에 끌고 다닐 수 있다.
- 겨울빙고: 겨울 빙고 시트를 만들기. 샘플 빙고 카테고리로는 눈사람, 썰매, 자켓, 아이스 스케이팅, 스키 등을 포함할 수 있다. 아이들은 그룹으로 빙고 게임을 한다.
- 겨울기억: 겨울을 테마로한 사진들 작은 카드 만들기. 각각 2장씩 만들고, 섞어서 테이블 위에 뒤집어서 올려 놓는다. 그리고 겨울 기억 게임을 한다(샘플 범주로는 겨울빙고활동에 포함되었던 것이다).

• 계획

- 눈사람: 작은 흰 종이접시로 3개의 눈사람을 만들기. 입을 위해 오렌지를 삼각형으로 자르고, 눈을 위해 버튼을 붙히고, 그리고 입형태의 구긴 티슈공을 사용한다. 갈색 파이프 클리너는 고정시켜서 팔을 만든다.
- 눈송이 계획: 흰종이를 반으로 몇 번 접는다. 그리고는 가위로 다른 모양으로 자른다. 눈송이를 볼 수 있게 종이를 편다. 이것들로 불꽃 효과를 위해 반짝이 장식을 할 수 있다.
- 눈에 푸른 나무 손도장: 치료사들은 아이들의 손에 초록색 페인트를 색칠한다. 아이들은 커다란 종이위에 푸른나무 모양으로(삼각형) 위아래 다양하게 손도장으로 만든다. 만약 필요하다면 삼각형보드를 그림을 그리기 전에 종이에 그릴 수 있다. 그리고 치료사는 풀과 면도 크림을 반반 섞어서 혼합물을 만든다. 아동들은 그 혼합물을 나무에다가 칠해서 마르면 "눈"이 피어오르는 효과를 볼 수 있다.
- 달력만들기: 아이들은 일년의 각 월에 관련된 그림을 그린다. 12개의 월을 출력하기, 각각의 월에 사진을 올려놓고 달력과 함께 고정한다.

봄 활동 Spring Activities

• 게임

- 아이가 감자자루에 들어가고 자루 밖으로 나오기 위해 위아래로 움직이면, 꽃이 개화되는 과정처럼 보인다. 그리고 감자자루로 달리기 한다.

그림 24-1.

- 꽃 기억 게임: 색깔이 매치되는 다른 분류의 꽃 메모리 카드를 만들기. 그리고 아이들과 기억 게임놀이 한다.
- 웹사이트 http://www.dltk-holidays.com. 이 곳에 빙고시트, 기억 카드, 할로인 테마 게임 만들기를 쉽게 할 수 있을 것이다.

• 계획

- 아이스캔드 막대에 그라운드호그 나타나기: 그라운드호그 모양 사진을 출력한다. 꼭두각시를 만들기 위해 아이스캔드 막대에 아이들은 색칠하고 풀로 붙이기 하기. 각 꼭두각시는 갈색종이를 네모로 두 개 자르고, 두 반대 방향으로 고정시킨다(위는 내버려 두고, 아래는 열고) 꼭두각시를 "주머니"에 넣고 불쑥 꺼낸다.
- 토끼 만들기: 색판지에 그림이 없는 토끼를 그린다. 아이들은 조그마한 스티로폼이나 구겨진 흰색과 분홍색 티슈를 토끼 위에 놓는다. 그리고 검은 파이프 클리너로 입과 수염을 만든다(그림 24-1).
- 토끼 모자: 사진에서 토끼 귀부분을 잘라서 아동의 머리에 갖다댄다. 그리고 아이들 토끼처럼 방 주위를 깡충깡충 뛰어라고 말한다.
- 휴지종이 꽃: 8×10짜리 조각으로 4개~6개의 휴지종이로 자른다. 조각들을 각각의 끝부분을 두고 아코디언처럼 접는다. 초록색 파이프 클리너를 이용해서

그림 24-2.

그림 24-4.

접혀진 휴지종이 중간을 묶는다. 그리고 천천히 한층 씩 풀어서 차례로 하나씩 꽃의 꽃잎을 만든다.

- 꽃 병: 아이들은 빈물병이나 장식된 탄산수 병에 색칠을 하거나 장식한다. 병 주위에 끈이나 실로 감쌀 수도 있다.
- 종이접시 사진형태: 아이는 엄마와 찍은 사진을 가지고 오라고 요청하기. 아이는 접시중앙에 사진보다 약간 작게 구멍을 뚫는다. 그것은 아이들을 위한 선을 추적하고 아이가 종이를 찢어서 하지 않도록 자르는 것의 도움이 될 것이다. 아이들은 접시 뒤에 반짝이, 스티커, 공예품으로 꾸미도록 요청하기. 마지막으로 뒤에 접시 위에 그림을 고정시키도록 한다 (그림 24-2).

그림 24-3.

여름 활동 Summer Activities

- 게임
  - 여름빙고: 여름 빙고 시트를 만든다. 샘플 카테고리에 미국국기, 바비큐, 핫도그, 햄버거, 케찹, 그릴, 불꽃, 해변, 태양, 수영, 썬텐 로션, 아이스크림 등과 같은 간단한 범주를 포함할 수 있다. 그룹 안에서 함께 빙고놀이를 한다.
  - 여름기억: 여름 테마 그림이 있는 작은 카드를 만들기. 각각 2개씩 막 카드를 썩고 그것들을 뒤집어서 카드에 올려놓는다. 그리고 아이들은 여름기억 놀이 한다(샘플 카테고리로는 여름 빙고에서 썼던 것을 사용할 수 있다).
- 계획
  - 미국국기: 흰 종이에 미국국기 견본 그리기. 빨간색 부분에 종이를 잘라서 줄무늬 부분에 접착제를 이용하여 붙인다. 그리고 구석에 정사각형으로 파란색 종이를 잘라 붙이고 반짝이는 별 스티커를 붙인다 (그림 24-3).
  - 물색깔의 불꽃: 컵에다 각각 다른 색깔의 페인트 주기. 아이들에게 주면 아이들은 페인트를 컵에서 약물기계에 짜고, 흰종이에 물방울을 만든다. 그다음 빨대를 이용하여 불어서 불꽃을 만든다.
  - 반짝이는 불꽃: 아동은 색판지의 검은색 부분에 총격 라인으로 접착제를 붙인 다음 그 라인 위로 반짝이를 뿌린다(그림 24-4).
  - 미국국기 안전핀: 빨강, 하양, 파랑색의 작은 구슬을 미국국기 모양에 안전핀 위에 위치시킨다.

제 VIII 부

보행 패턴 개선

Improving Gait Patterns

대부분의 아동들은 지지를 위한 넓은 지면을 가지면서 무릎을 편 상태의 "발-발바닥에서 발-발바닥 닿기(foot-flat to foot-flat)" 패턴으로 1세에 걷기를 시작한다. 약 3.5세까지 아이들은 더 성숙한 보행 패턴으로 발달한다(Jacobs, 2010). 그러나 어떤 아동은 다양한 신체 문제로 성숙한 보행을 구축하기 어렵게 발달한다. 어떠한 문제들은 평발, 고관절의 내회전 증가, 고관절의 외회전 증가와 까치발 걷기를 포함한다. 훈련된 치료사는 이러한 문제들이 발달의 정상적 변화나 추가적인 검사 및 치료가 요구된다면 필요여부를 결정하기 위해서 평가를 수행할 수 있다(Jacobs, 2010).

이 장에서는 까치발 걷기와 고관절 외회전 증가, 고관절 내회전 증가, 평발을 해결하기 위한 활동이 제공될 것이다.

25

발의 아치 증가

Increasing the Arches of the Foot

평발은 통합된 발과 발목기형으로 발생할 수 있다. 발꿈치의 어긋남 이외에도 아치의 감소는 자주 발생한다(Kwon & Myerson, 2010). 10세 연령의 아동들 중 약 4%는 감소된 근육으로 인해서 평발을 가진다(Bertani et al., 1999; Andreasen et al., 2013). 그러나 평발은 다른 이유들로도 가질 수 있다. 평발 아동은 종종 관련된 통증, 부족한 운동기술, 변형된 걷기 형태가 있어서 불편하다(Műller et al., 2012). 그러므로 평발 아동은 이런 문제들 때문에 다양한 운동과 다른 또래 관계 활동에 참여하는 것이 어려울 것이다.

이 장에서는 다양한 활동으로 스트레칭, 근력강화, 평발의 아치 증가를 돕기 위한 감각 활동이 제공된다.

발의 아치 증가
Increasing Arches of the Foot

균형 관련 활동 *Activities Involving Balance*

- 아동이 에어 원반 위에 맨발로 서기와
    - 움직이지 않게 균형 유지
    - 공 잡기
    - 옆에서 옆으로 조금 움직이기
    - 자리에 서서 다리를 내회전 위치에서 외회전 위치로 움직이기
- 아동이 바닥에 있는 공위에 다른 발이 쉬는 동안 한 발로 선다. 아동은 ABCs. 노래를 하는 동안 균형을 유지하기 위해서 시도한다(끝나면 자세는 공위에 다리를 반대로 하면서 뒤집어지도록 해야 한다).
- 볼스터 활동
    - 아동이 한발은 볼스터 위에 두고 한발은 바닥에 두고 서서 균형을 유지한다.

그림 25-1.

그림 25-2.

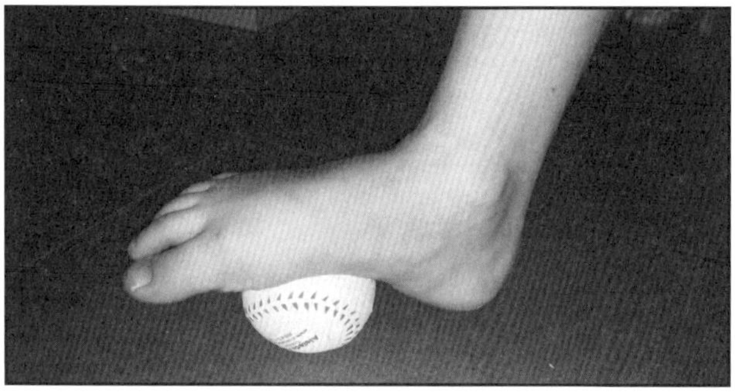

그림 25-3.

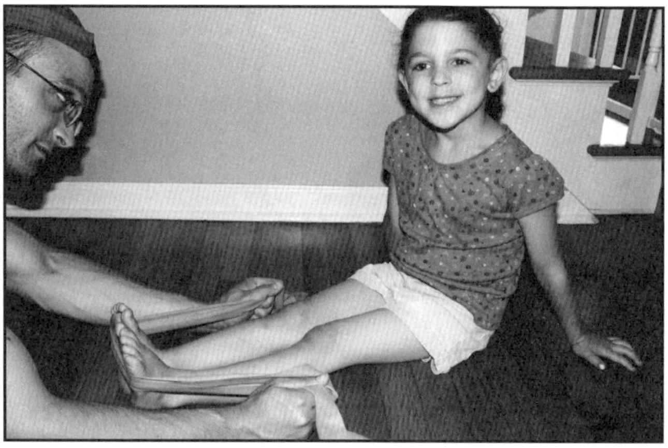

그림 25-4.

- ◦ 아동이 한발은 볼스터 위에 두고 한발은 바닥에 두고 서서 치료사와 공 잡기 놀이를 한다.
- ◦ 아동이 한발은 볼스터 위에 두고 한발은 바닥에 두고 선다. 아동은 균형 잡은 다리의 바깥쪽 바닥 위에 가까운 곳의 물건을 집어 들기 위해 팔을 뻗는다.
- ◦ 치료사는 벽 쪽으로 기울인 볼스터를 설치한다. 아동은 천천히 볼스터 위를 오른다(그림 25–1).

다리와 발가락으로 물건 따라 돌리기

Curling the Feet and Toes Around Objects

- 아동은 공을 집기 위해서 발가락만 사용해서 다리 주변에 있는 쿠쉬볼(koosh ball)을 줍는다. 아동은 발가락 근처에 컨테이너에 넣는다.
- 아동은 거품표면이나 표면 위 발의 곡선에 초점을 맞춘 부드러운 베개 위에 선다.
- 아동은 바닥에 공을 놓은 곳에 한발을 두고 바닥에 앉아서 치료사 혹은 다른 아동과 게임을 한다(그림 25–2).
- 맨발의 아동은 테니스공에 발의 아치를 굴린다(그림 25–3).

다리 운동과 스트레칭

Foot Exercises and Stretches

- 치료용 밴드활동(Thera–Band activities)
  - ◦ 아동은 길게 앉는 자세로 앉는다. 치료사는 주로 발가락 아래에서 아동의 다리 주위를 탄력 밴드로 감싼다.
  - ◦ 아동은 발가락 쪽으로 탄력밴드를 밀고 5초 동안 잡는다. 10번을 반복한다.
- 치료사는 아동의 코 높이의 벽에 스티커를 둔다. 아동은 벽에 평평하게 손바닥을 붙이면서 벽으로부터 팔 길이만큼 선다. 아동은 발뒤꿈치를 바닥에 대고 무릎,

그림 25-5.

엉덩이를 뒤로 바르게 유지한 채 스티커에 코를 대기 위해서 벽에 기대면서 천천히 팔꿈치를 구부린다(그림 25-5).

- 맨발 운동: 아동은 몇 분 동안 방을 가로질러 맨발로 걷거나 뛴다.
- 아킬레스건 스트레칭 운동(Achilles tendon stretching exercises)
  - 아동은 쭉 뻗은 다리는 뒤로하고 다른 쪽 한 다리는 앞으로 둔 채 벽에 대고 민다.
  - 아동은 커브 위에 한발과 지면에 한발은 두고 커브에 닿게 아래로 숙인다.
- 다리/발가락 웅크리기 운동(Foot/toe curling exercises)
  - 아동은 길게 앉은 자세로 앉는다. 그 혹은 그녀는 그때 발목을 발바닥 쪽으로 구부리고 5초 동안 자세를 잡는다. 아동은 그때 발가락을 웅크리고 자세를 잡는다. 10번 반복한다.
  - 아동은 길게 앉은 자세로 앉는다. 그 혹은 그녀는 그때 5초 동안 발가락만 웅크리고 자세를 잡는다. 10번을 반복한다.

그림 25-6.

그림 25-7.

  - 아동은 맨발을 평평한 표면에 두고 바닥으로 각 발가락을 한 번에 닿게 하기 위해서 시도한다.

발아래 특별한 표면 질감

Textured Surfaces Under the Foot

- 모래상자 활동(Sandbox activities)
  - 아동은 모래상자 뒤와 맞은 편 쪽으로 걷는다.
  - 아동은 모래 위를 걷고 다리의 아치를 초점으로 모래 안으로 완전히 누른다.
  - 아동은 모래 위에 서서 표시를 만든 모래 위에서

다리를 웅크린다.

- 아동이 장소에 서면 발가락 위에 돌을 놓고 정지하고 그런 다음 발꿈치 위에 돌을 두고 정지한다.
  10번 반복한다.
- 아동이 장소에 서면 다리의 측면 위에 돌을 두고 자세를 잡는다. 그런 다음 그 또는 그녀는 지면 위에서 다리를 평평하게 받쳐준다.
- 아동은 모래에 서서 치료사와 공받기 놀이를 한다. 치료사는 모래에 서있는 동안 아동이 균형에 초점을 맞출 수 있도록 아동에게 중심에서 약간 떨어진 곳에 공을 던져준다.

- 쌀 상자 활동(Rice box activities)
  - 아동은 맨발로 쌀 상자에 서서 쌀 안에서 발을 웅크린다.
  - 아동은 쌀 상자 모서리에 앉고 쌀 상자 안에서 발가락을 가지고 작은 물품을 집는다.

26

고관절의 외회전감소
Decreasing External Rotation of the Hips

걷기를 습득한 어린 아동들은 점진적이면서 순차적으로 1~3세 사이에 개선된 걷기 패턴을 보여줄 것이다. 3세까지 걷기에서 나타난 외회전의 양은 상당히 감소되어진다(Effgen, 2005). 그러나 어떤 아동들은 밭장다리(toe-out) 보행으로 고관절 외회전이 계속 나타날 것이다. 고관절의 외회전은 근육의 약화나 다른 근골격의 문제가 원인일 수 있다(Cibulka et al., 2010). 고관절 외회전(혹은 toe-out 보행)을 치료받기 전에 고관절에서 비롯된 문제인지 혹은 경골의 비틀림이나 다리의 비틀림으로 인한 이차적인 문제인지 중요하다. 외회전의 양은 정상발달의 부분인지 문제에 영향을 끼치는 요인인지 아닌지도 중요하다.

고관절 외회전은 균형에 영향을 미치고 아동을 위한 뛰기, 놀이와 많은 적정연령 활동에 참여하기 어렵게 만든다. 고관절 회전의 비대칭(외회전이 내회전이나 반대보다 더 큰 곳) 역시 많은 근골격계 문제와 함께 관련되어 있다. 오랫동안 고관절 외회전이 있는 아동들은 과하게 늘어난 내회전과 짧아지거나 구축된 외회전으로 발달할 것이다.

이 장에서는 다양한 스트레칭과 스트레칭 운동을 제공한다. 주요 초점 중에 하나는 앞으로 직면하는 고정된 다리 위의 경골 발달을 통해서 아동이 활동수행이 가능하도록 한다. 치료하는 치료사는 바라는 욕구의 성취를 위해서 요구에 따른 이러한 활동을 모두 수행하는 가운데 적절한 근골격계 정렬을 보장해야 한다.

고관절의 외회전감소
Decreasing External Rotation of the Hips

고정된 다리 위의 경골 발달 촉진을 위해서 다리 위에 경골 진행을 중심으로 아동이 활동을 한다.

그림 26-1.

그림 26-2.

그림 26-3.

그림 26-4.

다양한 스트레칭 활동

Dynamic Strengthening Activities

- 옆으로 걷기(12~15개월에 발달): 치료사는 긴 의자나 다른 긴 표면 가까이에 아이를 데리고 온다. 치료사는 다양한 장난감을 긴 의자를 따라 두고 모아둔 장난감 쪽으로 아동은 옆으로 걷기를 하면서 컨테이너 안에 장난감들을 넣는다. 치료사는 아동의 고관절과 필요하다면 계속 정렬된 다리를 유지한다.
- 쪼그리기 활동(12~15개월에 발달): 치료사는 아동을 바닥에 있는 장난감의 말뚝 옆에 세운다. 아동은 장난감 한 개를 한 번에 집기 위해서 쪼그린 다음 높은 곳에 있는 컨테이너에 넣는다(그림 26-3).
- 계단 활동(치료사는 활동하는 동안 고관절의 정렬을 적절하게 유지해야 한다):
  - 아동은 앞으로 한걸음씩 오른다.
  - 아동은 옆으로 걸어서 한걸음씩 오른다.
  - 아동은 뒤로 한걸음씩 내려온다.
- 일자 걷기 활동
  - 아동은 바닥에 테이프 줄 쪽으로 걷는다.
  - 아동은 균형대를 걷는다.
  - 아동은 굴곡의 바깥쪽을 따라 걷는다.
- 앉아있는 스쿠터 활동
  - 아동은 구르는 스쿠터에 앉아서 발만 사용해서

그림 26-5.

그림 26-6.

그림 26-7.

스쿠터를 나가게 한다.

- ○ 아동은 구르는 스쿠터에 앉아서 방 주변에 뿌려진 물건들을 집으면서 발로 나가게 한다(그림 26-4).

- 점프 활동(치료사는 아동이 점프활동을 하는 동안 다리 배치를 초점으로 돕는다: 언어와 신체적 단서는 필요할 것이다.)
  - ○ 아동은 운동장을 팔짝 팔짝 뛴다.
  - ○ 아동은 지면에서 작은 물건장소를 뛰어 넘는다.
  - ○ 아동은 무릎사이로 공을 끼워서 점프한다.
- 벽 미끄러지기: 아동은 고관절 90°로 벽에 붙여 앉는다. 아동의 벽을 위와 아래로 민다(그림 26-5와 26-6).
- 무릎 치기
  - ○ 아동은 자신의 무릎 위에서 중간 크기 공이 떨어지면 공을 앞쪽으로 찬다(그림 26-7).
  - ○ 아동은 그 혹은 그녀의 무릎 쪽으로 치료용 공을 떨어뜨리면 발로 찬다(그림 26-8).
  - ○ 치료사는 아동의 하지에 넘어서 중간 크기 공을 떨어뜨린다. 아동은 무릎으로 공을 튀긴다(그림 26-9).
- 발뒤꿈치-걷기: 아동은 발뒤꿈치로 방을 가로질러 걷는다.

고정 강화 활동 *Stationary Strengthening Activities*

- 단일 사지 자세활동(Single-limb stance activities)
  - ○ 아동은 한발로 균형을 잡는다.
  - ○ 아동은 중간 크기 공위에 한발과 평평한 지면에 정렬된 다른 다리로 선다.

그림 26-8.

그림 26-9.

그림 26-10.

그림 26-11.

그림 26-12.

그림 26-13.

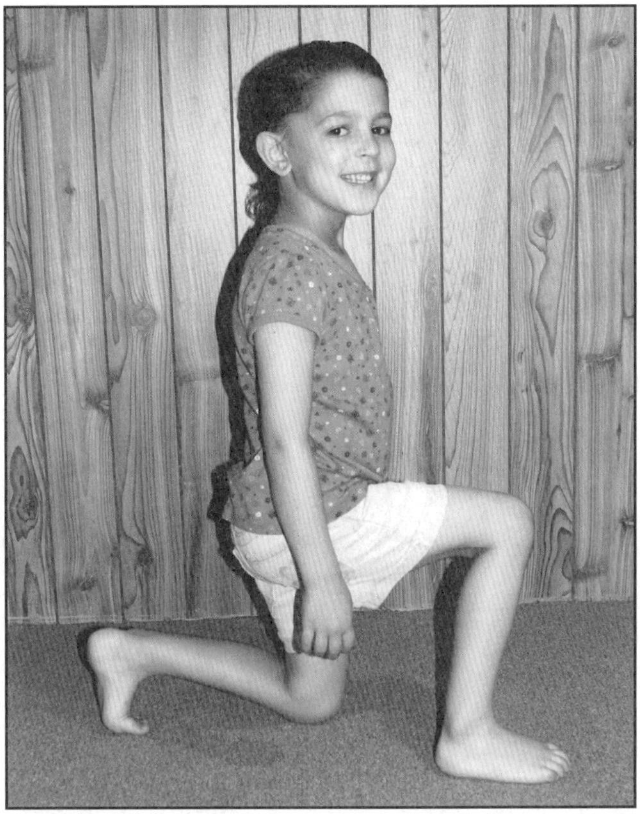

그림 26-14.

그림 26-15.

그림 26-16.

- 다이나디스크 활동(Dynadisc activities)
  - 아동은 다이나디스크 위에 서서 몇 초 동안 균형을 유지한다(시간은 시료사가 치료하는 것에 따라 정해져야 한다.; 그림 26-10).
  - 아동은 다이나디스크 위에서 공을 잡는다.
- 작거나 중간 크기 공을 발목 사이에 두고 길게 앉은 자세에서 활동한다.

  큰 공을 사용하지 않거나 외회전을 증가시킬 것이다.

  - 아동은 공을 쥐었다가 놓기를 10번 한다(그림 26-11).
  - 아동은 공을 쥐었다가 치료사나 다른 공을 갖고 있는 또 다른 아이들과 캐치볼을 한다(그림 26-12).
  - 아동은 발목 사이에 끼익 소리하는 공을 두고 끼익 소리를 만들기 위해서 장난감을 꼭 쥐고 소리를 낸다.
  - 아동은 다리를 쭉 펴서 허공에 약간 높이든 상태로 발목 사이에 공을 꽉 쥔다(그림 26-13).
- 한쪽 무릎서기 활동(Half-kneel activities)

그림 26-17.

그림 26-18.

- 아동은 바닥에서 한쪽 무릎서리 자세를 유지한다(그림 26-14).
- 아동은 이 자세에서 세라밴드나 로프를 밀거나 당긴다(그림 25-15).
- 아동은 한쪽 무릎서기에서 일어서기 위해서 움직인다(그림 26-16).
- 아동은 한쪽 무릎서기에서 무릎으로 서기자세로 움직인다(그림 26-17).
- 아동은 모든 주변의 물건을 잡으려고 정중선 교차를 한다(그림 26-18).

27

고관절의 내회전감소
Decreasing Internal Rotation of the Hips

고관절의 증가된 내회전은 경직된 뇌성마비 아동에서 공통적으로 찾을 수 있다(Wren, Reghlefsen, & Kay, 2005). 그러나 증가된 내회전은 약화된 외회전이나 다른 정형외과적 조건의 결과 역시 될 수 있다(Cibulka et al., 2010). 장기간 내회전이 유지되는 아동은 과하게 늘어난 외회전과 짧거나 수축된 내회전으로 발전할 것이다. 이러한 아동들은 그렇기 때문에 걷기, 뛰기, 스포츠 참여와 다른 대운동 활동을 어렵게 하게 될 것이다. 26장에서 소개된 상태처럼 다리의 휘거나 비틀린 수준을 알아내고 경골의 비틀림이나 발의 비틀림을 배재하기 위해서 중요하다.

이 장에서는 고관절 외회전의 단축과 고관절 내회전의 감소를 위해 디자인된 다양한 스트레칭과 스트레칭 활동을 제공한다. 원하는 목표 성취를 위해서 요구된 활동을 하는 동안 적절한 자세인 고관절과 발의 정렬에 초점을 맞추는 것이 치료하는 치료사를 위해 중요하다.

고관절의 내회전감소 Decreasing Internal Rotation of the Hips

자세와 스트레칭활동 *Positioning and Stretching Activities*

- 양반다리 앉은 자세 활동(Tailor−sitting activities)
    - 아동은 바닥에 양반다리로 앉는다.
    - 아동은 양반다리 자세로 앉아서 치료사와 캐치볼을 한다.
    - 아동은 양반다리로 앉아서 양옆에 물건들을 잡기 위해 팔을 뻗는다(그림 27−1, 27−2).
- 양반다리 스트레칭(Tailor stretching)
    - 나비 스트레칭(Butterfly stretch): 아동은 벽을 따라서 뒤로 앉고 발바닥을 닿게 한다. 아동은 발목 위를 잡고 나비처럼 펄러거리면서 부드럽게 무릎 위와 아래로 움직인다.
    - 양반다리 압력(Tailor stretching): 아동은 벽을 따라서 뒤로 앉고 발바닥을 닿게 한다. 아동은 발목을 잡고 부드럽게 팔꿈치로 무릎을 아래로 누른다(그림

그림 27-1.

그림 27-2.

그림 27-3.

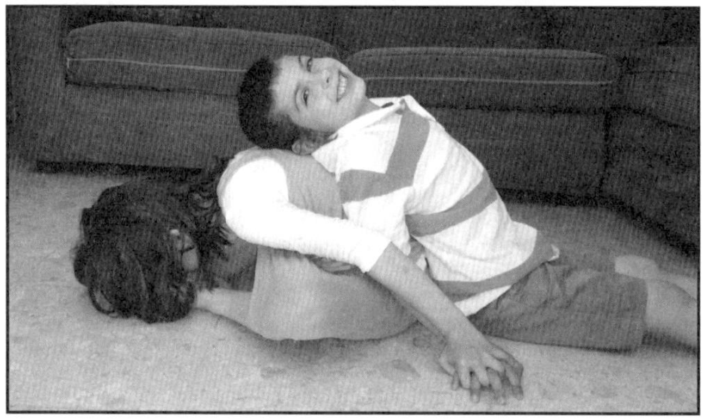

그림 27-4.

27−3).
  - 파트너 양반다리 스트레칭: 아동은 등을 맞대고 앉는다. 아동 1은 발목을 잡고 닿게 발바닥이 닿게 앉는다. 아동 2는 스트레칭을 하려고 적절한 압력을 주는 아동 1쪽으로 등을 기댄다. 치료사는 감독한다(그림 27−4).
- 오리처럼 걷기(duck−walking): 치료사는 다리를 바깥으로 돌리도록 아동에게 가르치고 다리를 바깥으로 한 상태로 방을 가로질러 걸으면서 오리처럼 꽥꽥 소리를 낸다.
- 치료사는 외회전 하도록 바닥 위에 발자국을 오려서 테이프로 붙인다.
- 아동은 중립적이거나 외회전 자세의 발로 서있고 아래와 같이 한다:
  - 허공에 10번 점프한다.
  - 벽에 점프해서 메모장을 뗀다.
  - 장애물 코스에 콘 넘어로 점프한다.
- 발레 자세(Ballet poses)
  - 치료사는 아동에게 처음 자세를 가르친다(그림 27−5).
  - 치료사는 아동에게 두 번째 자세를 가르친다(그림 27−6).
  - 치료사는 아동에게 세 번째 자세를 가르친다(그림 27−7).

강화 활동 *Strengthening Activities*

- 오르기 활동(climbing activities)
  - 아동은 로프 사다리를 오른다.
  - 아동은 운동장 장비나 사다리에 막대기를 위로 오른다.
  - 아동은 바위 벽 위로 오른다.
- 치료사는 벽 반대쪽으로 기울어지게 볼스터를 둔다. 아동은 볼스터를 천천히 오른다(그림 27−8).
- 쪼그리기 활동(Squatting activities)
  - 분리된 쪼그리기(Isolated squats): 아동은 적절히

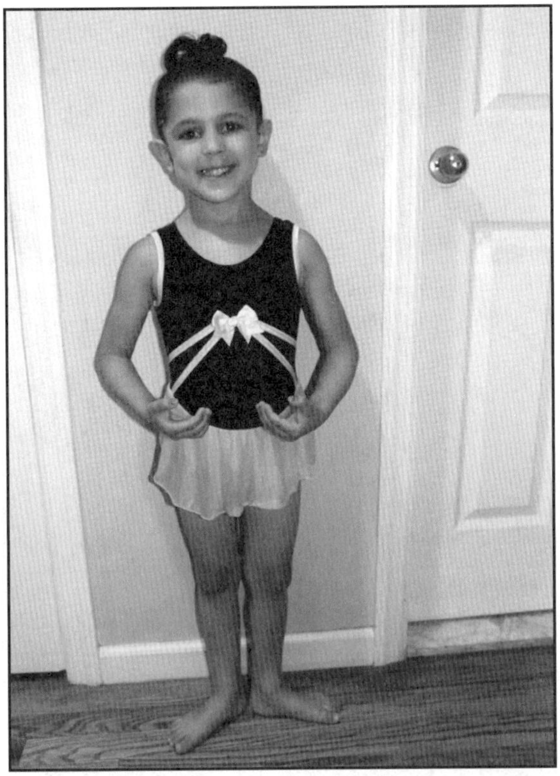

그림 27-5.

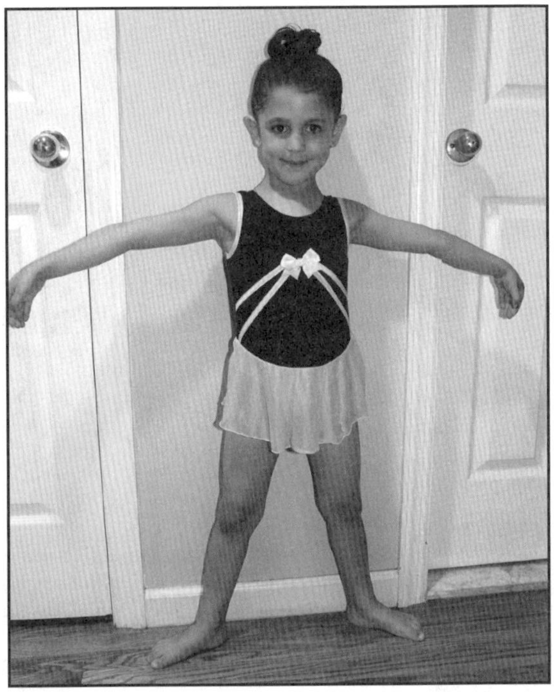

그림 27-6.

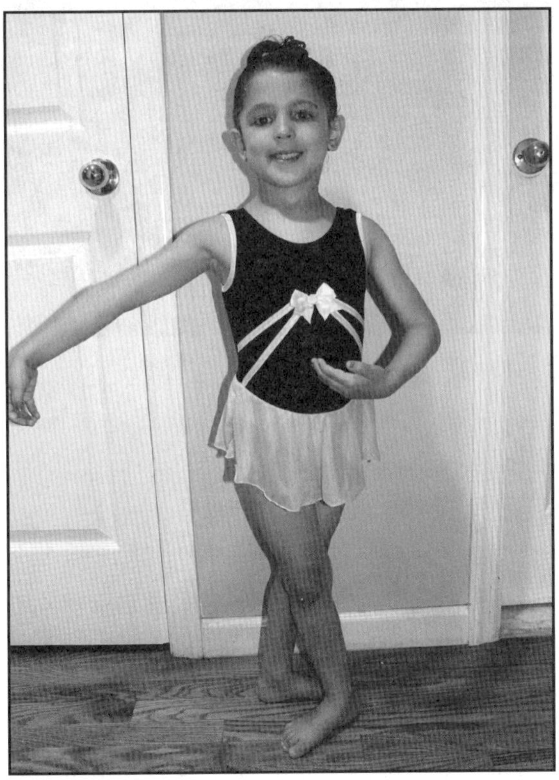

그림 27-7.

고관절 정렬을 유지한 상태로 세트 수만큼 쪼그리기를 시행한다.

그림 27-8.

- 아동은 바닥에 물건을 집어 올리려고 손을 아래로 뻗고 더 놓여 있는 컨테이너에 넣는다.
- 아동은 벽에 중립으로 고관절을 유지하고 스스로 천천히 더 낮게 숙인다(그림 27-9와 27-10).
- 아동은 고관절 외회전 상태로 벽에 기대서 천천히 더 낮게 스스로 쪼그리고 앉는다(그림 27-11).

그림 27-9.

그림 27-10.

그림 27-11.

◦ 아동은 땅콩모양 치료용 공에 앉아서 완전히 쭈그리고 앉는다.

중립된 발을 갖도록 촉진 혹은 외회전 자세활동 *Activities to promote Having the Feet in a Neutral or Externally Rotated Position*

- 엎드린 스쿠터 활동
  - ◦ 아동은 다리만 사용해서 스쿠터를 스스로 민다.

그림 27-12.

  - ◦ 아동은 스쿠터에 엎드린 상태로 장애물코스에 다른 콘을 이리저리 빠져 나가다(그림 27-12).
- 롤러스케이팅 활동
  - ◦ 아동은 바닥을 가로 질러서 일직선을 따라 스케이트를 타다.
  - ◦ 아동은 롤러스케이트를 타면서 걷는다.
  - ◦ 아동은 바닥에서 시계 방향으로 오른쪽 다리를 움직인다. 그런 다음 아동은 바닥에서 반시계방향으로 왼발을 움직인다.
- 치료사는 바닥에 작은 천 조각이나 정사각형 카펫을 두면 아동은 그것들 위에서 스케이트를 탄다.

28

까치발걷기 다루기

Addressing Toe-Walking

까치발 걷기는 아이들의 발에 공 위를 걷는 상태이다. 가끔 걷기를 배우는 아동들에서 볼 수 있지만 보통 3세에는 정상적인 뒤꿈치-발가락(heel to toe) 걷기를 할 것이다(Jacobs, 2010).

까치발 걷기는 신경학적 작용의 증상일 수 있는데 정신적 외상이나 특발성 까치발 같은 이유 없이 갖게 되는 결과이다(williams et al., 2013). 아이들이 까치발로 걸을 때 단축된 근육 주변에 통증을 유발할 수 있고(Solan, Kohls-Gatzoulis, & Stephens, 2010) 연령에 적합한 활동에 참여하는 능력에 영향을 미친다(Engström & Tedroff, 2012).

다양한 치료기술은 성공적인 다양한 각도로 까치발걷기 자세를 해결한다(Williams et al., 2013). 가능한 원인을 처음으로 확인하는 치료사에게 중요하다. 이 작업이 완료되면 그 또는 그녀는 치료의 적절한 코스를 선택할 수 있다.

이 장에서는 강화된 다양한 스트레칭과 어린 아이들에게 제한된 까치발 걷기를 돕는 감각활동을 제공한다.

이러한 활동 외에 다른 의학적 전문가에 의해 발전된 다양한 기술을 종종 사용하는데 일자형 캐스트를 포함해서 깔창 및 의학적인 보툴리늄 독소주사가 사용된다(Williams et al., 2013). 훈련된 물리 혹은 작업치료사는 까치발걷기를 하는 아이뿐만 아니라 다른 서비스에 대한 필요를 치료의 적절한 과정을 알아내서 도울 수 있다.

까치발걷기 다루기

Addressing Toe-Walking

평평한 발로 배치하는 촉진활동

Activities Promoting Flat Foot Placement

- 무거운 것 밀기: 아동은 무거운 카트나 물건을 바닥을 가로질러서 민다.
- 아동은 방에서 장난감을 걸으면서 민다(그림 28-1).

Danto AH, Pruzansky M. *1001 Pediatric Treatment Activities: Creative Ideas for Therapy Sessions, Second Edition* (pp.167-171).

그림 28-1.

그림 28-2.

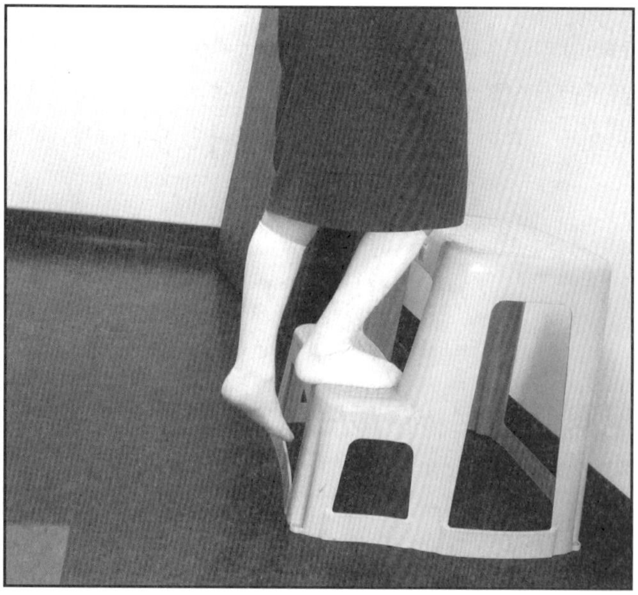

그림 28-3.

- 계단 활동
    - 아동은 높은 지면이나 상자에 서서 천천히 아래로 한 번에 한발씩 땅으로 내려온다(그림 28-2).
    - 아동은 상자 앞에 서서 상자로부터 한걸음 뒤에서 한 발은 상자 위에 올린다. 올려진 다리는 스트레칭이 된다(그림 28-3).
    - 아동은 가능하면 발을 교대로 계단을 내려간다.
    - 아동은 감독자가 가까이 있는 상태로 계단을 뒤로 올라간다.
- 치료사는 아동의 어깨에 손을 얹고 땅에 발가락이 닿도록 유지할 수 있도록 아동에게 압력을 준다. 아동은 방을 교차하면서 걷는데 이때 아동의 어깨로 부드럽게 신체적인 압력을 아래로 유지하면서 치료사와 함께한다(그림 28-4).
- 불안정한 지면에 서있기
    - 아동은 큰 베개 위에 맨 발로 서서 바닥에 있는 베개 주변에 흩어져있는 다양한 물건을 한 번에 한 개씩 잡는다.
    - 아동은 원형밸런스쿠션(다이나디스크)을 맨발로 서서 몇 초 동안 균형을 맞춘다.
    - 아동은 바닥에 둔 큰 빈백 의자를 가로질러서 걷는다.
    - 아동은 밸런스보드 앞 바닥에 놓인 퍼즐을 맞추는

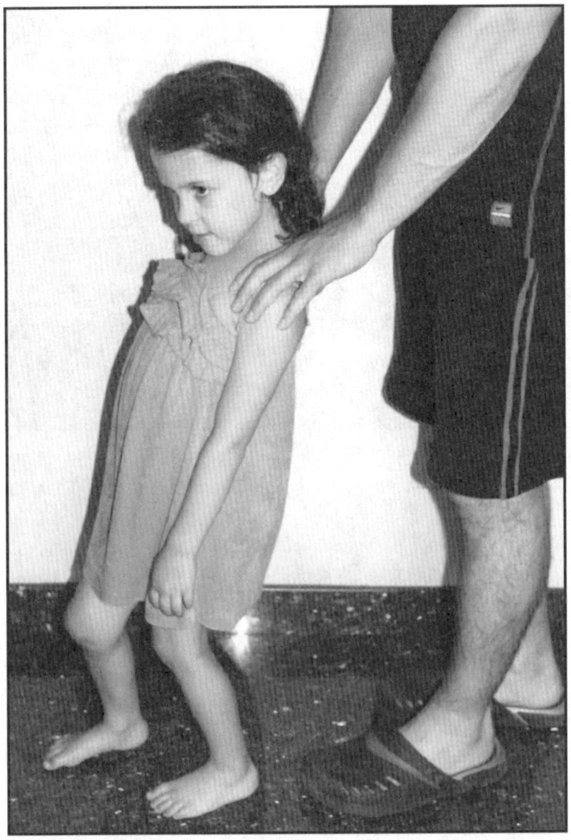

그림 28-4.

그림 28-5.

그림 28-6.

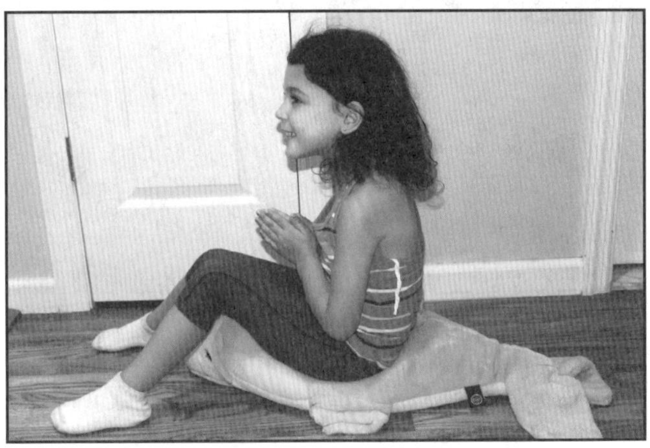

그림 28-7.

동안 밸런스보드에 서 있는다.

- 롤러스케이트 활동
  - 아동은 바닥에 직선을 따라 스케이트를 탄다.
  - 아동은 치료사가 손을 잡아주면 뒤로 스케이트를 타는데 바닥으로 발을 누르는 것에 집중한다.
  - 아동은 롤러스케이트 탄 상태로 걷는다.

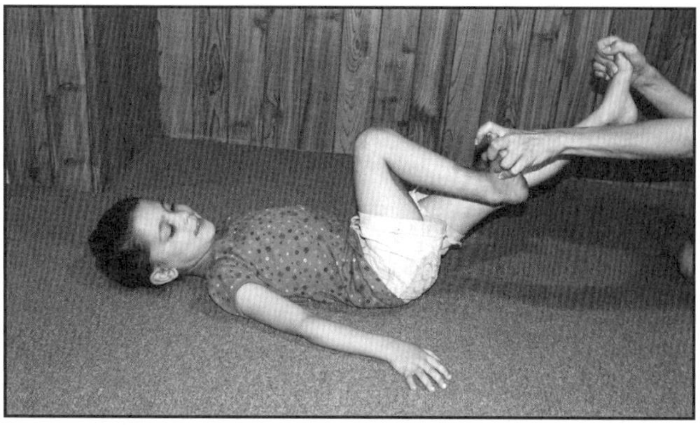

그림 28-8.

그림 28-10.

- 스쿠터 활동
  - 아동은 스쿠터에 앉아서 스스로 앞으로 발꿈치를 끌어당기는 것에 집중하면서 방을 가로질러 앞으로 끈다.
  - 아동은 스쿠터에 앉아서 밀었을 때 바닥에 발바닥이 닿도록 유지하는 것에 집중하면서 방을 가로질러 뒤로 민다.
- 장난감 타는 활동(그림 28-5, 그림 28-6)
  - 아동은 타려는 장난감에 앉아서 발꿈치를 끌어당기는데 집중하면서 방을 가로질러 앞으로 끈다.
  - 아동은 타려는 장난감에 앉아서 밀었을 때 바닥에

그림 28-9.

발바닥이 닿도록 유지하는 것에 집중하면서 방을 가로질러 뒤로 민다.

- 아동은 큰 플러시천 인형에 앉아서 발을 이용하여 스스로 방 주변을 끌어당기면서 돌아다닌다(그림 28-7).
- 아동은 스테핑 스톤(stepping stone)을 단단히 잡아서 바닥으로 밀어 넣는다.
- 아동은 경사로를 뒤로 걷는다.
- 아동은 경사로를 앞으로 걷는다.
- 아동은 직접 치료사 감독과 함께 경사면이 커진 상태에서 트레드밀을 걷는다.
- 아동은 개구리자세로 뛴다.
- 아동은 곰-걷기자세로 걷는다.

스트레칭운동 *Stretching Exercises*

- 아동은 뒤로 누워서 치료사가 아동의 다리를 잡고 자전거 자세로 움직인다(그림 28-8).
- 아동은 한 쪽 다리를 앞으로 내밀면서 벽을 미는 동안 다른 쪽 다리는 똑바로 핀다(그림 28-9).
- 아동은 다리하나는 구부리고 다른 하나는 바닥에 둔 상태로 허리를 구부려서 바닥에 손이 닿게 한다(그림 28-10). (이것들은 항상 의미있는 활동을 따라야 한다.)

발바닥에 입력되는 감각활동 *Sensory Activities Providing Input to Bottoms of Feet*

- 아동은 발을 평평하게 유지하면서 다양한 질감의 바닥

그림 28-11.

그림 28-12.

그림 28-13.

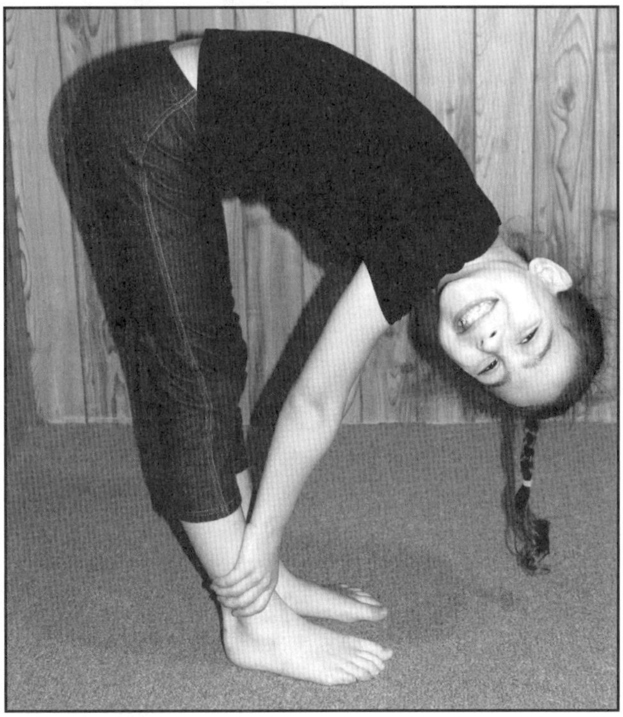

그림 28-14.

그림 28-15.

을 따라 맨발로 걷는다.

- 아동은 쌀통 안에 서 있는다.
- 아동은 모래상자를 가로질러 걷는다.
- 아동은 맨발로 트램폴린을 뛴다.
- 아동은 바닥에 둔 삶은 콩백을 가로질러 걷는다.
- 아동은 발목에 무게 주머니를 차고 걷는다.
- 아동은 무게조기를 입고 걷거나 무게 담요를 어깨에 걸치고 걷는다.
- 아동은 높은 운동화를 착용하고 방을 가로 질러 걷는다.

요가자세 *Yoga Positions*

- 아래쪽으로 향한 개자세(그림 28-11)

- 와타리 자세(그림 28-12)
- 삼각형 포즈(그림 28-13)
- 배 앞쪽으로 구부린 자세(그림 28-14)
- 파트너와 배 앞으로 접은 자세(그림 28-15)

참고문헌
References

Andreasen, J., Mølgaard, C. M., Christensen, M., Kaalundb, S., Lundbye-Christensen, S., Simonsen, O., & Voigte, M. (2013). Exercise therapy and custom-made insoles are effective in patients with excessive pronation and chronic foot pain—a randomized controlled trial. *The Foot, 23,* 22–28.

Ayres, A. J. (1965). Patterns of perceptual-motor dysfunction in children: A factor analytic study. *Perceptual and Motor Skills, 20,* 355–368.

Ayres, A. J. (2005). *Sensory integration and the child. Understanding hidden sensory challenges.* Los Angeles, CA: Western Psychological Service.

Beery, K. E., Buktenica, N. A., & Beery, N. A. (2010). *The Beery-Buktenica developmental test of visual-motor integration* (6th ed.). San Antonio, TX: Pearson.

Bertani, A., Cappello, A., Benedetti, M. G., Simoncini, L., & Catani, F. (1999). Flat foot functional evaluation using pattern recognition of ground reaction data. *Clinical Biomechanics, 14*(7), 484–493.

Case-Smith, J. (2001). *Occupational therapy for children.* St. Louis, MO: Mosby, Inc.

Cibulka, M. T., Strube, M. J., Meier, D., Selsor, M., Wheatley, C., Wilson, N. G., & Irrgang, J. J. (2010). Symmetrical and asymmetrical hip rotation and its relationship to hip rotator muscle strength. *Clinical Biomechanics, 25* (1), 56–62.

Cottrell, R. P. F. (2004). *National occupational therapy certification exam review & study guide.* Evanston, IL: International Education Resources.

Effgen, K. (2005). Child development and appraisal. In K. Effgen (Ed.), *Meeting the physical therapy needs of children* (pp. 74–75). Philadelphia: F. A. Davis Company.

Engström, P., & Tedroff, K. (2012). The prevalence and course of idiopathic toe-walking in 5-year-old children. *Pediatrics, 130*(2), 279–284.

Giroux Bruce, M. A., & Borg, B. (2002). *Psychosocial frames of reference.* Thorofare, NJ: SLACK Incorporated.

Hammill, D., Pearson, N., & Voress, J. (1993). *Developmental test of visual perception (*2nd ed., DTVP-2). Austin, TX: Pro-Ed Inc.

Jacobs, B. (2010). Toe walking, flat feet and bow legs, in-toeing and out-toeing. *Paediatrics and Child Health, 20,* 221–224.

Kwon, J. Y., & Myerson, M. S. (2010). Management of the flexible foot in the child: A focus on the use of osteotomies for corrections. *The Pediatric Foot and Ankle, 15*(2), 309–322.

Martin, N. A. (2006). *Test of visual perceptual skills—non motor* (3rd ed.). Novato, CA: Academic Therapy Publications.

Müller, S., Carlsohn, A., Müller, J., Heiner, B., & Mayer, F. (2012). Static and dynamic foot characteristics in children aged 1–13 years: a cross-sectional study. *Gait & Posture, 35,* 389–394.

Parham, D. L., & Fazio, L. S. (1997). *Play in occupational therapy for children.* St. Louis, MO: Mosby Inc.

Raghavan, P., Krakauer, J., Santello, M., & Gordon, A. (2007). Relationship between finger individuation and shaping the fingers to object contours. *American Journal of Physical Medicine & Rehabilitation, 86*(4), 327.

Reichow, B., Barton, E., Neely Sewell, J., Good, L., & Wolery, M. (2010). Effects of weighted vests on the engagement of children with developmental delays and autism. *Focus on Autism and Other Developmental Disabilities, 25,* 3–11.

Rosenfeld-Johnson, S. (2001). *Oral-motor exercises for speech clarity.* Tucson, AZ: Innovative Therapists International.

Solan, M. C., Kohls-Gatzoulis, J., & Stephens, M. M. (2010). Idiopathic toe walking and contractures of the triceps surae. *The Pediatric Foot and Ankle, 15*(2), 297–307.

Takata, N. (1974). Play as a prescription. In M. Reilly (Ed.), *Play as exploratory learning* (pp. 209–246). Beverly Hills, CA: Sage Publications.

Tecklin, J. S. (2008). *Pediatric physical therapy* (4th ed.). Baltimore, MD: Lippincott Williams & Wilkins.

VandenBerg, N. L. (2001). The use of a weighted vest to increase on-task behavior in children with attention difficulties. *American Journal of Occupational Therapy, 55,* 621–628.

Van Hof, P., Van der Kamp, J., Savelsbergh, G.J.P. (2002). The relation of unimanual and bimanual reaching to crossing the midline. *Child Development, 73,* 1353–1362.

Vygotsky, L. (1986). *Thought and language.* (Rev. ed.). Cambridge, MA: Massachusetts Institute of Technology. Wilbarger, P., & Wilbarger, J. (1991). *Sensory defensiveness in children aged 2–12: An intervention guide for parents and other caretakers.* Santa Barbara, CA: Avanti Educational Programs.

Williams, C. M., Michalitsis, J., Murphy, A., Rawicki, B., & Haines, T. P. (2013). Do external stimuli impact the gait of children with idiopathic toe walking? A study protocol for a within-subject randomised control trial. *Journal of Foot and Ankle Research*, *3*(1), 16.

Williamson, G. G., & Dorman, W. J. (2002). *Promoting social competence.* Austin, TX: Hammill Institute on Disabilities.

Wren, T.A.L., Rethlefsen, S., & Kay, R. M. (2005). Prevalence of specific gait abnormalities in children with cerebral palsy. *Journal of Pediatric Orthopaedics, 25*, 79–83.

Zeigler-Dendy, C. A. (2002, February). Five components of executive function and a bird's-eye view of life with ADD and ADHD: Advice from young survivors. *CHADD Attention Magazine.*

A

워크 시트 및 유인물
Worksheets and Handouts

그림 상자들을 잘라낸 다음 모양이 가장 큰 것부터 작은 것까지 분류하세요

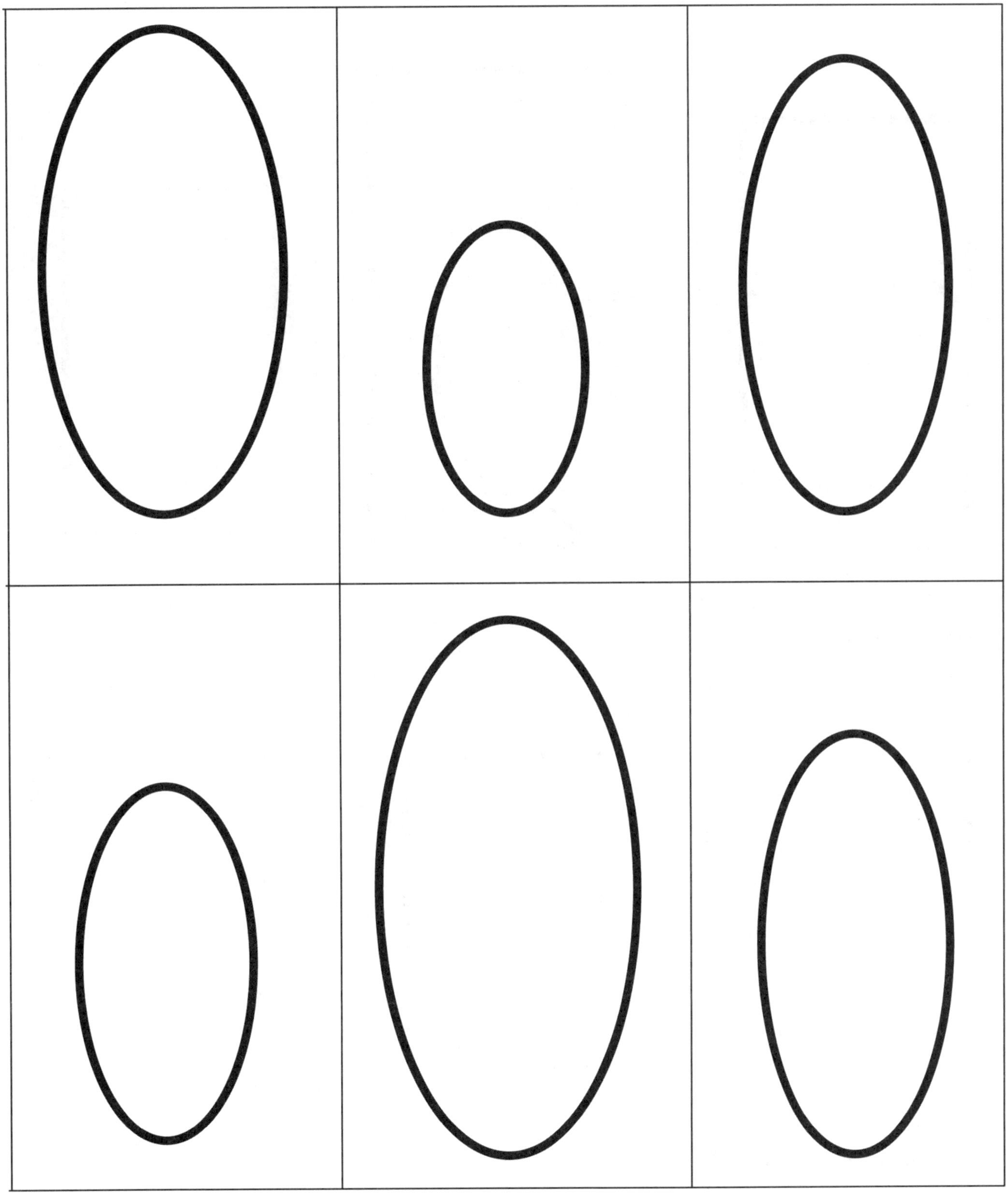

그림 상자들을 잘라낸 다음 모양이 가장 큰 것부터 작은 것까지 분류하세요

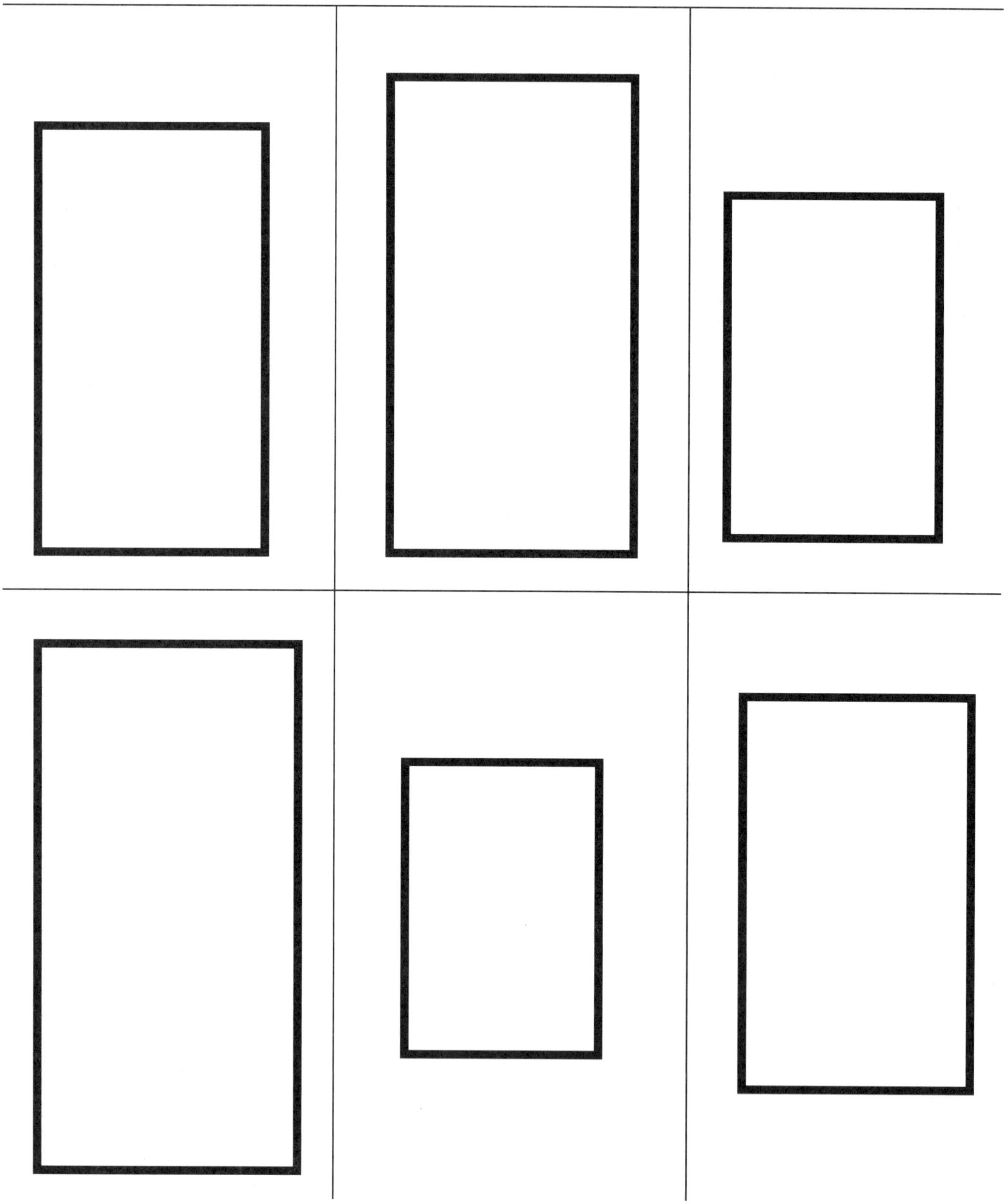

그림 상자들을 잘라낸 다음 모양이 가장 큰 것부터 작은 것까지 분류하세요

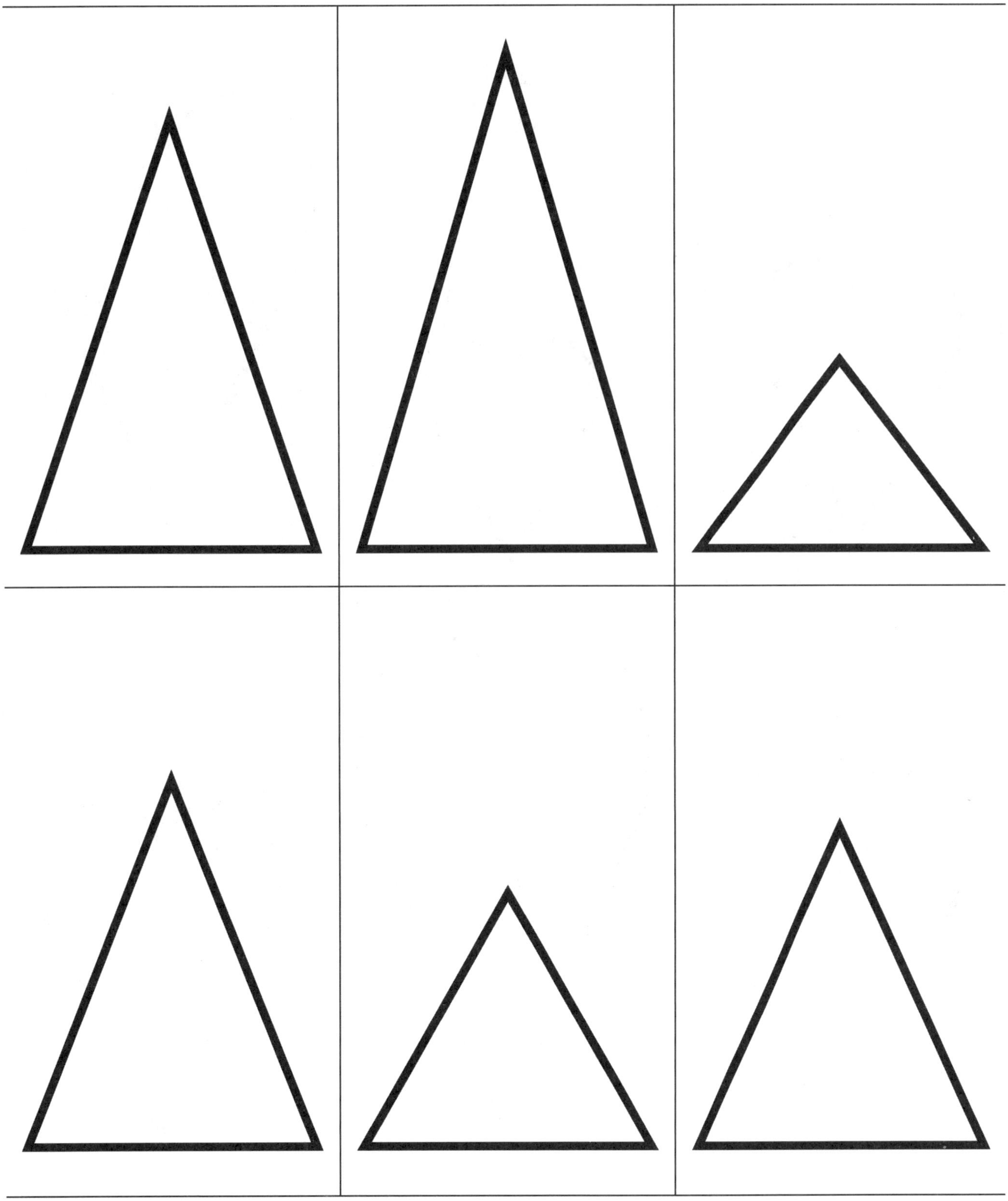

그림 상자들을 잘라낸 다음 모양이 가장 큰 것부터 작은 것까지 분류하세요

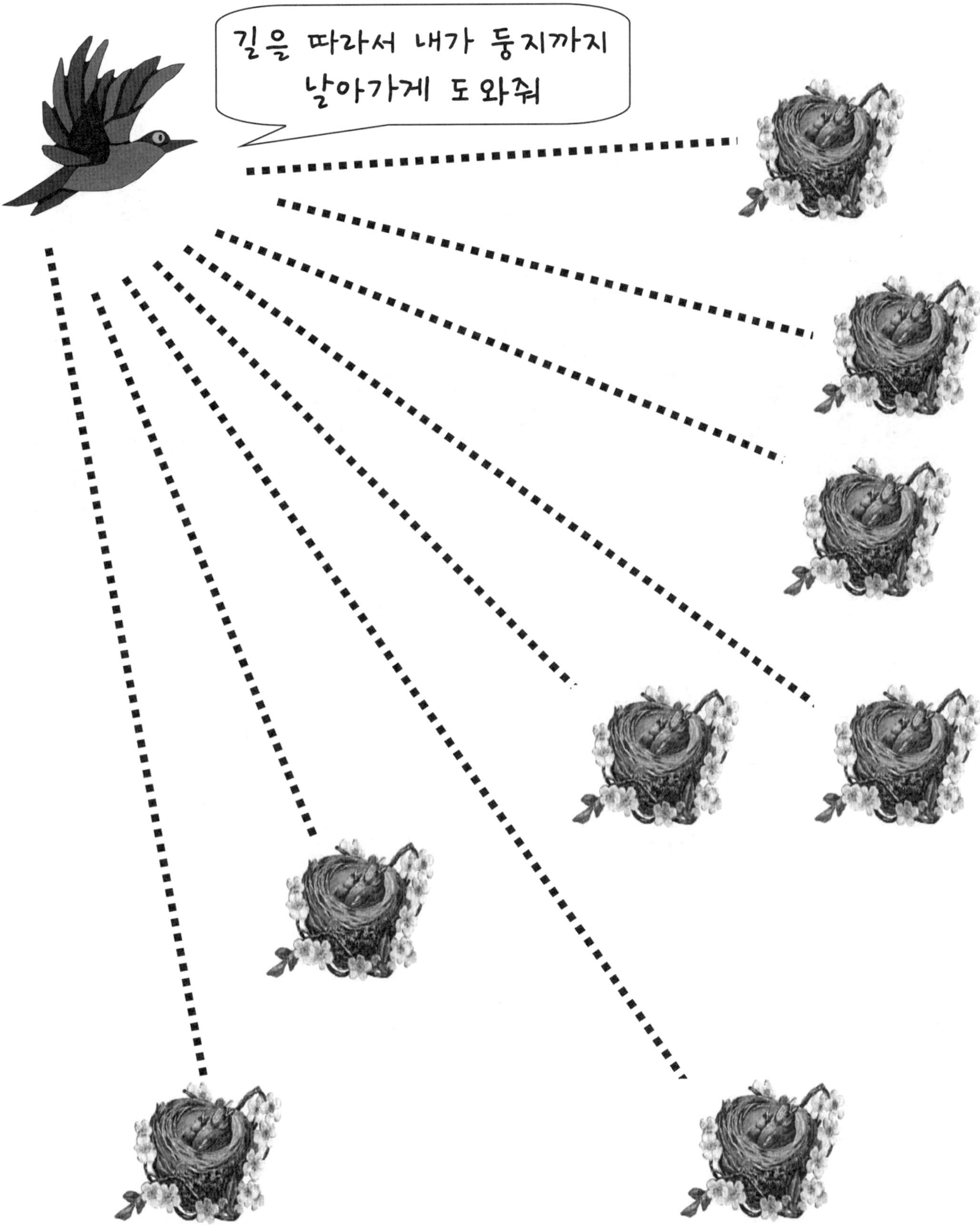
길을 따라서 내가 둥지까지
날아가게 도와줘

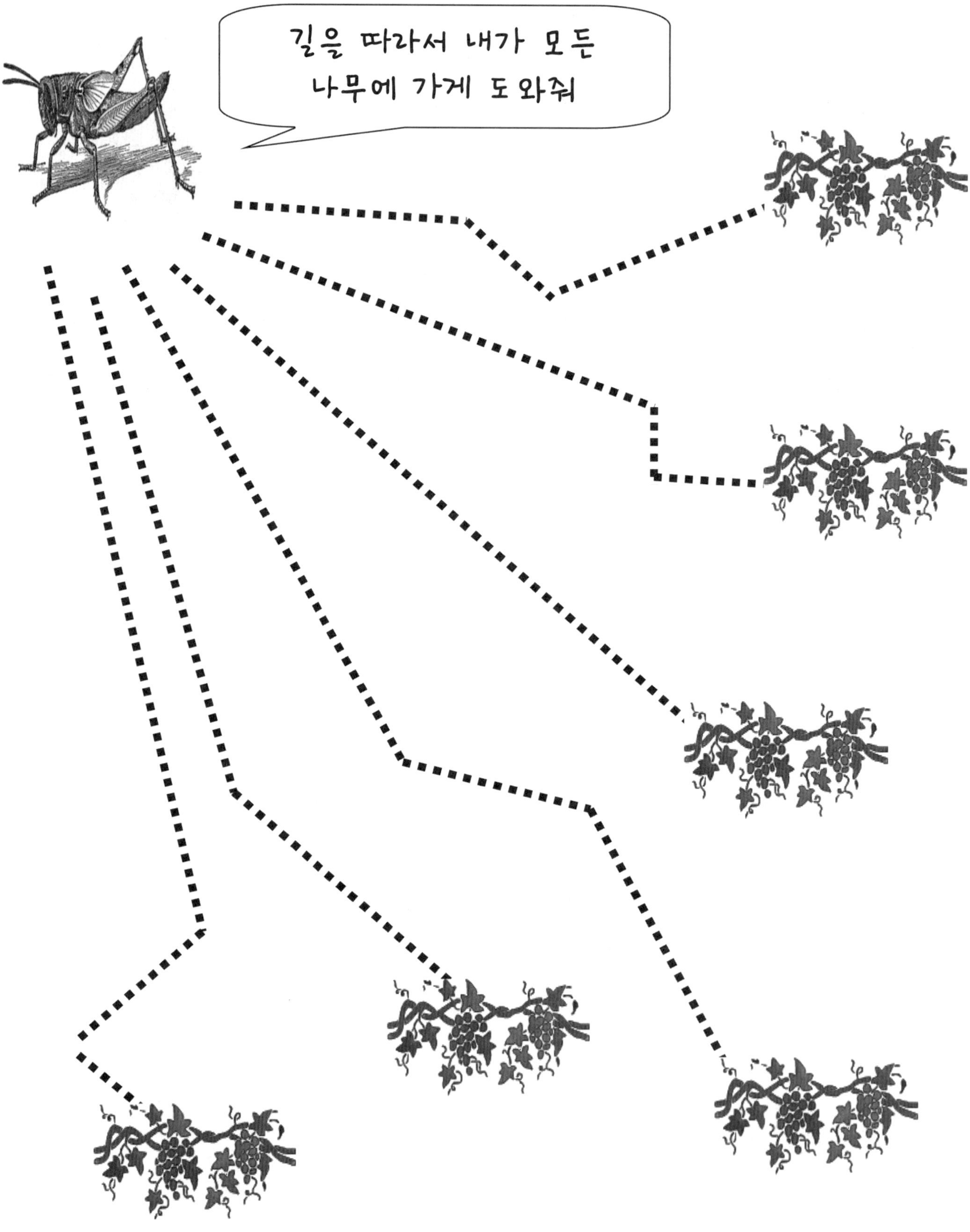
길을 따라서 내가 모든
나무에 가게 도와줘

가스가 다 떨어지기 전에
내가 차고지에 가도록 도와줘!!!

다른 그림들과 다른 하나는 무엇일까?

1

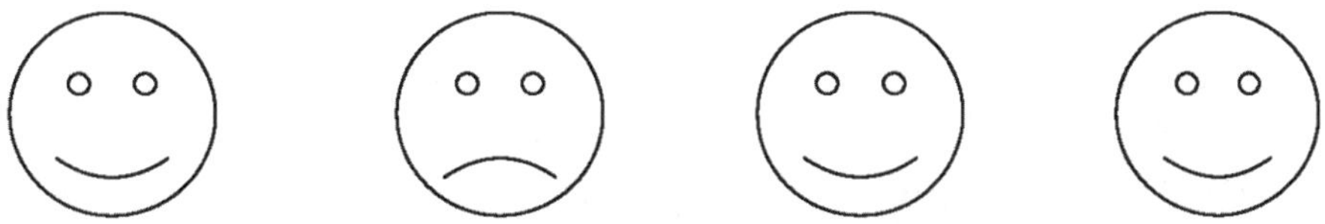

2

3

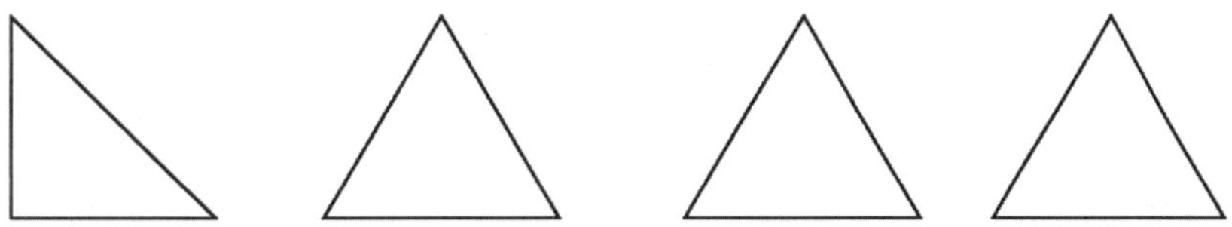

4

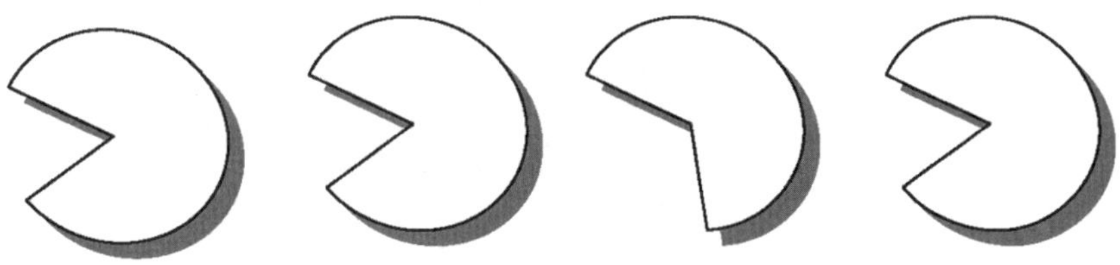

다른 그림들과 다른 하나는 무엇일까?

1

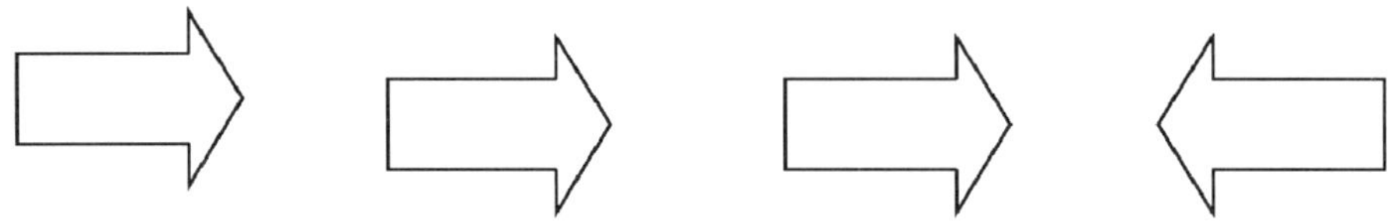

2

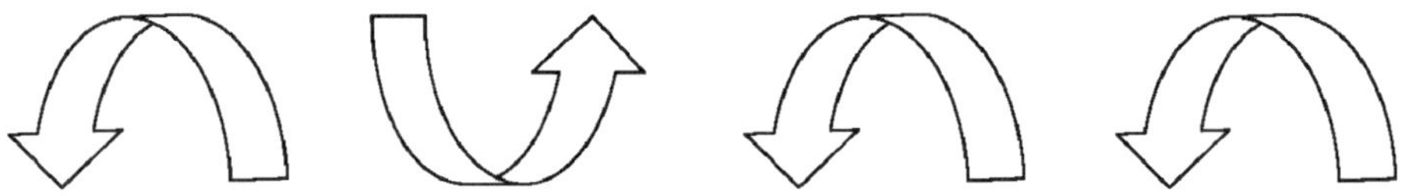

3

4

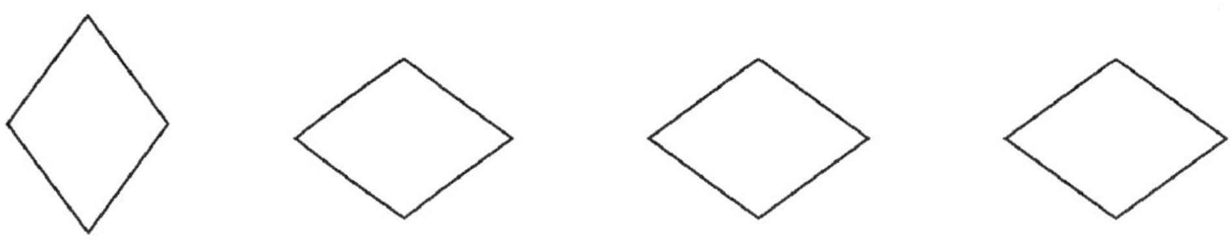

위의 그림과 같은 것을 아래에서 찾아봐

1

2

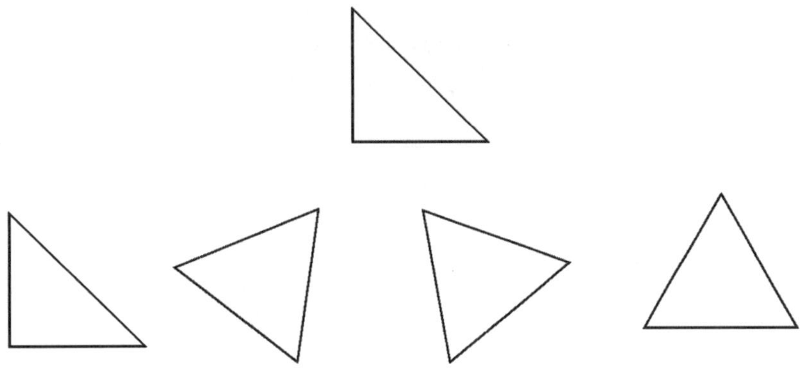

3

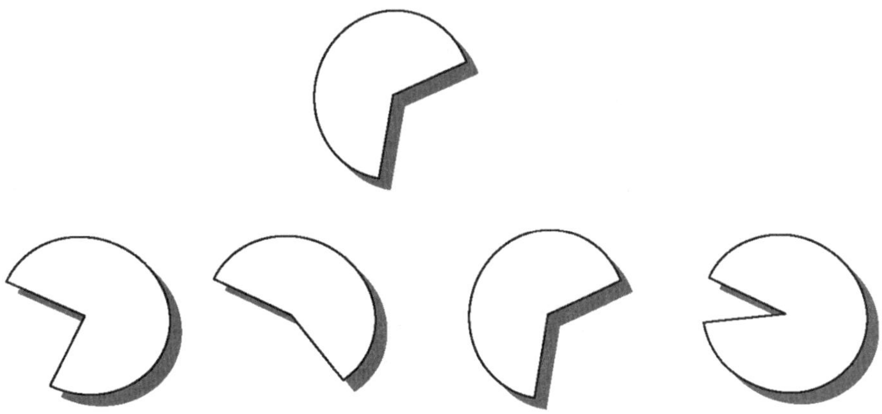

위의 그림과 같은 것을 아래에서 찾아봐

1

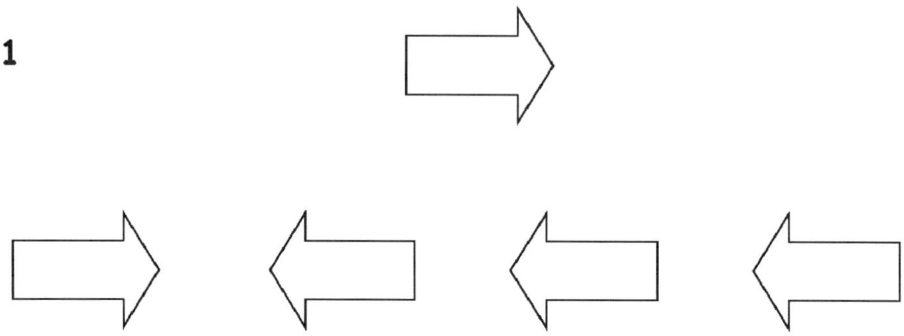

2

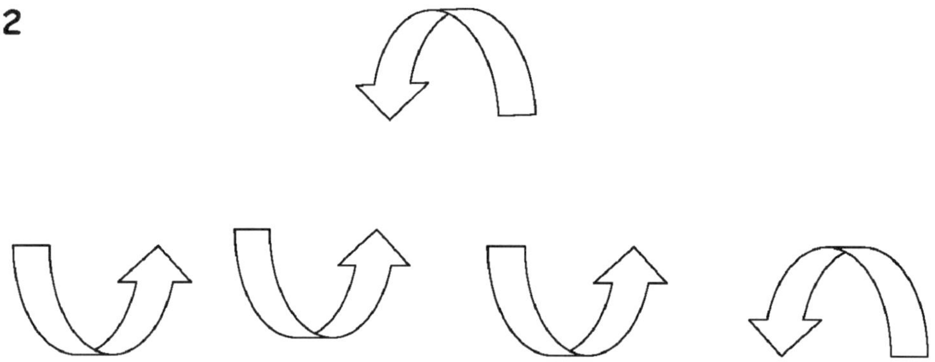

3

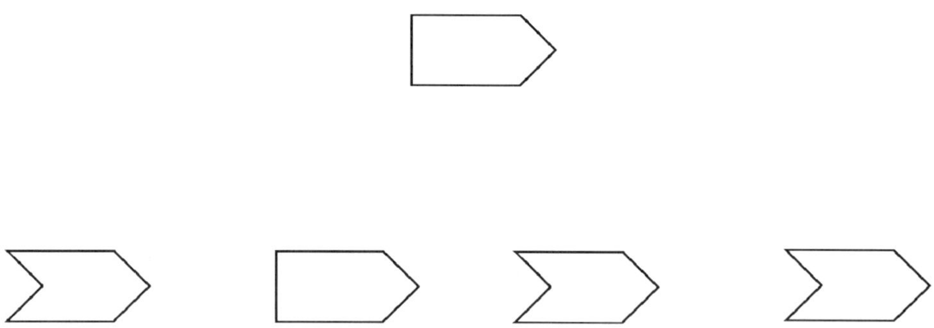

위의 그림과 같은 것을 아래에서 찾아봐

1

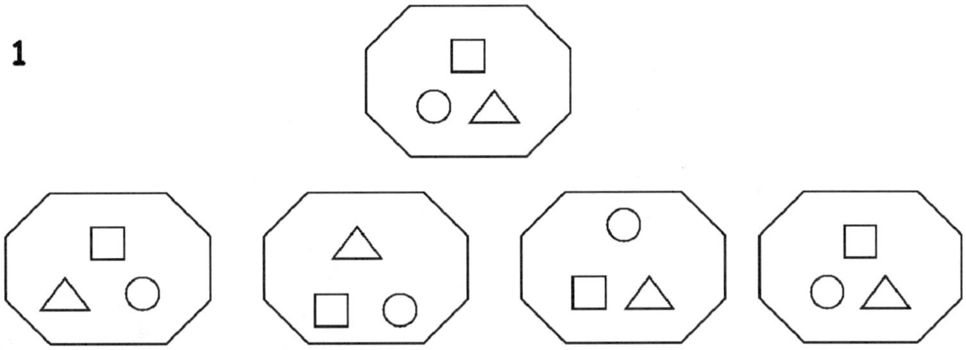

2

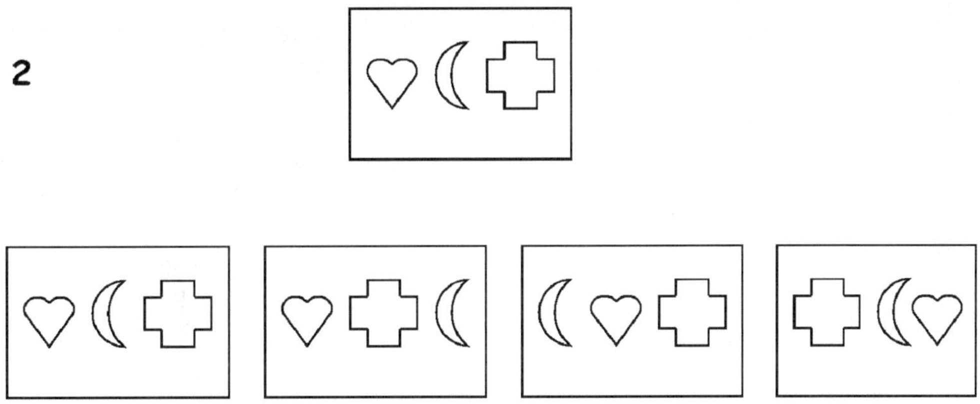

3

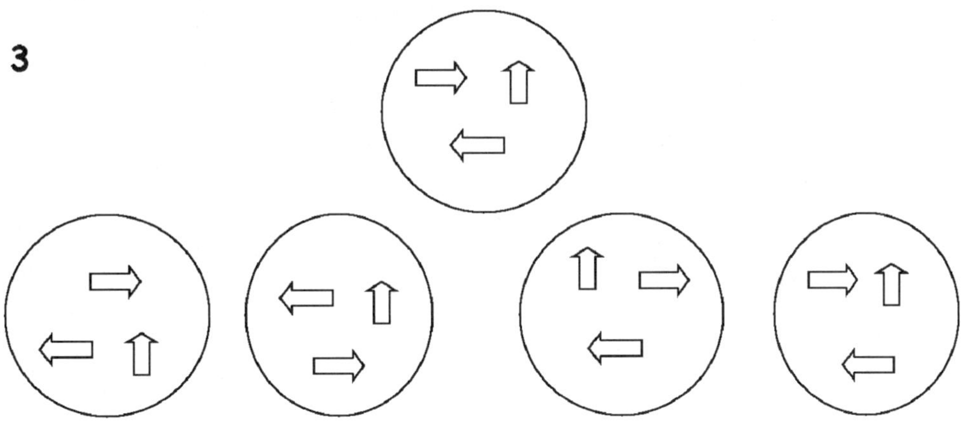

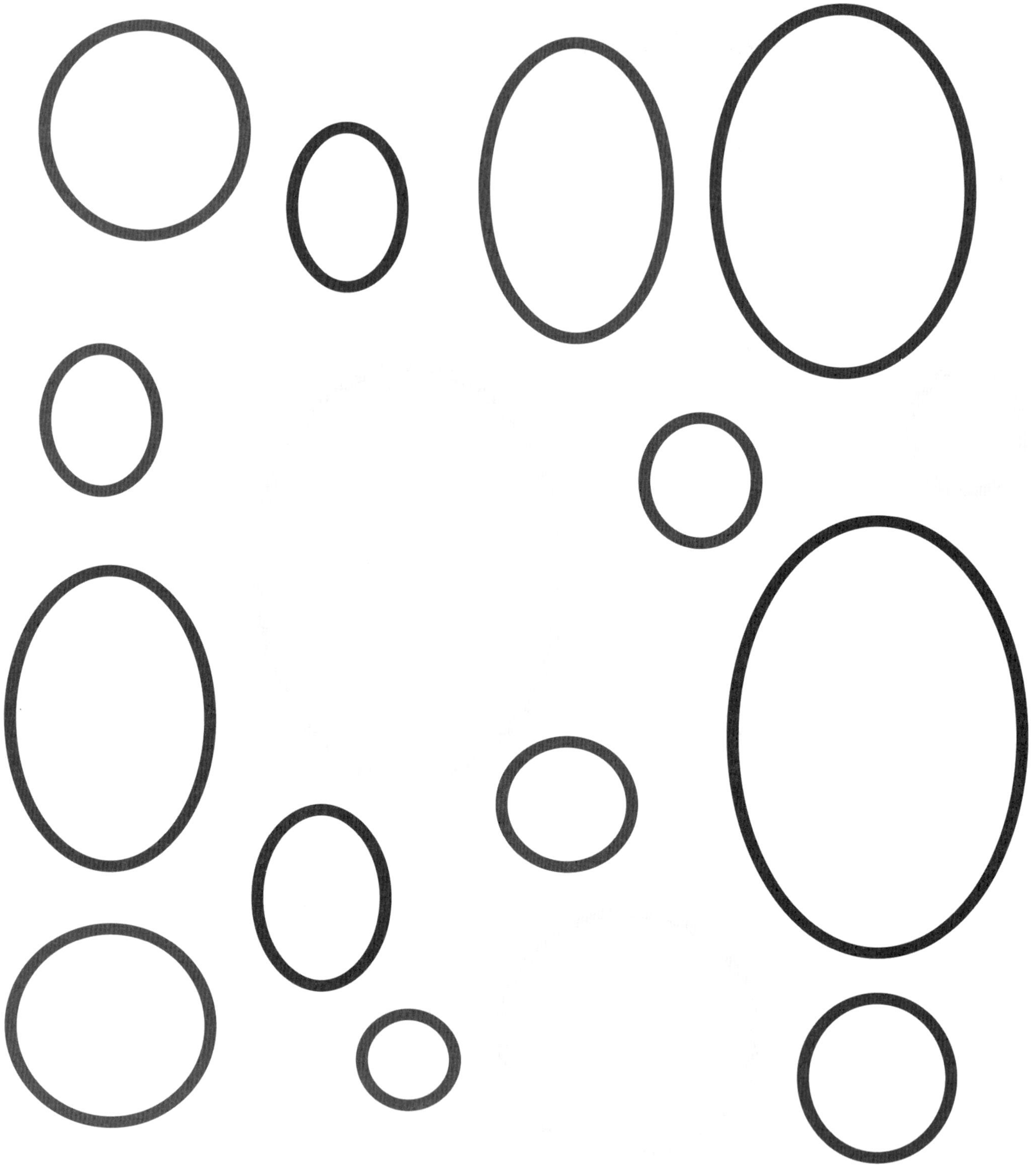

*색깔펜이나 크레용으로 원을 따라 그리고 펜으로 동그라미 안에 점을 찍어봐.

'S' 자를 찾아서 모두 동그라미로 표시해:

s S q S g s P s q

d d c a q c

q

S c s H c S q c p a c S H

d c

a D s a G d c S c H s c q

'C' 자를 찾아서 모두 동그라미로 표시해:

c E C F c c C c L c

I L I c L c

c H

F e C C F H H

C I

c e F

c I c E H c c C

'P' 자를 찾아서 모두 동그라미로 표시해:

P E L T c P P c c P T L

L E F p F E h E I P p

h J F

F c p c P H H c E c L T

'J' 자를 찾아서 모두 동그라미로 표시해:

j I E L J F J I j j C L j

J H I C L C

J I F e J j F H H

J I c j e E H c j F J

'A' 자를 찾아서 모두 동그라미로 표시해:

a A q A g A d P a q

d q c a q c

A c a H c A q c p a c A H

a D A d a G d c A c H a c c q

'Y' 자를 찾아서 모두 동그라미로 표시해:

Y E L T c Y y c c y T L

L E F y F E Y E I Y Y

y J F

F c y c Y y Y c E c L T

위의 글자를 아래에서 찾아봐

1

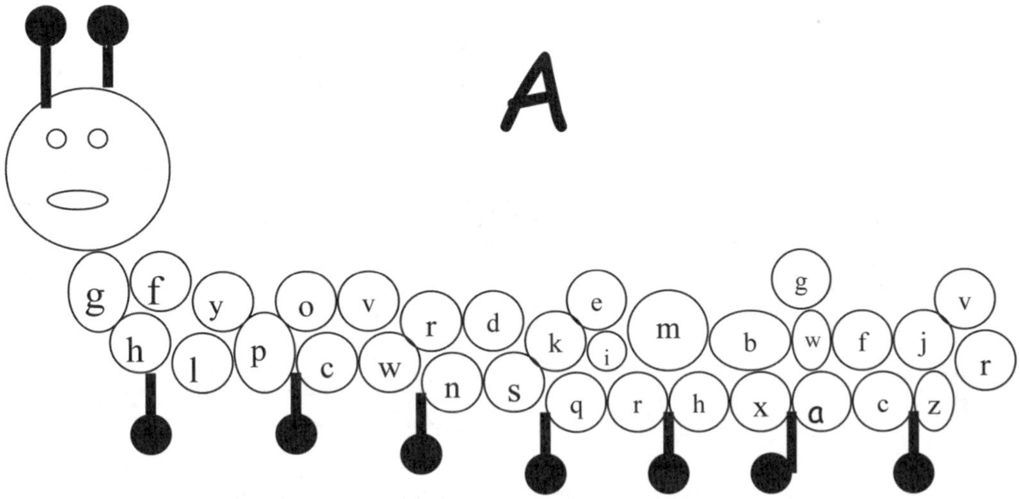

2

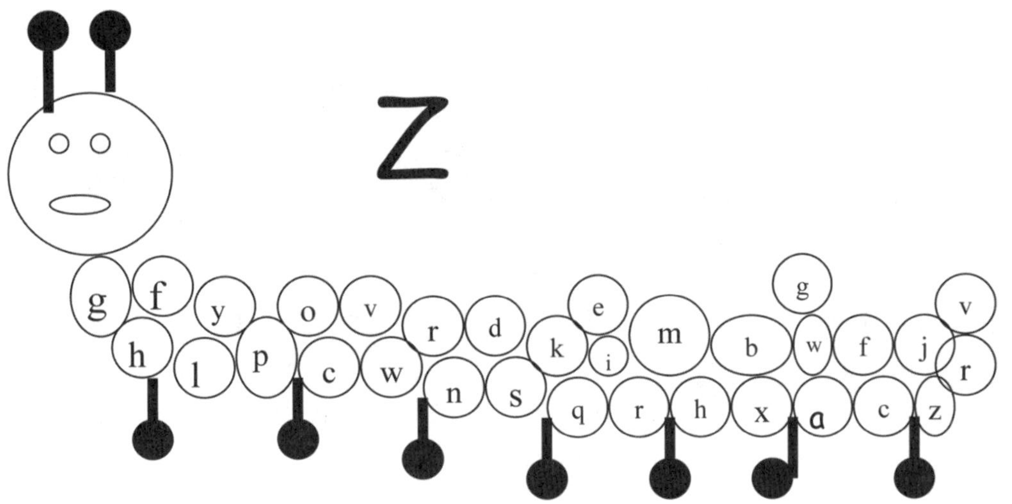

3

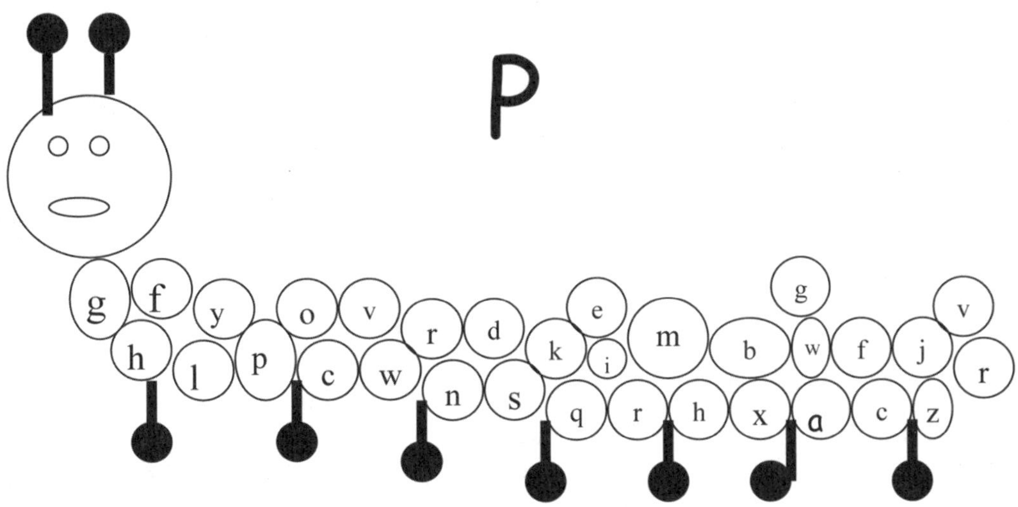

아래 그림에서 숫자 17은 몇 개?

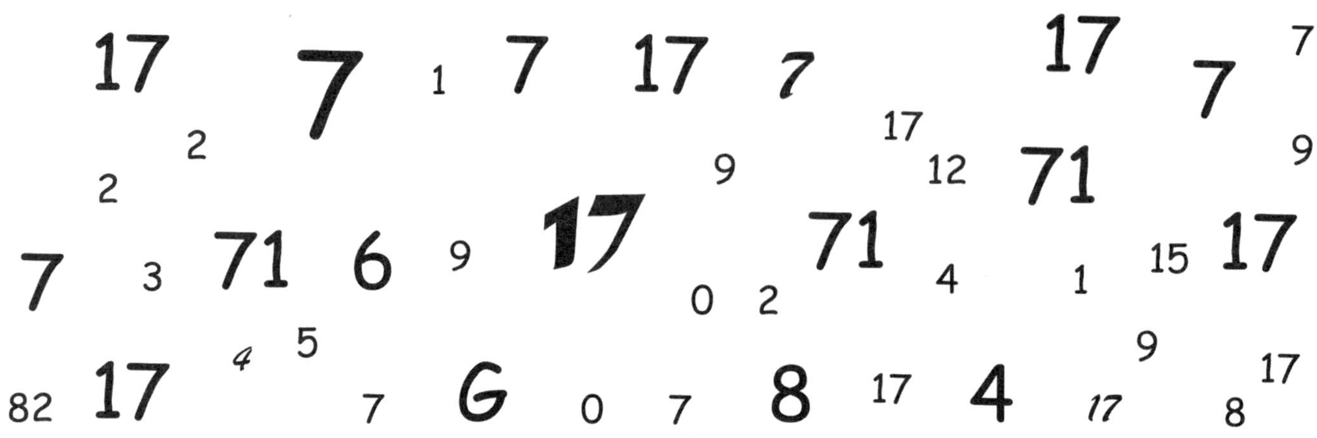

아래 그림에서 숫자 5는 몇 개?

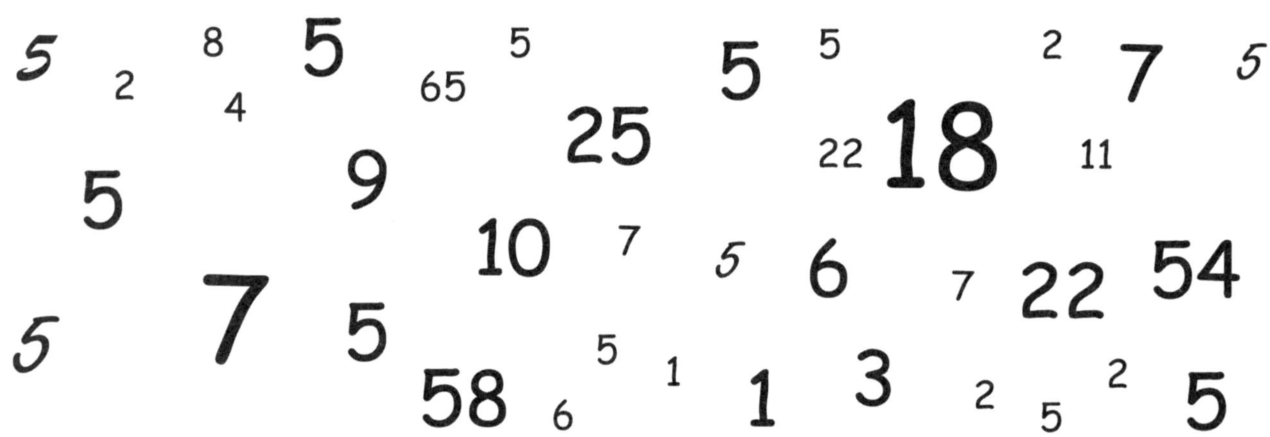

아래 그림에서 숫자 34는 몇 개?

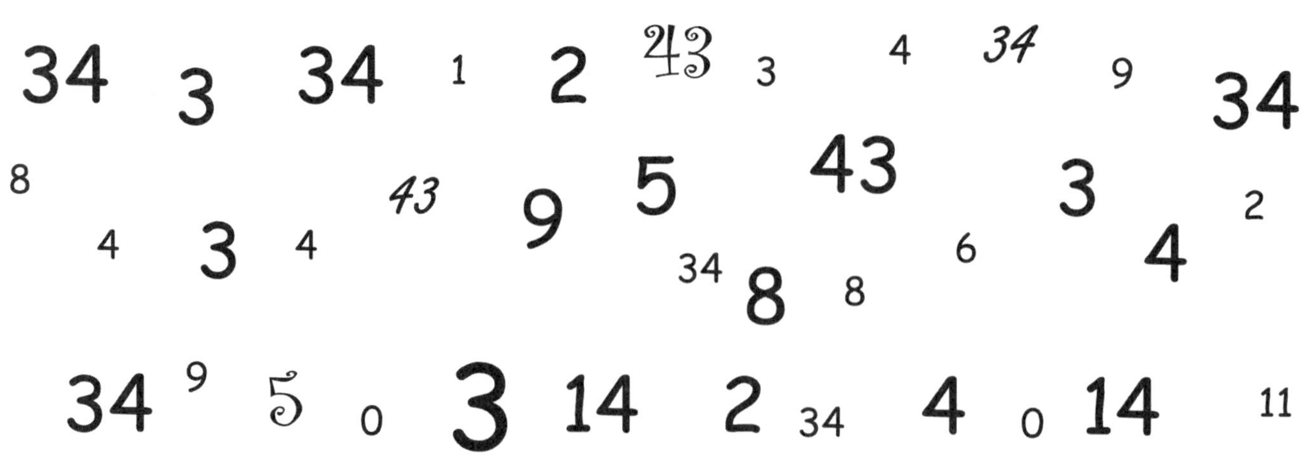

숨겨진 글자가 무엇일까?

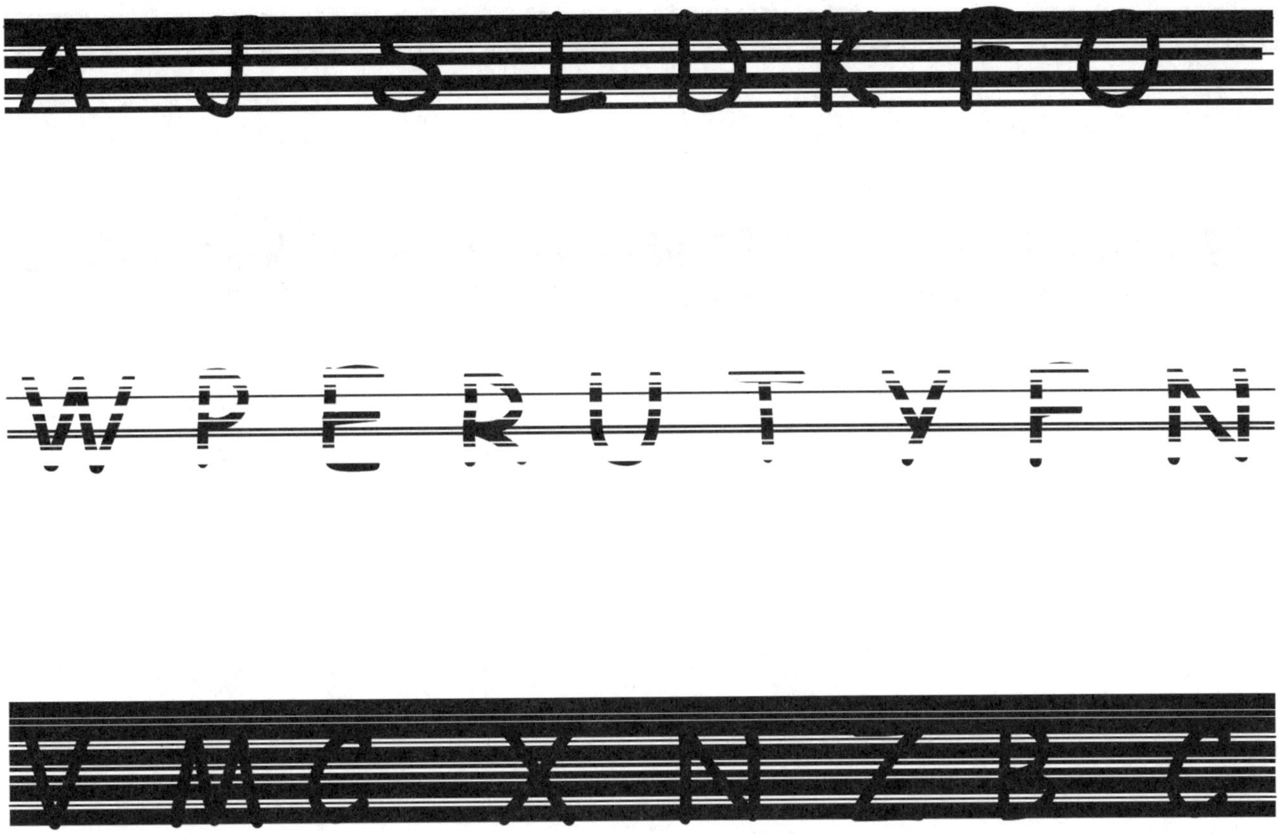

숨겨진 글자가 무엇일까?

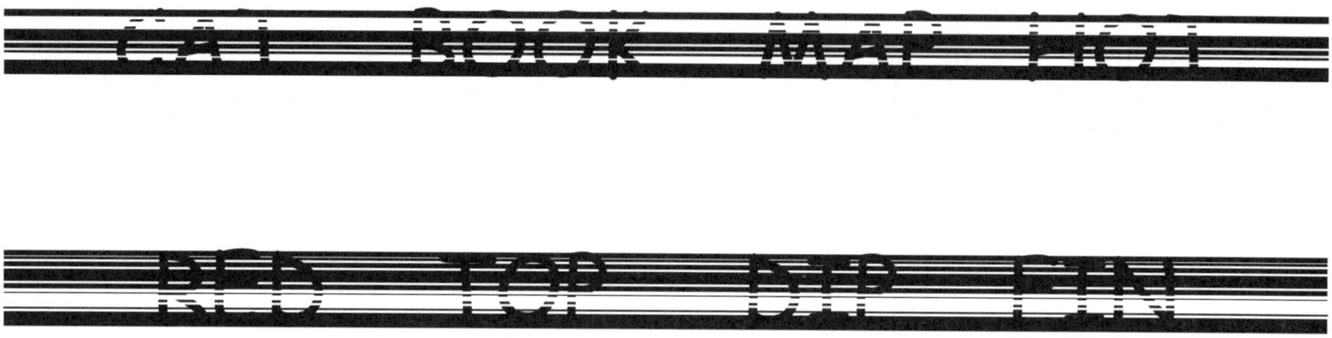

아래 그림에서 위의 그림처럼 완성시킬 수 있는 것을 찾아봐

1.

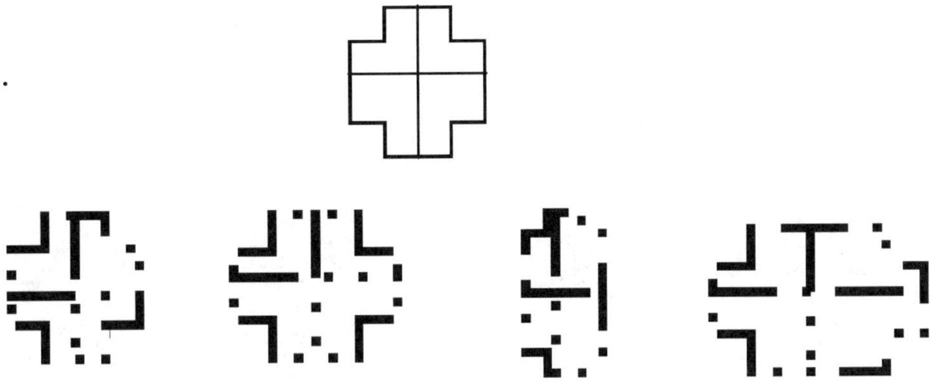

2.

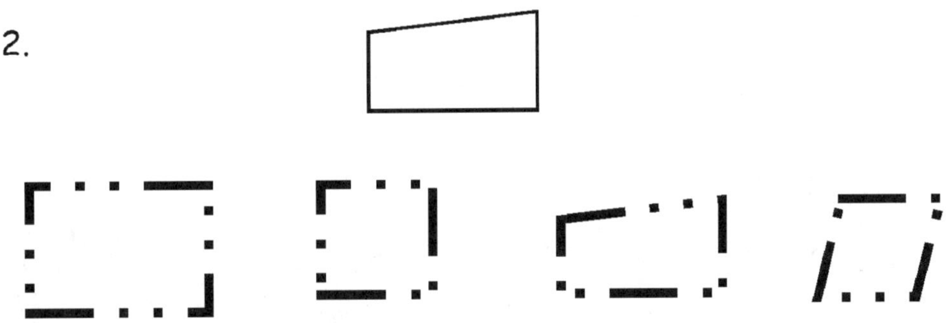

3.

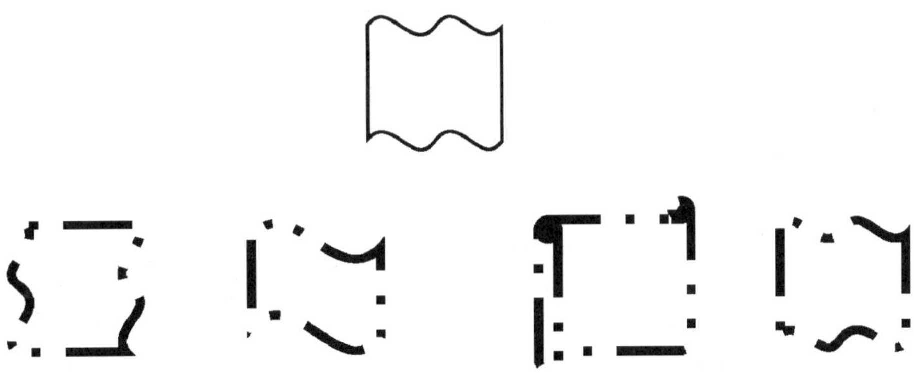

아래 그림에서 위의 그림처럼 완성시킬 수 있는 것을 찾아봐

1.

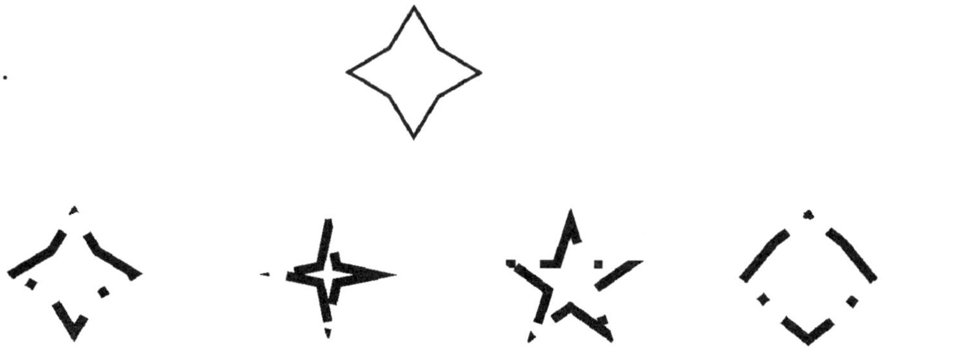

2.

3.

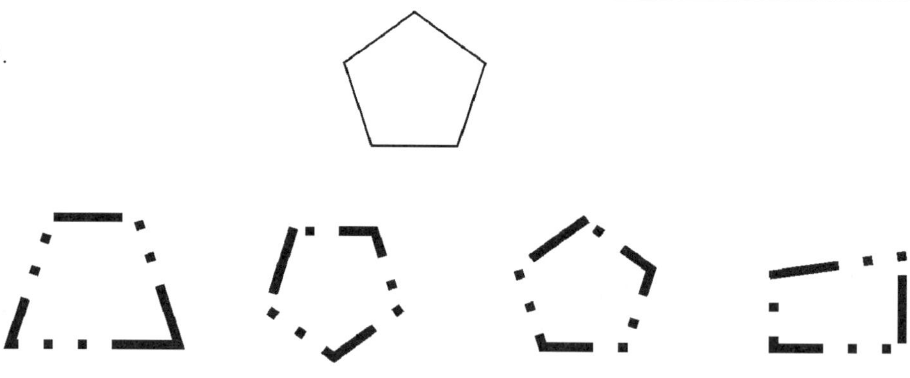

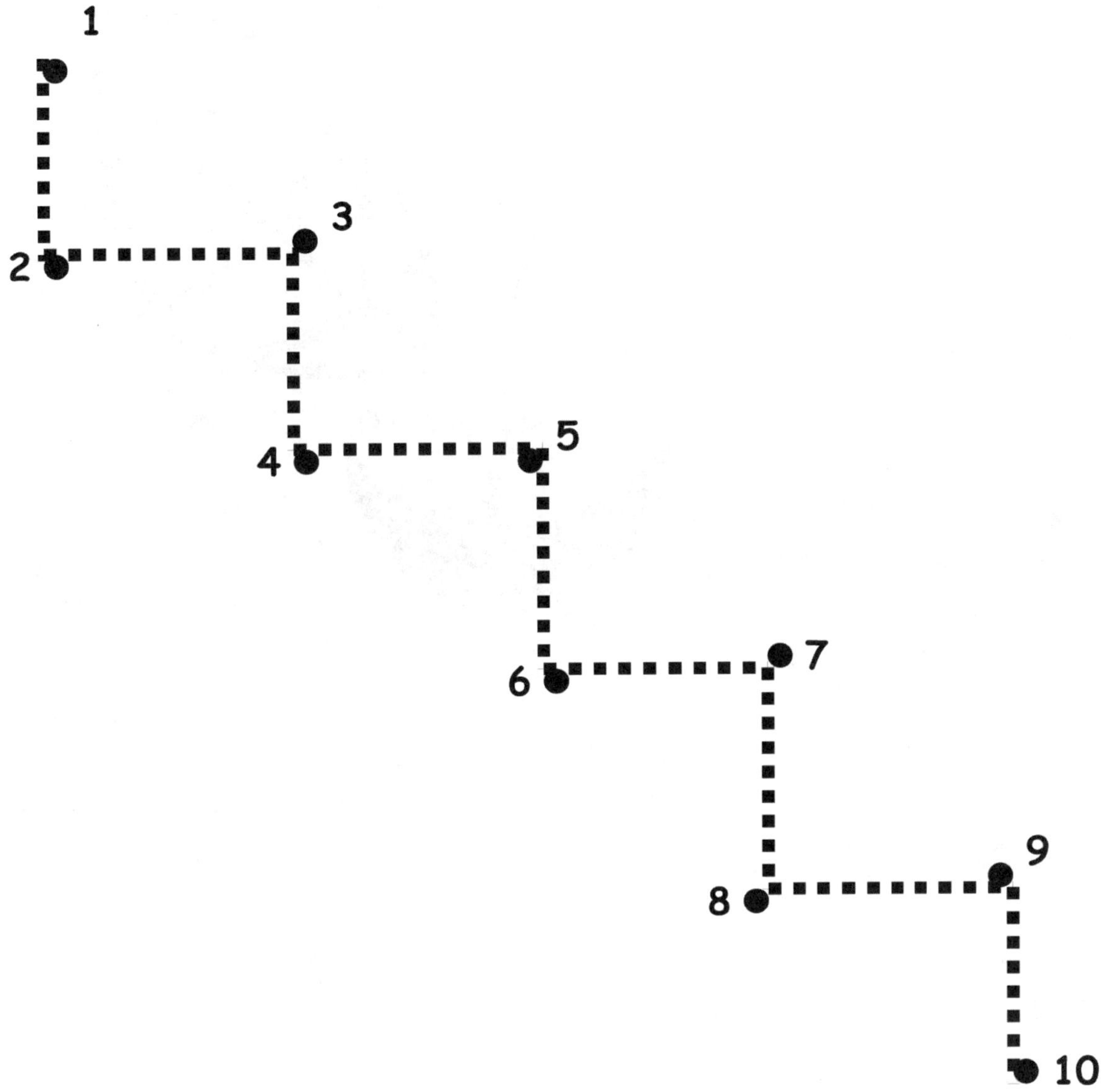
1
2
3
4
5
6
7
8
9
10

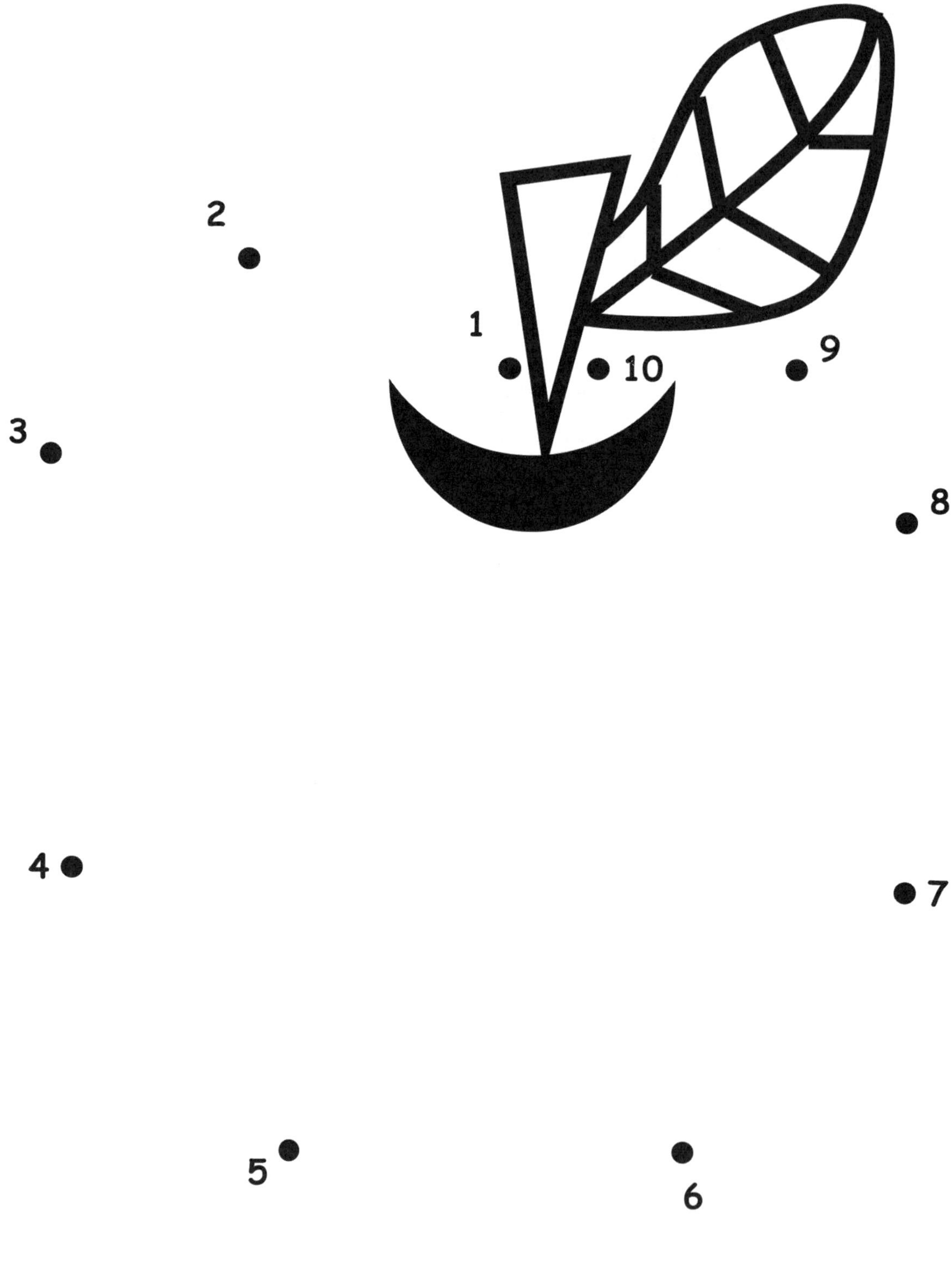
1
2
3
4
5
6
7
8
9
10

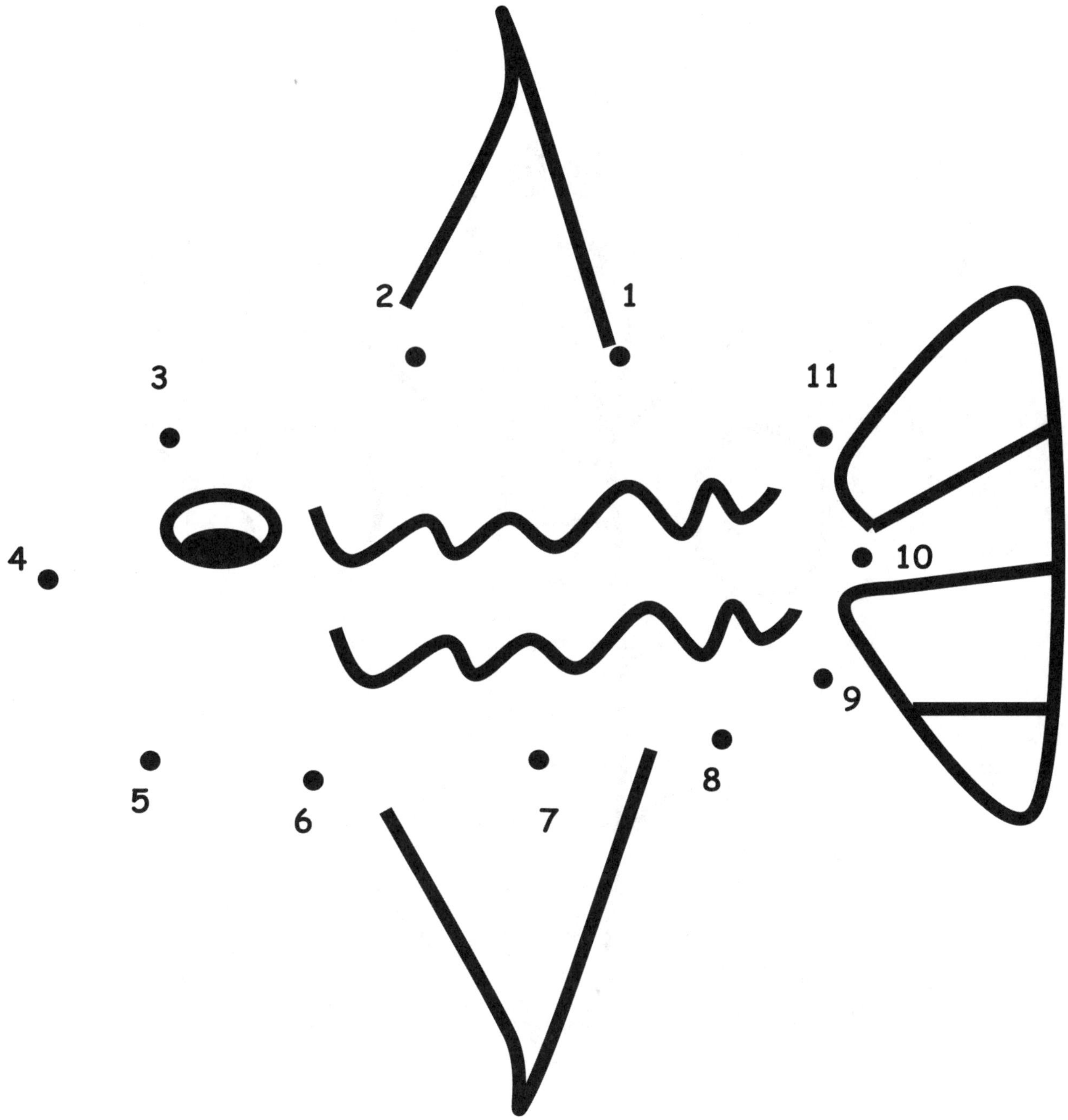
2
1
3
11
4
10
9
5
6
7
8

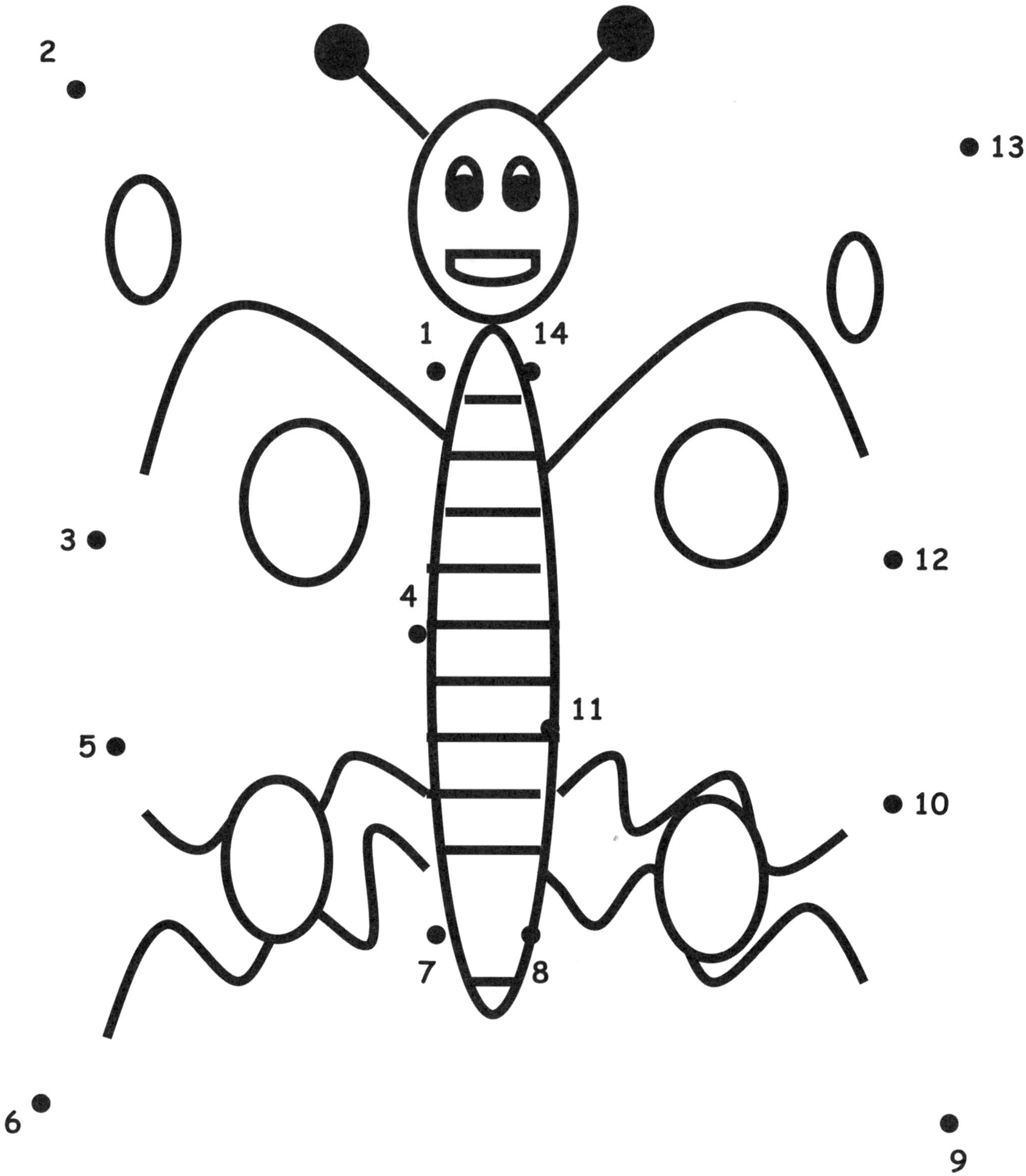
1
2
3
4
5
6
7
8
9
10
11
12
13
14

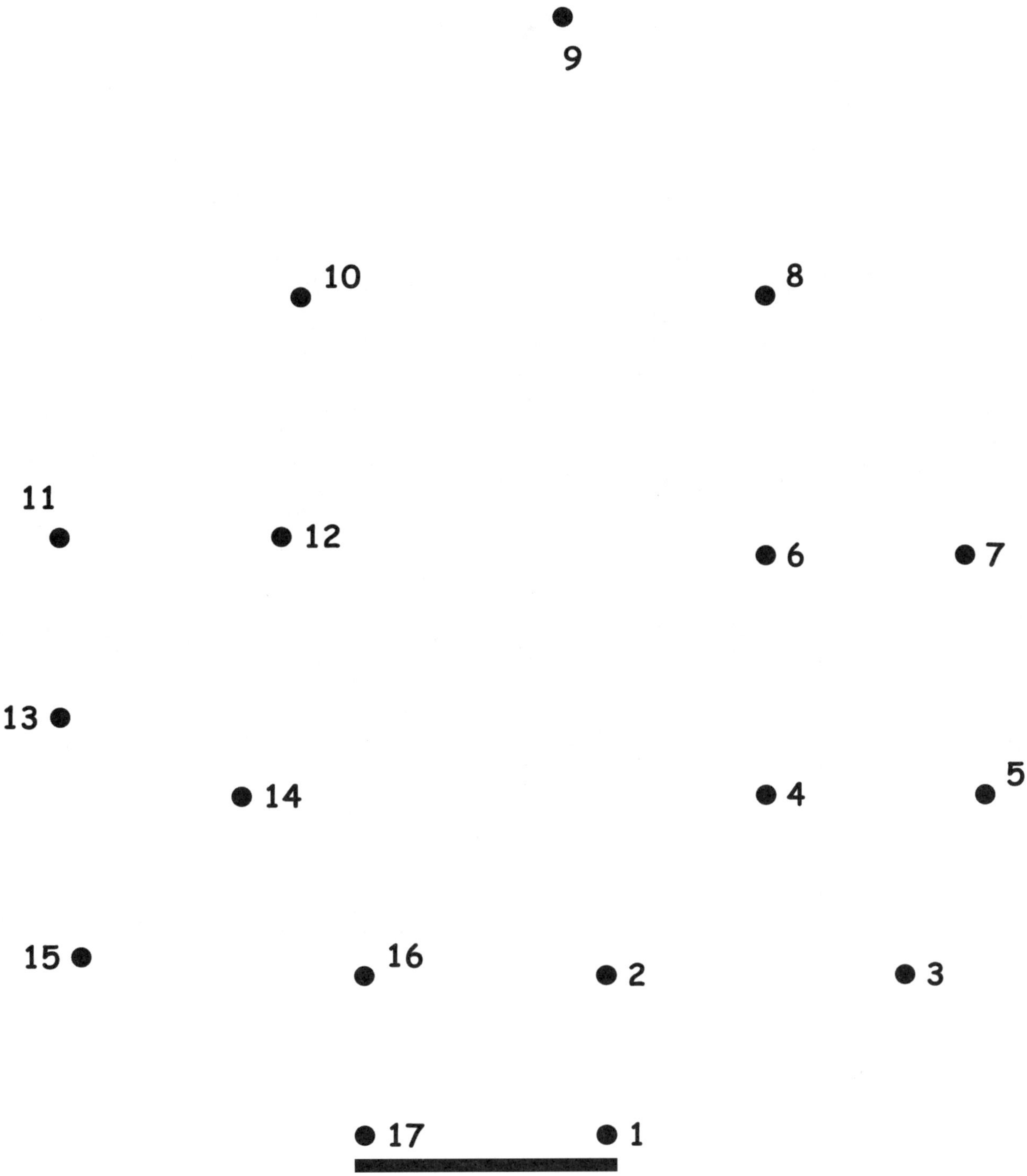
9
10
8
11
12
6
7
13
14
4
5
15
16
2
3
17
1

아기가 젖병을 찾게 도와줘

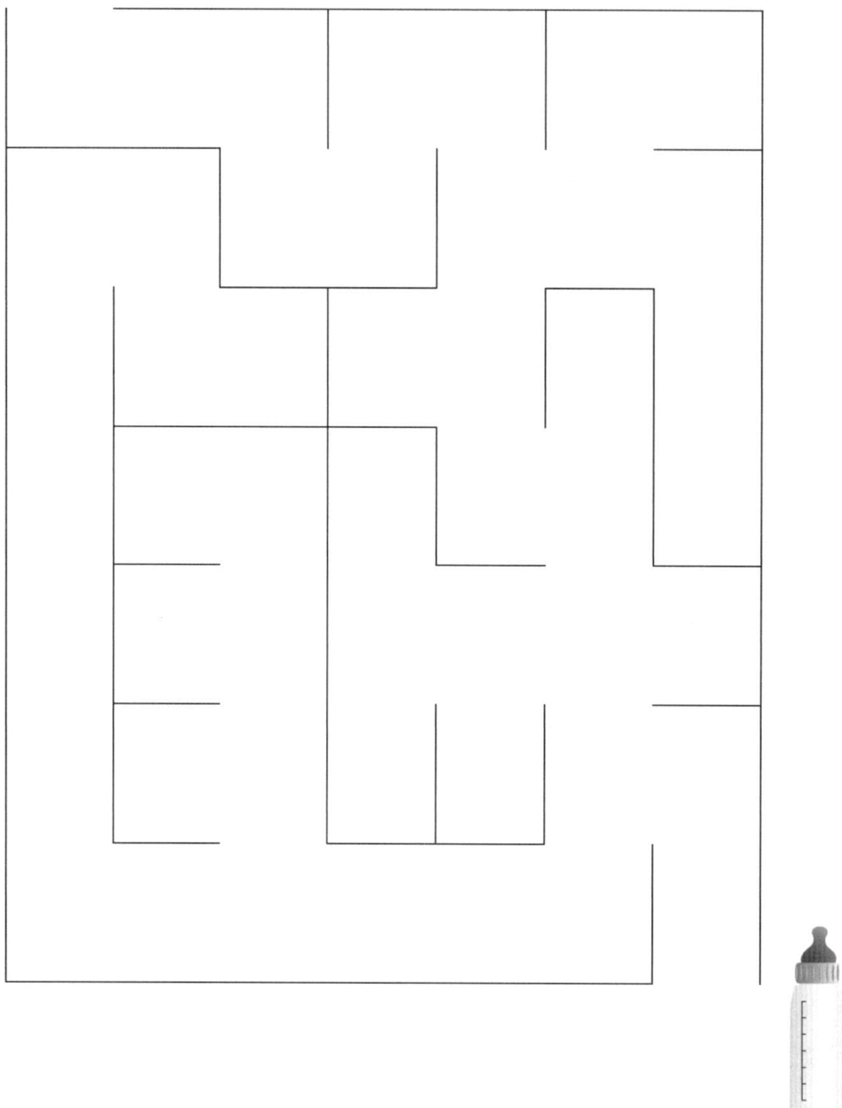

토끼가 당근을 찾게 도와줘

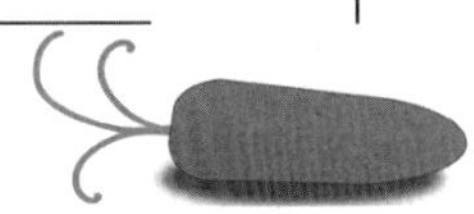

강아지가 음식을 찾게 도와줘

새가 둥지를 찾도록 도와줘

마법사가 마법 지팡이를 찾도록 도와줘

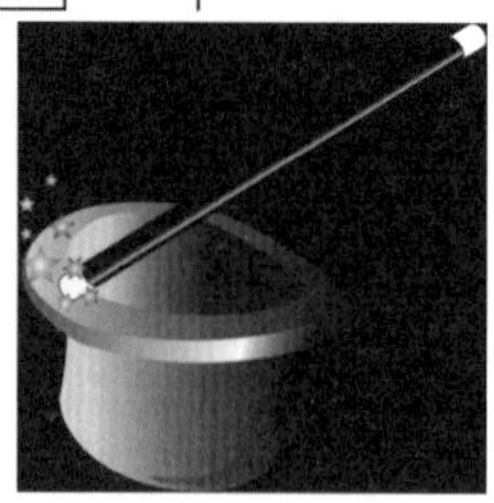

점선을 따라서 운전할 수 있게 도와줘

남자가 돌과 나무를 피해 정글을 빠져나갈 수 있게 도와줘

학교버스가 학교로 갈 수 있게 도와줘

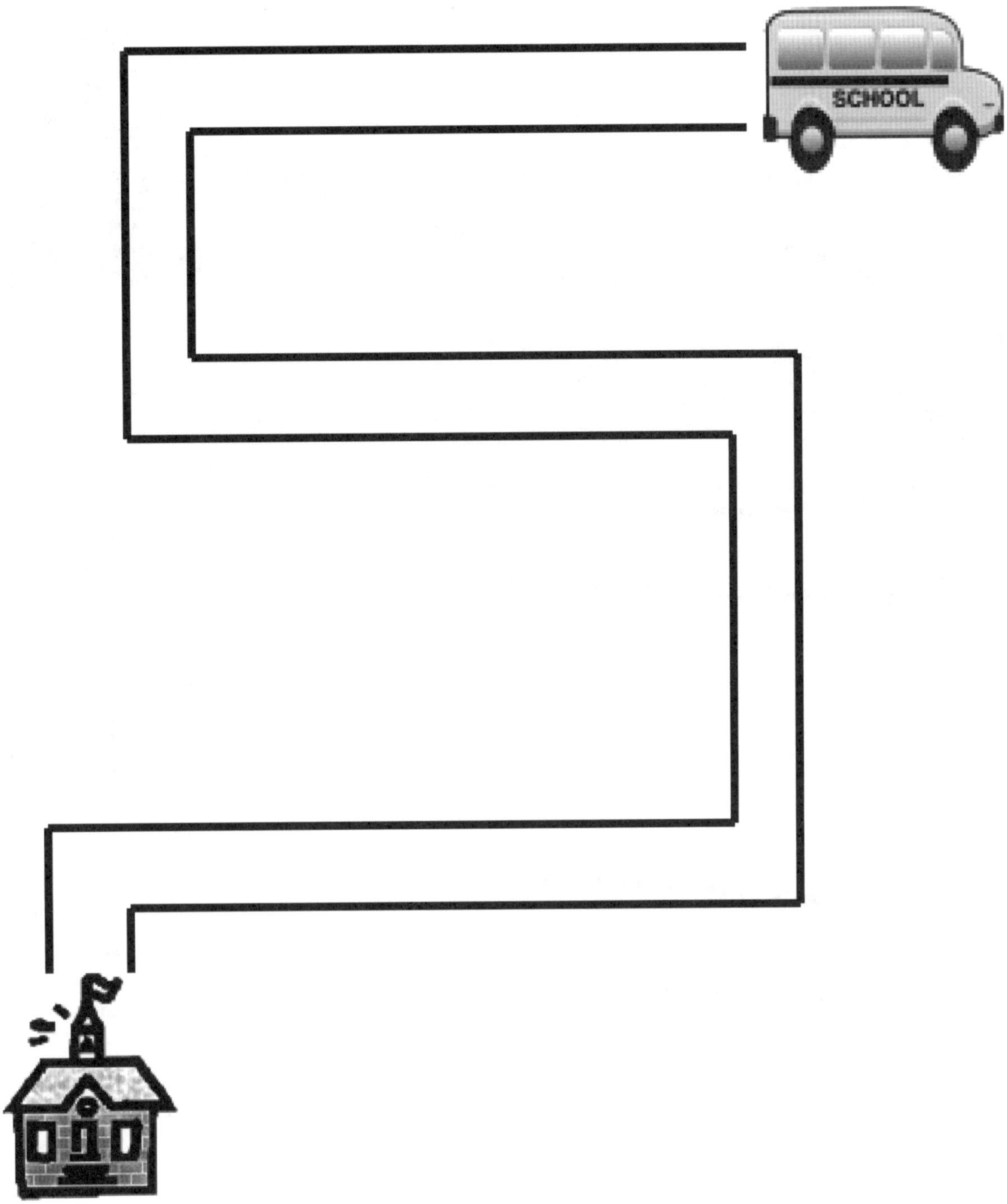

여자아이가 길 밖으로 나가지 않고
산에 도착하도록 도와줘

생일을 맞은 여자아이가 길 밖으로 나가지 않고 케이크에 갈 수 있게 도와줘

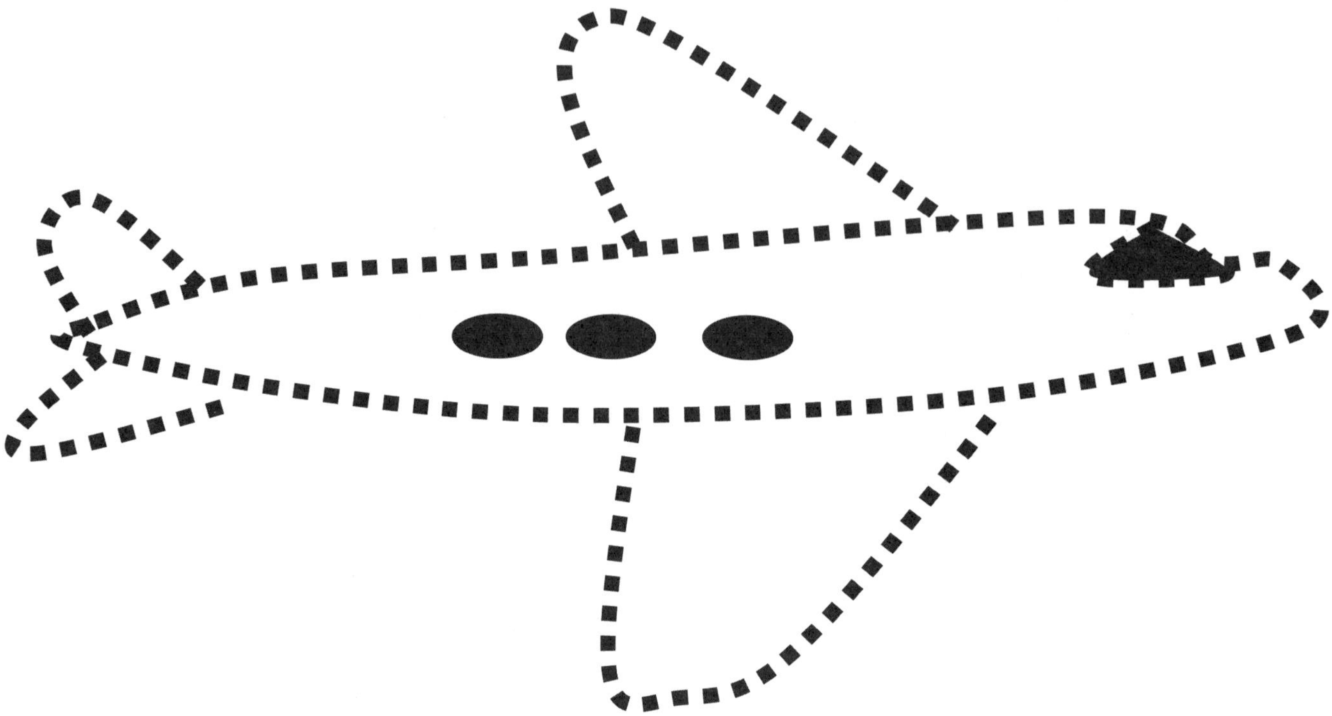

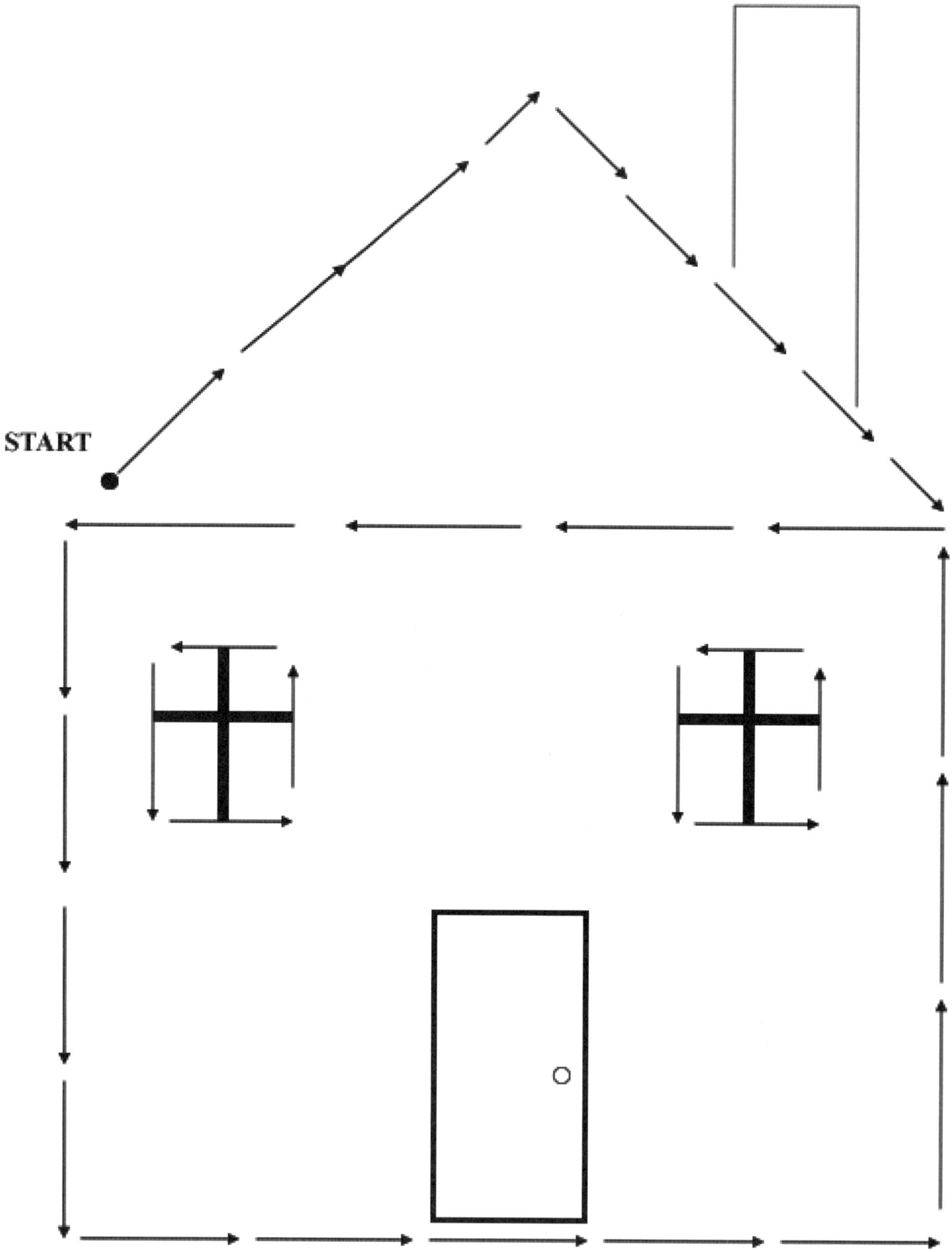
START

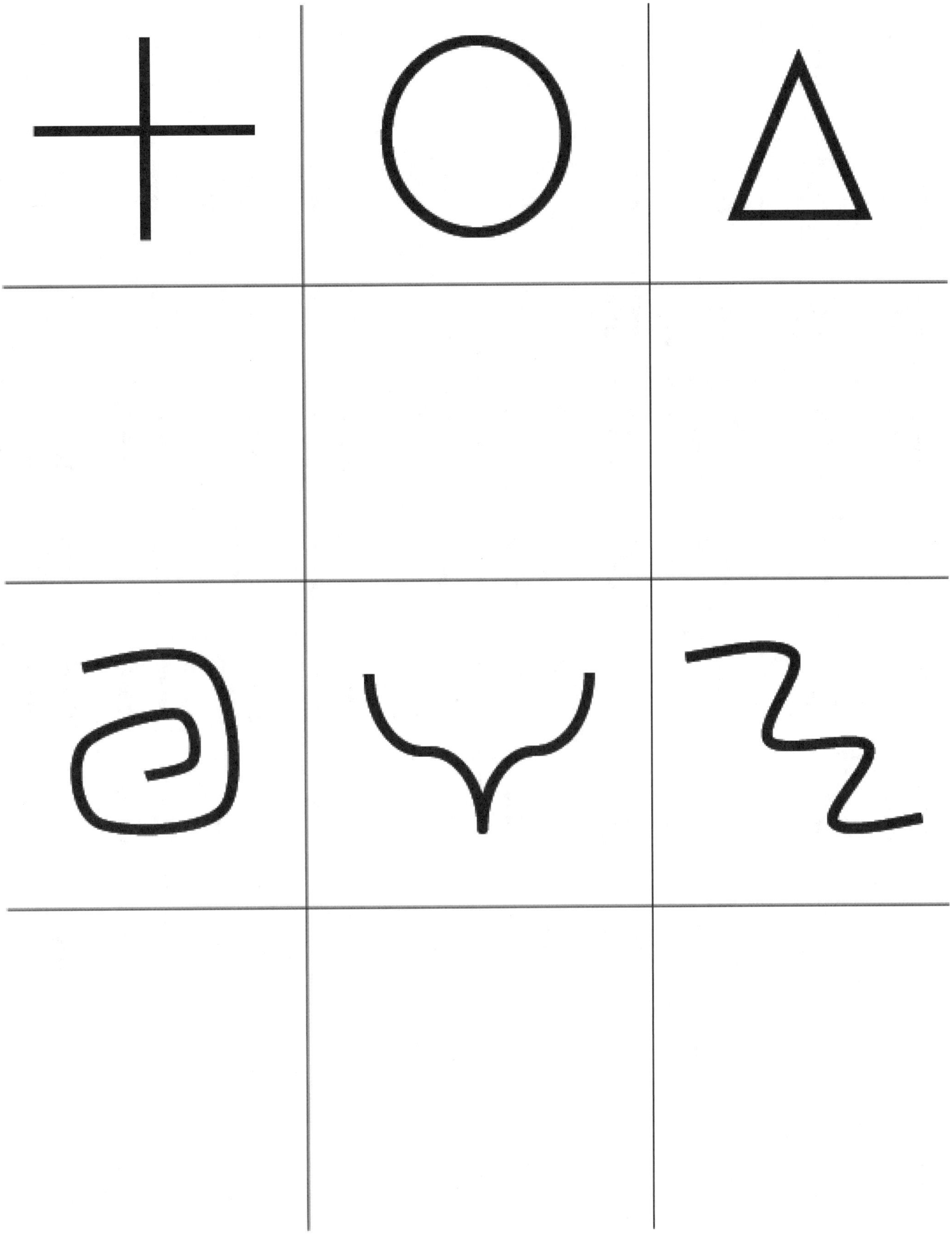

H	L	G	P	I	W	Q	U	S	A
D	X	Z	C	V	B	N	M	L	K
S	W	E	R	T	N	O	P	E	J
F	C	Q	E	V	Z	X	C	H	L
I	O	P	S	D	F	G	J	P	K
U	Y	T	A	W	H	B	F	D	H
H	M	H	Z	N	D	C	Q	M	I
E	H	B	P	H	T	F	O	H	E
P	I	O	J	X	H	H	M	G	R
H	X	F	C	E	G	J	A	M	H

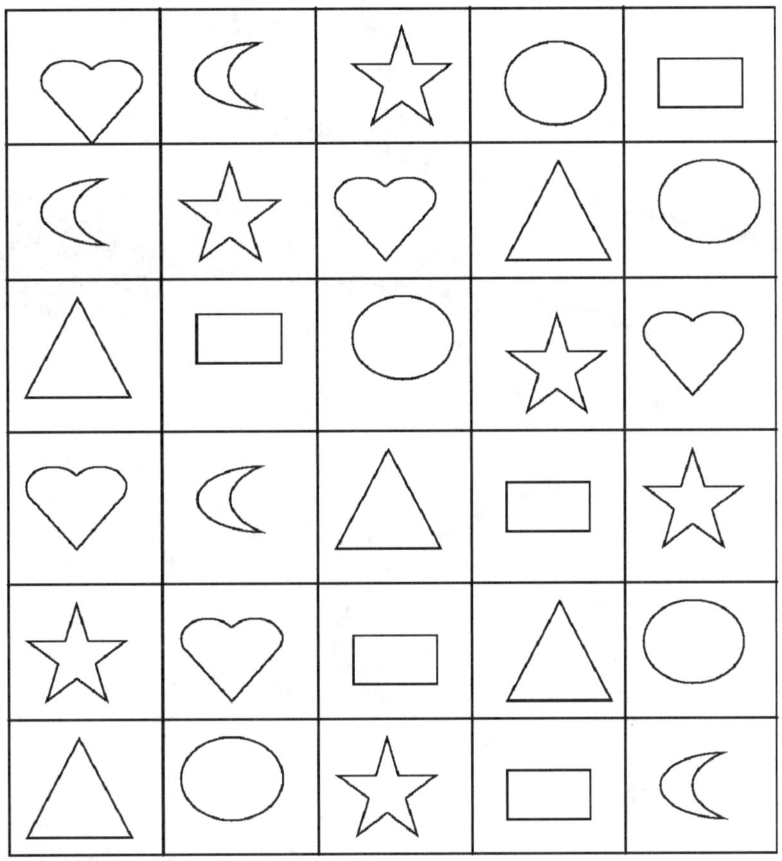

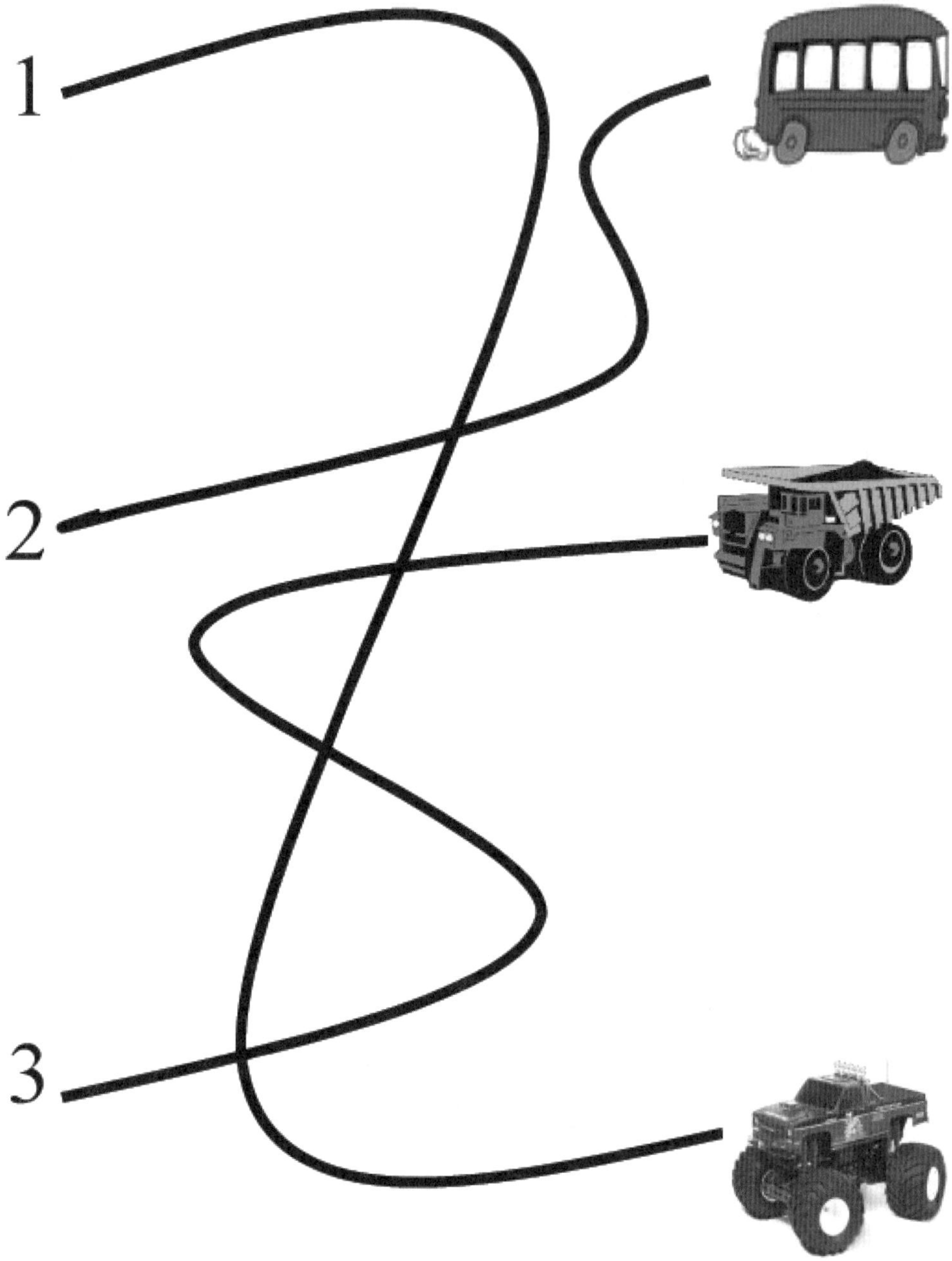
1
2
3

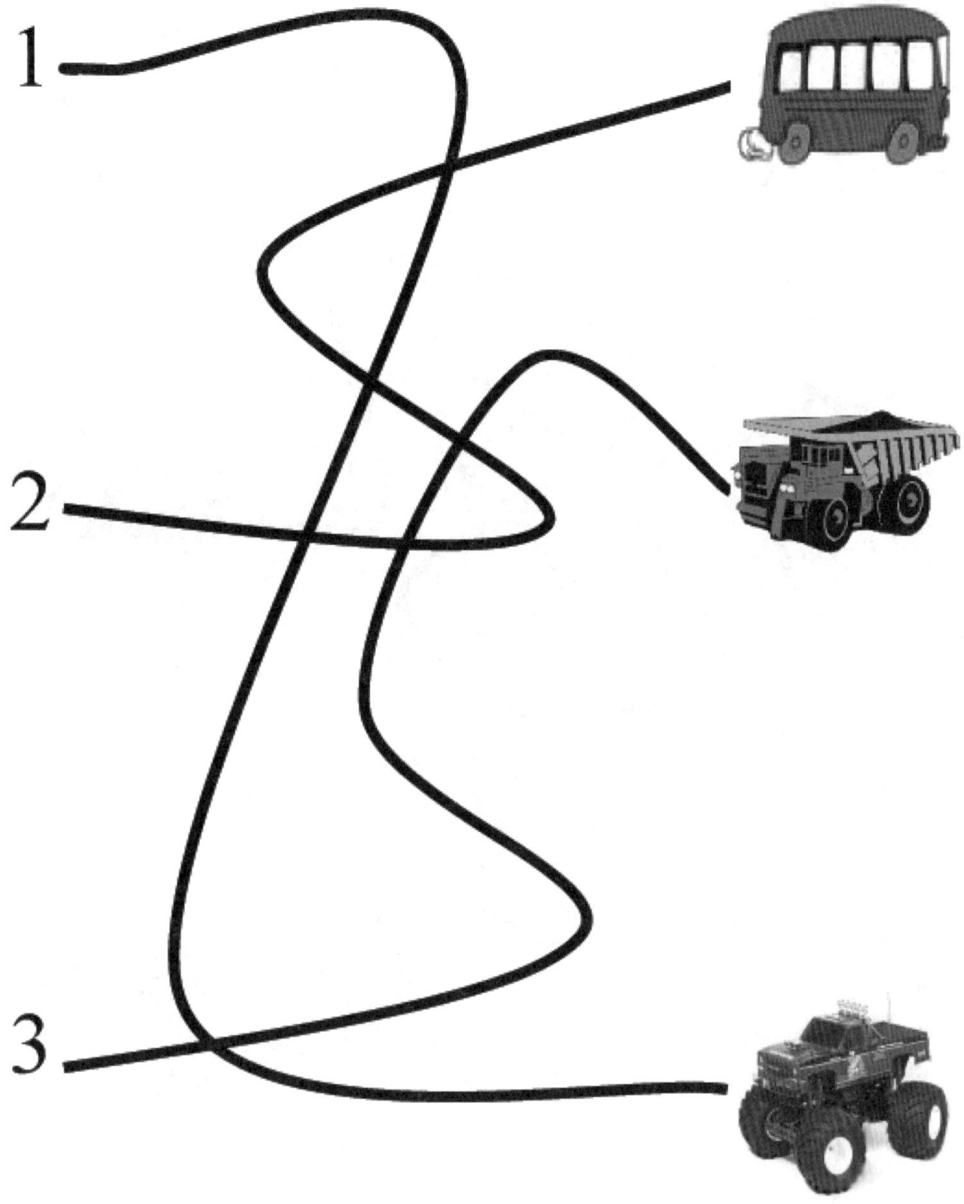
1
2
3

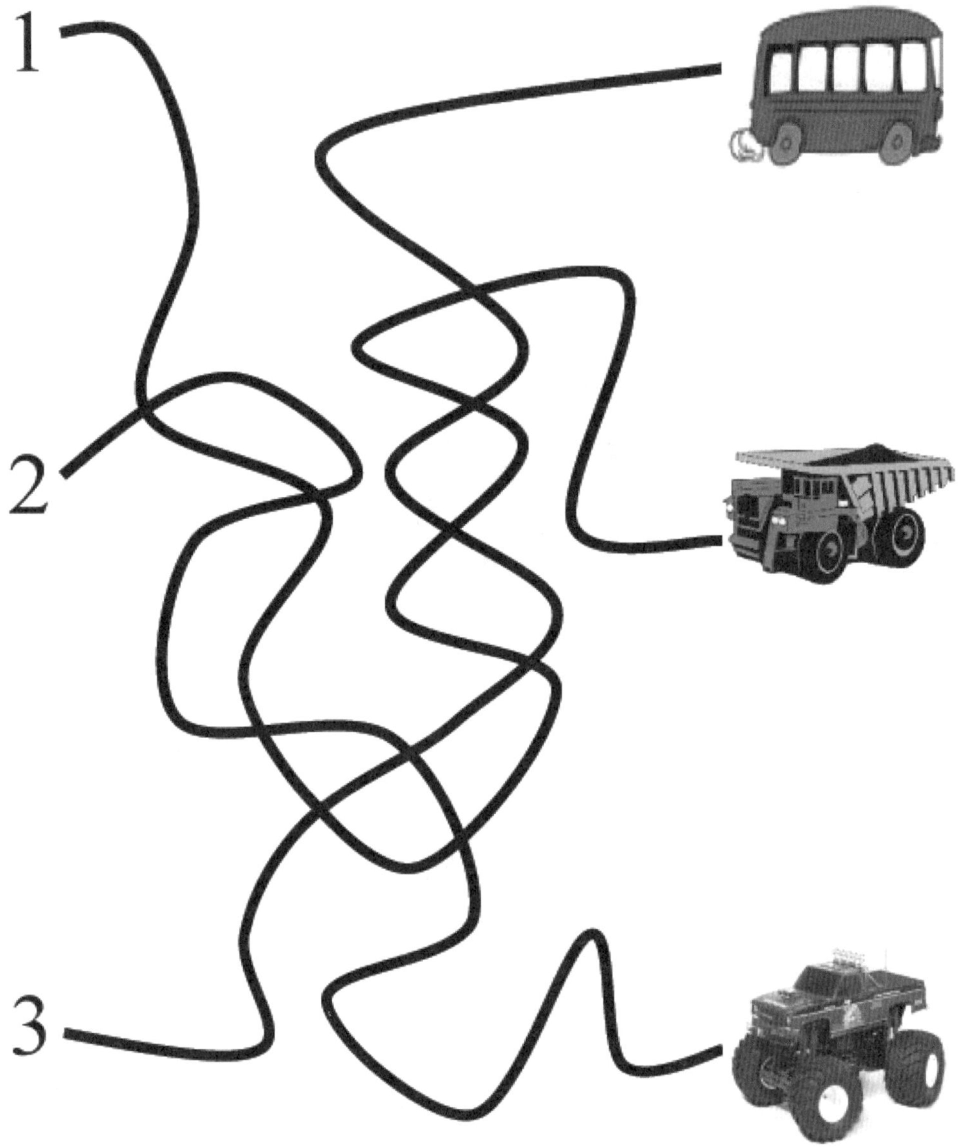
1
2
3

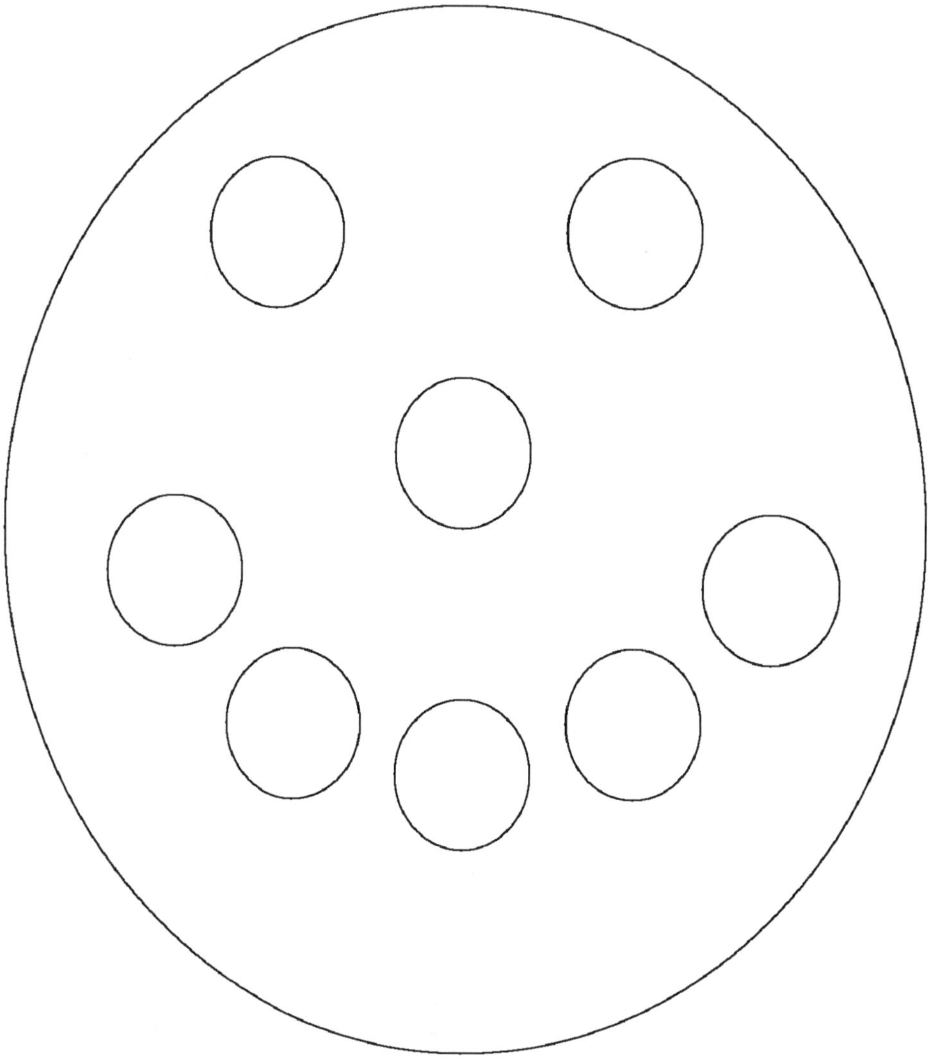

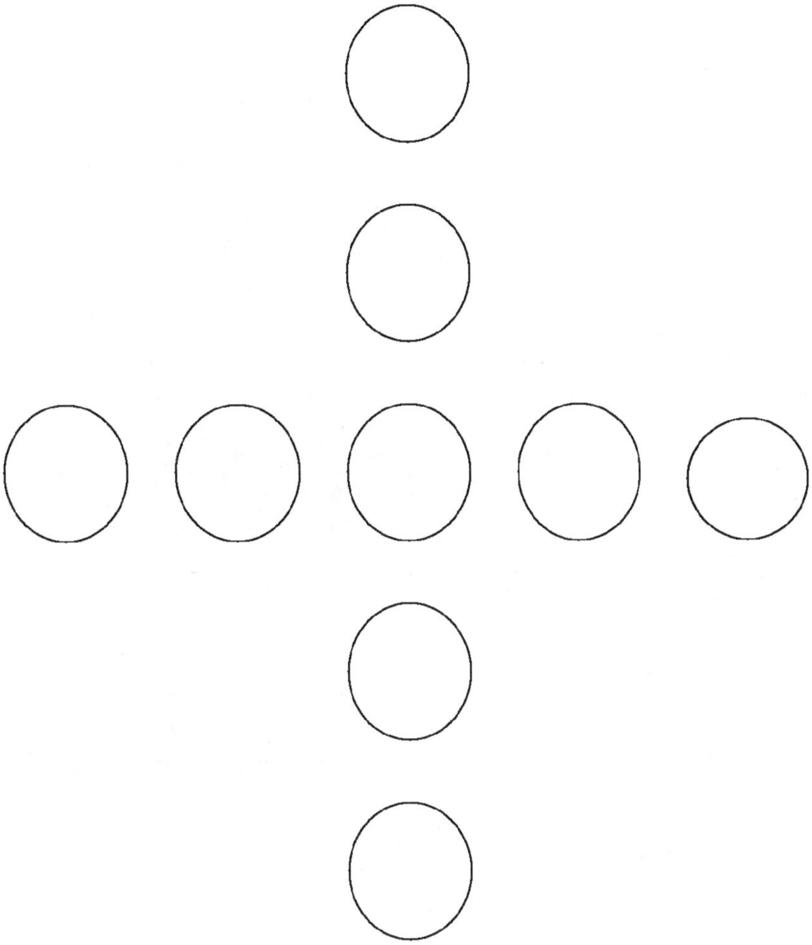

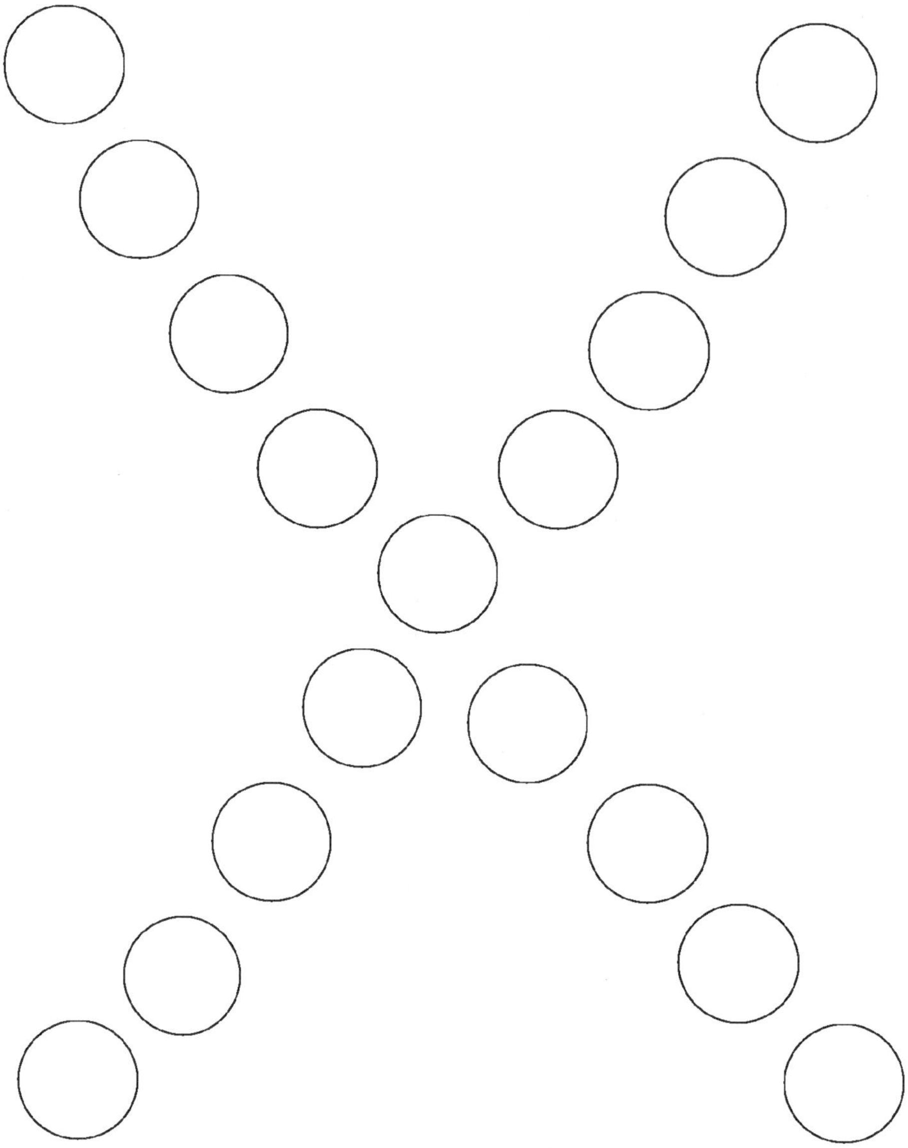

나의 스티커 표

Y = 노란색　B = 검정색　R = 빨간색　G = 초록색

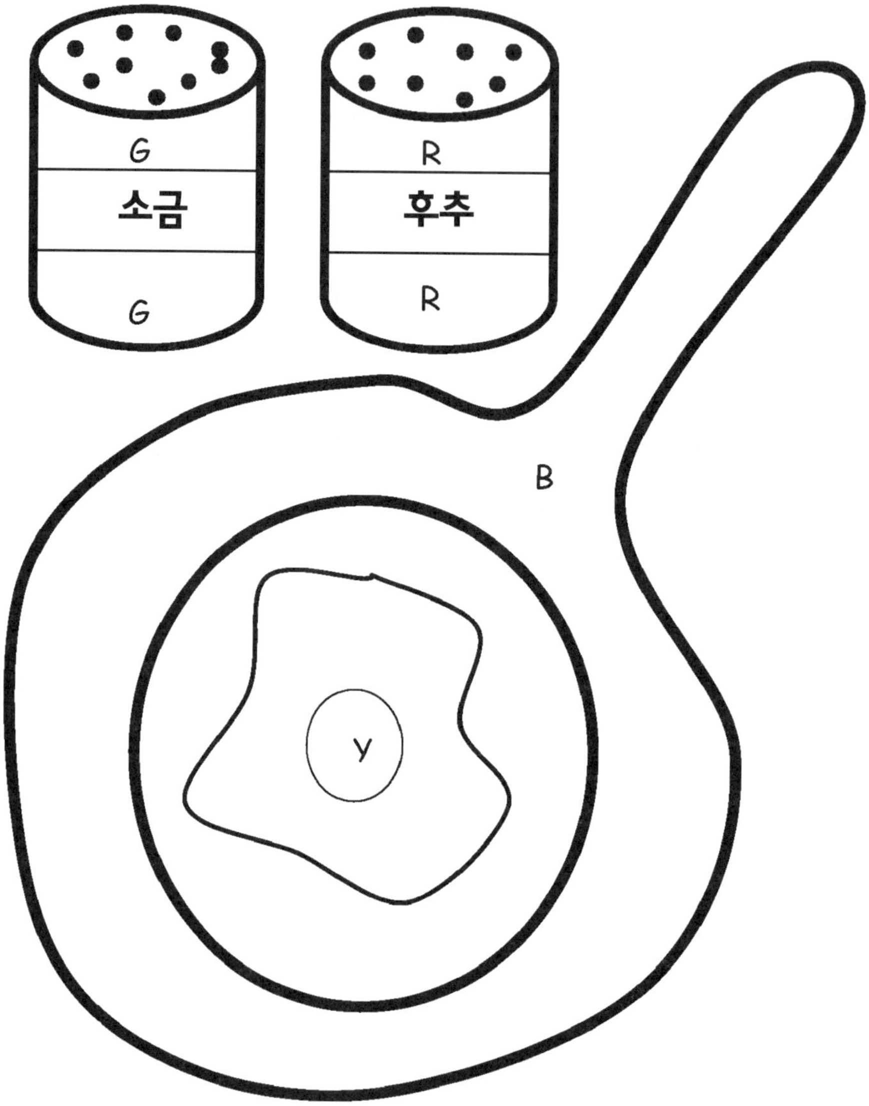

O = 오렌지색　R = 빨간색　Y = 노란색　G = 초록색

O = 오렌지색 B = 파란색 G = 초록색 R = 빨강색

R = 빨간색　O = 오렌지색　Y = 노란색　G = 초록색　B = 갈색

R = 빨간색 Y = 노란색 O = 오렌지색 B = 파란색 G = 초록색

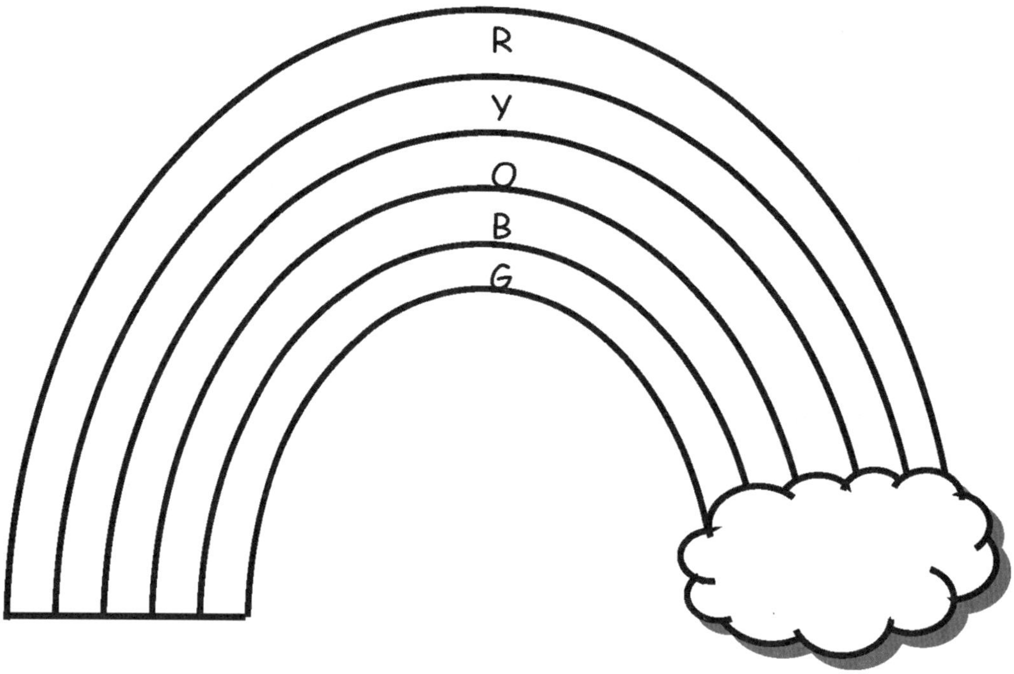

B = 갈색 P = 핑크색 O = 오렌지색

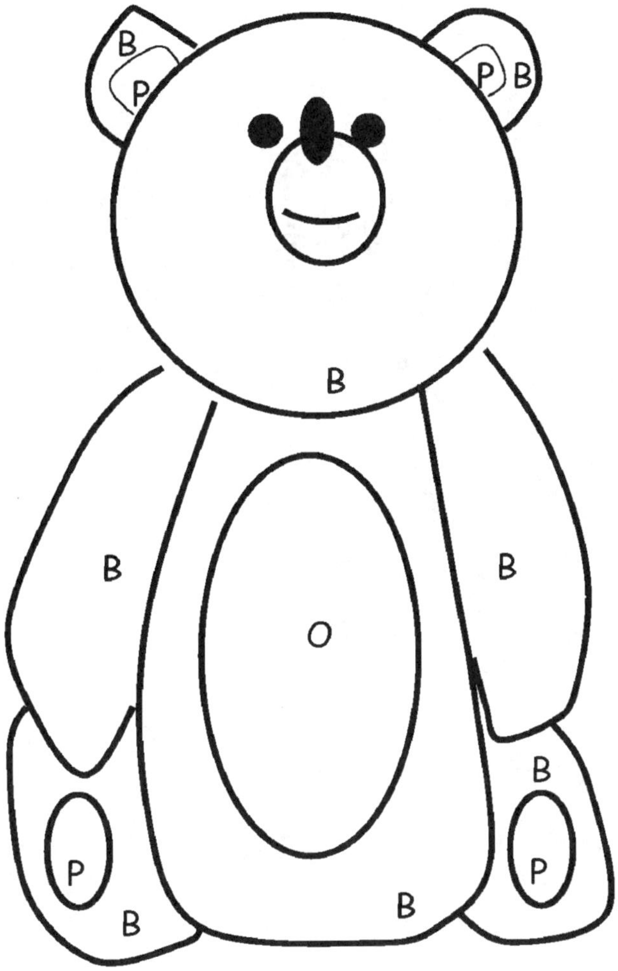

물건 찾기 게임

넌 찾을 수 있니 …

탱탱한

빛나는

보송보송한

시끄러운

차가운

큰

작은

빨간색

노란색

젖은

끈적끈적한

부드러운

딱딱한

둥근

울퉁불퉁한

숫자 표	
1	
2	
3	
4	
5	
6	
7	
8	
9	
10	

아래쪽에 열쇠를 따라 모양을 채우세요

B

아이폰과 안드로이드 치료적 어플리케이션

Therapeutic iPhone and Android Apps

적합한 연필 쥐기를 배우기 위해 어플리케이션을 사용할 때 스타일러스펜을 사용하는 것을 권장하여 특히, 손글씨 기술이 사용될 때 사용하도록 한다.

감각통합	설명
Balance HD	미로 속의 구슬을 아이패드를 기울여 통과시킨다(Labyrinth 게임과 비슷하나 떨어지는 곳이 없다).
Brainworks	가정과 학교 등에서의 감각식이를 만들어 주는 어플리케이션이다. 130가지의 감각 활동이 있다.
Breathe2Relax	호흡 운동에 대하여 가르쳐주고 연습시킨다.
Dem Dancing Bones	해부학적 노래에 맞추어 춤을 춘다. 특정한 몸의 부위나 관절에 대항하는 춤을 출 수 있다.
Kids Yoga Journey:I AM SUN, I AM MOON	아동을 위한 19가지 애니메이션화된 요가자세가 있다.
Labyrinth	미로속의 구슬을 아이패드를 기울여 통과시킨다.
Motion Maze	캐릭터를 움직여 미로를 빠져나가게 한다.
Move Like Me	춤의 단계별 움직임을 모방한다. 마지막 플레이어가 했던 움직임을 다음 차례 사람이 진행한다. 이 게임은 1인 혹은 2인용이 가능하다.
Pre-K Tot Yoga	아동 스스로 요가 자세를 조절하면서 배울수 있도록 한다.

감각통합	설명
Super Stretch Yoga	슈퍼히어로 캐릭터가 나와서 요가자세를 신나게 배울 수 있다.
Zones of Regulation	아동의 기분과 민첩한 정도를 알 수 있도록 도와주어 스스로 조절할 수 있도록 한다.

시각계	설명
123 Glow	글자나 숫자를 색칠한다.
ABCheese	치즈를 먹는 쥐를 따라서 글자를 따라 쓰게 한다.
ABC Coloring Book	알파벳의 각각의 글자를 색칠하게 한다.
ABC Cursive	필기체의 글자를 쓴다; 단어나 문장을 필기체로 쓰게한다.
ABC My Little Farm-Dot to Dot	ABC의 각 점을 잇는다.
ABC Tracer	올바른 글자 형성을 가르친다. 맞고 틀리고의 피드백을 재미나게 준다. 단어나 숫자도 가능하다.
Ace Multiply	속도를 빨리해야 하는 곱셈게임
Action Potato	던져진 공을 플레이어가 받아내는 게임
App Crayon	대문자와 소문자의 형성을 가르친다. 그림 페이지가 매우 많이 포함되어 있다.
Balance HD	미로속의 구슬을 아이패드를 기울여 통과시킨다(Labyrinth 게임과 비슷하나 떨어지는 곳이 없다).
Button Board	트레이에 놓인 버튼을 끌어와서 색이 적합한 버튼을 완성시키는 게임
Cookie Doodle	가상의 쿠키를 단계에 따라 완성하고 장식하는 게임
Dem Dancing Bones	해부학적 노래에 맞추어 춤을 춘다. 특정한 몸의 부위나 관절에 대항하는 춤을 출 수 있다.
Dexteria And Dexteria Junior	소동작 기술을 향상시키는 3가지 활동-두드리기, 집게집기, 쓰기
Draw ABC	미로를 포함하고, 글자/단어를 쓰고, 색칠한다.
Dot-to-Dot Numbers and Letters	연령수준에 따라 Dot-to-Dot 게임을 진행한다.
Counting Money	돈 세기를 연습한다. 모든 연령대에서 가능하다. 여러 난이도가 있다.
Handwriting Without Tears Wet Dry Try	가상의 칠판을 이용해 손글씨 쓰기를 연습한다.
Highlights Hidden Pictures Puzzles	숨은그림찾기 게임. 물건이 찾아지면 색이 변하고 소리가 난다.
iLuv drawing Animals(and other iLuv Drawing apps)	단계별로 동물을 어떻게 그리는지 배운다.
iSay	사이몬 게임-불이 켜진 순서대로 누르는 게임
iMazing	아동의 적성에 맞는 미로 어플리케이션
Labyrinth	미로속의 구슬을 아이패드를 기울여 통과시킨다.
Let's Make Shapes	전학령기 아동을 위한 모양그리기와 색칠하기로 따라 그리는 어플리케이션

시각계	설명
Life of George	아이패드에 있는 디자인을 실제 레고를 쌓아서 만들게 하는 게임. 아이패드가 레고 구소를 스캔해서 점수를 매길 수 있다. 난이도가 점점 올라간다.
Little Things	수천개의 "작은물건" 중에서 리스트에 있는 물건을 찾는 게임.
Move Like Me	춤의 단계별 움직임을 모방한다. 마지막 플레이어가 했던 움직임을 다음 차례 사람이 진행한다. 이 게임은 1인 혹은 2인용이 가능하다.
MotionMaze	걷거나 뛰어서 보물지도 미로에 있는 해적캐릭터를 움직이는 게임. 이 게임은 아동의 움직임에 따라 좌지우지된다.
My First Tangrams	제시된 그림이나 패턴을 탱그램을 이용해서 만드는 게임. 탱그램을 직접 만들어도 된다.
Pirate Treasure Hunt: eight Challenges	숨겨진 보물을 찾기 위해 8가지 문제를 푸는 게임(계산, 읽기, 시간, 모양, 순서 등 의 문제가 있다.)
Rain Dots	여러 가지 색상의 빗방울이 화면에 나타난다. 화면아래 터뜨려야 하는 빗방울의 색깔이 나타나면 해당색의 빗방울을 모두 터뜨린다.
Rush Hour	다른 차로 막혀진 길을 피해서 제시된 출구까지 자동차를 움직이는 게임 (난이도가 여러 가지이다.)
Sammy Squirrel Battles the Alpharobots	대문자와 소문자를 서로 알맞게 맞춰주는 게임
Shape Builder	전학령기 아동을 위한 재미있고 색상이 있는 간단한 수백 가지의 직소 퍼즐.
Skywrite	"하늘에 쓰기"로 손글씨를 재미있게 연습하는 게임. 아동은 하늘의 메시지를 친구에게 보낼 수 있다.
Super Search 60	화면 위에 단어가 나오고; 단어 아래는 많은 작은 물건 그림이 있다. 플레이어는 단어에 맞는 그림을 맞추어야 한다. 시간제한이 있는 게임.
Write My Name	아동은 자신의 이름 쓰기를 연습한다. 글자를 따라 쓰고, 자주 본 단어를 쓴다.

분리활동	설명
123 Glow	글자나 숫자를 색칠한다.
ABCheese	치즈를 먹는 쥐를 따라서 글자를 따라 쓰게 한다.
ABC Coloring Book	알파벳의 각각의 글자를 색칠하게 한다.
ABC Cursive	필기체의 글자를 쓴다; 단어나 문장을 필기체로 쓰게 한다.
ABC My Little Farm-Dot to Dot	ABC의 각 점을 잇는다.
ABC Tracer	올바른 글자 형성을 가르친다. 맞고 틀리고의 피드백을 재미나게 준다. 단어나 숫자도 가능하다.
Action Potato	던져진 공을 플레이어가 받아내는 게임
App Crayon	대문자와 소문자의 형성을 가르친다. 그림 페이지가 매우 많이 포함되어 있다.
Balance HD	미로속의 구슬을 아이패드를 기울여 통과시킨다(Labyrinth 게임과 비슷하나 떨어지는 곳이 없다.).
Button Board	트레이에 놓인 버튼을 끌어와서 색이 적합한 버튼을 완성시키는 게임
Cookie Doodle	가상의 쿠키를 단계에 따라 완성하고 장식하는 게임

분리활동	설명
Dem Dancing Bones	해부학적 노래에 맞추어 춤을 춘다. 특정한 몸의 부위나 관절에 대항하는 춤을 출 수 있다.
Dexteria And Dexteria Junior	소동작 기술을 향상시키는 3가지 활동–두드리기, 집게집기, 쓰기
Draw ABC	미로를 포함하고, 글자/단어를 쓰고, 색칠한다.
Dot–to–Dot Numbers and Letters	연령수준에 따라 Dot–to–Dot 게임을 진행한다.
Counting Money	돈 세기를 연습한다. 모든 연령대에서 가능하다. 여러 난이도가 있다.
Handwriting Without Tears Wet Dry Try	가상의 칠판을 이용해 손글씨 쓰기를 연습한다.
Highlights Hidden Pictures Puzzles	숨은그림찾기 게임. 물건이 찾아지면 색이 변하고 소리가 난다.
iLuv drawing Animals(and other iLuv Drawing apps)	단계별로 동물을 어떻게 그리는지 배운다.
iSay	사이몬 게임–불이 켜진 순서대로 누르는 게임
iMazing	아동의 적성에 맞는 미로 어플리케이션
Let's Make Shapes	전학령기 아동을 위한 모양그리기와 색칠하기로 따라 그리는 어플리케이션
Little Things	수천 개의 "작은물건" 중에서 리스트에 있는 물건을 찾는 게임.
Move Like Me	춤의 단계별 움직임을 모방한다. 마지막 플레이어가 했던 움직임을 다음 차례 사람이 진행한다. 이 게임은 1인 혹은 2인용이 가능하다.
MotionMaze	캐릭터를 움직여 미로를 빠져나가게 한다.
My First Tangrams	제시된 그림이나 패턴을 탱그램을 이용해서 만드는 게임. 탱그램을 직접 만들어도 된다.
Rain Dots	여러 가지 색상의 빗방울이 화면에 나타난다. 화면아래 터뜨려야 하는 빗방울의 색깔이 나타나면 해당색의 빗방울을 모두 터뜨린다.
Rush Hour	다른 차로 막혀진 길을 피해서 제시된 출구까지 자동차를 움직이는 게임 (난이도가 여러 가지이다.)
Sammy Squirrel Battles the Alpharobots	대문자와 소문자를 서로 알맞게 맞춰주는 게임
Shape Builder	전학령기 아동을 위한 재미있고 색상이 있는 간단한 수백 가지의 직소 퍼즐
Skywrite	"하늘에 쓰기"로 손글씨를 재미있게 연습하는 게임. 아동은 하늘의 메시지를 친구에게 보낼 수 있다.
Super Search 60	화면 위에 단어가 나오고; 단어 아래는 많은 작은 물건 그림이 있다. 플레이어는 단어에 맞는 그림을 맞추어야 한다. 시간제한이 있는 게임.
Write My Name	아동은 자신의 이름 쓰기를 연습한다. 글자를 따라 쓰고, 자주 본 단어를 쓴다.

손기술	설명
123 Glow	글자나 숫자를 색칠한다.
ABCheese	치즈를 먹는 쥐를 따라서 글자를 따라 쓰게 한다.
ABC Coloring Book	알파벳의 각각의 글자를 색칠하게 한다.

손기술	설명
ABC Cursive	필기체의 글자를 쓴다; 단어나 문장을 필기체로 쓰게한다.
ABC My Little Farm-Dot to Dot	ABC의 각 점을 잇는다.
ABC Tracer	올바른 글자 형성을 가르친다. 맞고 틀리고의 피드백을 재미나게 준다. 단어나 숫자도 가능하다.
Ace Multiply	속도를 빨리해야 하는 곱셈게임.
Action Potato	던져진 공을 플레이어가 받아내는 게임.
App Crayon	대문자와 소문자의 형성을 가르친다. 그림 페이지가 매우 많이 포함되어 있다.
Balance HD	미로속의 구슬을 아이패드를 기울여 통과시킨다(Labyrinth 게임과 비슷하나 떨어지는 곳이 없다.).
Button Board	트레이에 놓인 버튼을 끌어와서 색이 적합한 버튼을 완성시키는 게임
Cookie Doodle	가상의 쿠키를 단계에 따라 완성하고 장식하는 게임
Counting Money	돈 세기를 연습한다. 모든 연령대에서 가능하다. 여러 난이도가 있다.
Dexteria And Dexteria Junior	소동작 기술을 향상시키는 3가지 활동-두드리기, 집게집기, 쓰기
Draw ABC	미로를 포함하고, 글자/단어를 쓰고, 색칠한다.
Dots 4 Tots	아동은 손가락으로 제시된 동물, 모양, 글자, 숫자 등의 점과 점을 따라간다.
Dot-to-Dot Numbers and Letters	연령수준에 따라 Dot-to-Dot 게임을 진행한다.
Handwriting Without Tears Wet Dry Try	가상의 칠판을 이용해 손글씨 쓰기를 연습한다.
Highlights Hidden Pictures Puzzles	숨은그림찾기 게임. 물건이 찾아지면 색이 변하고 소리가 난다.
iLuv drawing Animals(and other iLuv Drawing apps)	단계별로 동물을 어떻게 그리는지 배운다.
iSay	사이몬 게임-불이 켜진 순서대로 누르는 게임
iMazing	아동의 적성에 맞는 미로 어플리케이션
Labyrinth	미로속의 구슬을 아이패드를 기울여 통과시킨다.
Let's Make Shapes	전학령기 아동을 위한 모양그리기와 색칠하기로 따라 그리는 어플리케이션
Little Things	수천개의 "작은물건" 중에서 리스트에 있는 물건을 찾는 게임.
Mad Math	더하기, 빼기, 곱하기 게임
Math Ninja	수학 능력을 연습하기 위한 액션 패지키 게임
Move Like Me	춤의 단계별 움직임을 모방한다. 마지막 플레이어가 했던 움직임을 다음 차례 사람이 진행한다. 이 게임은 1인 혹은 2인용이 가능하다.
MotionMaze	캐릭터를 움직여 미로를 빠져나가게 한다.
My First Tangrams	제시된 그림이나 패턴을 탱그램을 이용해서 만드는 게임. 탱그램을 직접 만들어도 된다.
Pirate Treasure Hunt: eight Challenges	숨겨진 보물을 찾기 위해 8가지 문제를 푸는 게임(계산, 읽기, 시간, 모양, 순서 등의 문제가 있다.).

손기술	설명
Rain Dots	여러 가지 색상의 빗방울이 화면에 나타난다. 화면아래 터뜨려야 하는 빗방울의 색깔이 나타나면 해당색의 빗방울을 모두 터뜨린다.
Rush Hour	다른 차로 막혀진 길을 피해서 제시된 출구까지 자동차를 움직이는 게임 (난이도가 여러 가지이다.)
Sammy Squirrel Battles the Alpharobots	대문자와 소문자를 서로 알맞게 맞춰주는 게임
Shape Builder	전학령기 아동을 위한 재미있고 색상이 있는 간단한 수백 가지의 직소 퍼즐.
Skywrite	"하늘에 쓰기"로 손글씨를 재미있게 연습하는 게임. 아동은 하늘의 메시지를 친구에게 보낼 수 있다.
Super Search 60	화면 위에 단어가 나오고; 단어 아래는 많은 작은 물건 그림이 있다. 플레이어는 단어에 맞는 그림을 맞추어야 한다. 시간제한이 있는 게임.
Super Stretch Yoga	슈퍼히어로 캐릭터가 나와서 요가자세를 신나게 배울 수 있다.
Write My Name	아동은 자신의 이름 쓰기를 연습한다. 글자를 따라 쓰고, 자주 본 단어를 쓴다.

체간 근육강화와 안정화	설명
C-Fit XTrain-Classroom Fitness	아동을 위한 푸쉬 업, 팔벌려뛰기, 스쿼트와 하나 더 해서 총 4가지 10분짜리 운동법이 있다.
Dem Dancing Bones	해부학적 노래에 맞추어 춤을 춘다. 특정한 몸의 부위나 관절에 대항하는 춤을 출 수 있다.
Iron Kids	아동을 위한 코어머슬, 상지, 하지 근육의 근력을 훈련할 수 있는 비디오 지시가 있다
Jump Jump Froggy	아동은 주변을 점프하거나 윗몸 일으키기를 Jake "the Snake"(역주: 미국 레스링 선수)와 경쟁한다. 신체적 움직임과 게임은 연결되어 있다.
Move Like Me	춤의 단계별 움직임을 모방한다. 마지막 플레이어가 했던 움직임을 다음 차례 사람이 진행한다. 이 게임은 1인 혹은 2인용이 가능하다.
Super Stretch Yoga	슈퍼히어로 캐릭터가 나와서 요가자세를 신나게 배울 수 있다.
Yuvi	아동을 위한 에어로빅. 운동 비디오는 재미있는 모험 이야기가 있는 비디오로 구성되어 있다.

인지와 높은단계의 기술 발달	설명
Chore Pad	아동이 한 주간 해야 될 일이 적힌 체크리스트를 제공한다. 아동은 과제를 완성하면 별을 받는다.
Cookie Doodle	가상의 쿠키를 단계에 따라 완성하고 장식하는 게임
Counting Money	돈 세기를 연습한다. 모든 연령대에서 가능하다. 여러 난이도가 있다.
First Then Visual Schedule	아동의 독립성을 증진시키고 불안감을 감소시키기 위해서 그림과 소리를 이용하여 여러 가지 사진 스케쥴을 만든다. 어플리케이션에서 제공하는 그림을 사용할 수 있고 직접 업로드한 이미지도 사용할 수 있다.
Highlights Hidden Pictures Puzzles	숨은그림찾기 게임. 물건이 찾아지면 색이 변하고 소리가 난다.

인지와 높은단계의 기술 발달	설명
iSay	사이몬 게임–불이 켜진 순서대로 누르는 게임
Little Things	수천개의 "작은물건" 중에서 리스트에 있는 물건을 찾는 게임.
Move Like Me	춤의 단계별 움직임을 모방한다. 마지막 플레이어가 했던 움직임을 다음 차례 사람이 진행한다. 이 게임은 1인 혹은 2인용이 가능하다.
Picture Me Calm	아동을 위한 시각적 스케쥴 도구. 아동은 스테쥴을 완료하면 스티커를 받는다.
Rush Hour	다른 차로 막혀진 길을 피해서 제시된 출구까지 자동차를 움직이는 게임 (난이도가 여러 가지이다.)
Super Duper "Following Directions Fun Deck"	지시사항이 적힌 52가지 그림이 적힌 카드가 있다. 카드에 적힌대로 단계를 따라 진행하면 된다.
Super Search 60	화면 위에 단어가 나오고; 단어 아래는 많은 작은 물건 그림이 있다. 플레이어는 단어에 맞는 그림을 맞추어야 한다. 시간제한이 있는 게임.

사회적 기술	설명
All About You, All About Me Fun Deck	"너를 알아가기"와 관련된 질문이 있는 56가지의 그림이 있는 카드가 있다.
Autism Emotion	음악과 슬라이드쇼를 이용해서 여러 감정을 가르친다.
Bag Game	"스무고개"의 파생형으로 다른 사람과 함께 하도록 되어 있다. 여러 난이도가 있다.
Between the Lines	아동은 음성 억양, 얼굴 표정, 몸짓, 다른 사회적 기술을 해석하는 연습을 한다. 이 어플리케이션은 소리, 그림, 동영상을 제공한다.
ClassDojo	아동의 행동 문제를 향상시키기 위한 교실용 어플리케이션. 이 어플리케이션은 데이터를 생성하고 올바른 행동을 위한 긍정적인 피드백을 준다.
ConversationBilder	초등학교 연령 아동이 또래 친구와의 다양한 대화를 주고받기 위해 개발된 어플리케이션
Draw Emotions	자폐아동을 위해 개발된 어플리케이션. 캐릭터의 얼굴을 그리는 것을 통해 얼굴 표현을 이해하는 것을 돕는다.
Everyday Social Skills	일상에 필요한 사회적 기술을 교육하고 강화하기 위한 어플리케이션
Feelings with Milo	느낌에 대하여 가르치고 감정을 어떻게 관리하는지 가르치는 어플리케이션.
Fun Timer	시간을 적절히 사용하는 것과 그렇지 않는것에 대하여 아동을 가르치는데 도움이 되는 어플리케이션. 가운데 놓인 타이머에 맞추어 과제를 완성하면 보상이 주어진다. 아동이 트랙을 벗어나면 타이머가 시작되고 이미지가 사라진다.
Give Me 5!!!	아동은 영상을 보고 다양한 사회적 상황을 분석한다.
Hidden Curriculum for Kids	"불문화된 사회적기술"과 관련한 자극적인 대화가 포함되어 있다.
iGreet You	인사하는 것을 배울 수 있는 간단한 의사소통 어플리케이션
Model Me Going Places	지역 사회내 여러 장소에 어떻게 적절하게 갈 수 있는지 아동을 가르치는 어플리케이션. 다양한 장소에서 적절한 행동에 대한 슬라이드가 제공된다.
Move Like Me	춤의 단계별 움직임을 모방한다. 마지막 플레이어가 했던 움직임을 다음 차례 사람이 진행한다. 이 게임은 1인 혹은 2인용이 가능하다.
Sequence for Kids	카드를 올바로 배열하여 이야기를 만든다.

사회적 기술	설명
Smile at Me	사회적 단서를 해석하는 것과 적절한 미소로 긍정적인 피드백을 하는 빠르고 반복적인 연습을 제공한다.
Social Skills by MDR	여섯 가지 사회적 상황이 지시와 함게 제시된다. 함께 집중하기, 비언어적 의사소통, 인사, 구조화된 게임 활동, 순서, 교실내 규칙 그리고 모방하기
Stories2Learn	그림, 문자, 오디오 메시지를 이용해 개인화된 이야기를 만들어 목표하는 사회적 기술을 가르친다.
Super Duper "Following Directions Fun Deck"	지시사항이 적힌 52가지 그림이 적힌 카드가 있다. 카드에 적힌 대로 단계를 따라 진행하면 된다.
Super Duper "What Are They Thinking"	추론, 추리, 대화기술 개선을 위한 60가지 카드를 제공한다.
Zones of Regulation	아동의 기분과 민첩한 정도를 알 수 있도록 도와주어 스스로 조절할 수 있도록 한다.

보행 패턴 향상	설명
iBitz by GeoPalz	달리기를 통해 GeoPalz 캐릭터에 영향을 미친다. 진행과 목표설정을 할 수 있다.
Move Like Me	춤의 단계별 움직임을 모방한다. 마지막 플레이어가 했던 움직임을 다음 차례 사람이 진행한다. 이 게임은 1인 혹은 2인용이 가능하다.
Super Stretch Yoga	슈퍼히어로 캐릭터가 나와서 요가자세를 신나게 배울 수 있다.

용어정리
Glossary

양측통합(bilateral integration): 활동을 하기 위해 신체의 오른쪽과 왼쪽을 사용하는 능력

신체인식(body awareness:): 그/그녀의 몸이 어디에 있는지에 대한 사람의 감각 그리고 사지가 환경과 각각 다른 것에 대해 연관성을 가짐.

보상전략(compensatory strategies): 한 사람이 줄어든 힘이나 부족한 기술들을 보상할 수 있도록 사용되는 전략들(아동이 끈을 맬 수 없을 때 벨크로(velcro) 신발 신는 것)

정중선교차(crossing midline): 한 손으로 반대편 물건을 잡기 위해서 몸의 중심을 지나 뻗는 능력(예, 왼쪽에 있는 물건을 잡기 위해 오른손을 뻗는 것)

분리(dissociation): 나머지 신체로부터 분리된 상태로 신체의 다른 일부분을 움직이는 능력

손가락 분리(finger individuation): 다른 손가락으로부터 분리된 상태로 각각의 손가락을 사용하는 능력

등급화(grading): 과제나 요구를 수정하여 더 많은 도전(높은 난이도) 또는 적은 도전(낮은 난이도) 활동을 만드는 능력

입력(input): 감각피드백 제공하기

운동계획(motor planning:): 낯설고 새로운 활동을 하는 동안에도 환경과 상호적인 방법으로 몸과 사지를 조절하고 이동하는 능력

집게잡기(pinch grasp:): 엄지와 검지손가락의 패드 사이로 작은 물건을 잡는 것

압력조절(pressure modulation:): 환경 내에서 사물과 소통할 때 신체가 그 압력의 등급이 얼마나 단단한지 또는 부드러운지를 아는 신체의 능력

엎드리기(prone): 배가 바닥에 닿게 눕는 자세

고유수용성감각(proprioception): 환경과 신체가 연관된 사지가 어디에 있는지 지각하도록 조절하는 시스템

네발자세(quadruped): 바닥에 "모든 4개 부분"(양손과 두 무릎)이 닿아 있는 자세

감각통합(sensory integration:): 환경으로부터 정보를 받고 다양한 감각들을 통해 처리하며 적절한 반응을 만들어내는 신체의 능력

바로누운자세(supine): 등이 바닥에 닿게 누운 자세

촉각계(tactile system:): 신체의 촉감을 조절하는 체계

전정계(vestibular system:): 신체의 움직임감각을 조절하는 체계

상표명
Brand Name Products

*1001아동을 위한 치료적 활동: 치료세션을 위한 창의적 생각*에 언급된 상표명은 제조업체정보와 함께 아래에 열거했다. 이 제품의 상표 소유자는 이 책에서 설명한 방식으로 이 제품의 사용을 보증하지 않는다.

- Angry Birds Mega Smash (Angry Birds)
- Ants in the Pants Game (Hasbro, Inc., Pawtucket, RI)
- Ark Grabbers/Chewy Tubes (Ark Therapeutic Services, Inc., Lugoff, SC)
- Barbeque Party (Goliath Games)
- Barrel of Monkeys (Hasbro, Inc., Pawtucket, RI)
- Battleship (Hasbro, Inc., Pawtucket, RI)
- Bed Bugs (Hasbro, Inc., Pawtucket, RI)
- Boppy (The Boppy Company, Golden, CO)
- Bubble Wrap (Sealed Air Corporation, Elmwood Park, NJ)
- Bug-Out-Bob (Toysmith, Sumner, WA)
- Button Candy (Necco, Revere, MA)
- Candy Land (Hasbro, Inc., Pawtucket, RI)
- Cellophane (Innovia Films Ltd, Cumbria, UK)
- Chapstick (Pfizer, Richmond, VA)
- Cheerios (General Mills, Inc., Minneapolis, MN)
- Clue Junior (Hasbro, Inc., Pawtucket, RI)
- Colorama (Manfrotto, United Kingdom)
- Connect Four (Hasbro, Inc., Pawtucket, RI)
- Cootie Game (Hasbro, Inc., Pawtucket, RI)
- Cranium Hullabaloo (Hasbro, Inc., Pawtucket, RI)
- Design and Drill Activity Center (Educational Insights, Rancho Dominguez, CA)
- Digi Piggy Digital Piggy Bank (Gift Depot)
- Digital Coin Bank (Royal Sovereign)
- Dizzy Disc (Sportime, Atlanta, GA)
- Don't Break the Ice (Hasbro, Inc., Pawtucket, RI)
- Don't Spill the Beans (Hasbro, Inc., Pawtucket, RI)
- Doodle Dice Deluxe (Jax Games. Minneapolis, MN)
- Elefun (Hasbro, Inc., Pawtucket, RI)
- Etch A Sketch (The Ohio Art Company, Bryan, OH)
- Fantacolor Jr. (Quercetti, Torino, Italy)
- Floam (www.discovertotalhealth.com)
- First Hand (R&R Games)
- Frisbee (WHAM-O, Emeryville, CA)
- Froot Loops (Kellogg Company, Battle Creek, MI)
- Gator Grabber Tweezers (Learning Resources)
- Guidecraft Feel & Find Game (Winthrop, MN)
- Guess Who? (Hasbro, Inc., Pawtucket, RI)
- Handwriting Without Tears (Jan Z. Olsen, Cabin John, MD)
- Hi-Ho Cherry-O (Hasbro, Inc., Pawtucket, RI)
- Hip Helpers (Hip Helpers, Inc., Virginia Beach, VA)
- Hippity Hop (Gymnic, Lucca, Italy)
- Hula Hoop (WHAM-O, Emeryville, CA)
- Hungry Dog/Monkey/Bunny Motor Skills Game (Lakeshore Learning Materials)
- Hungry Hungry Hippos (Hasbro, Inc., Pawtucket, RI)
- Hyper-Dash (Wild Planet, San Francisco, CA)
- "I Spy" Board Game (Briarpatch, Inc., Millburn, NJ)
- Image Captor (Westminster, Atlanta, GA)
- Innergizer (Newport Golf Corp, Anaheim, CA)
- Jenga (Hasbro, Inc., Pawtucket, RI)

Danto AH, Pruzansky M. 1001 *Pediatric Treatment Activities: Creative Ideas for Therapy Sessions, Second Edition* (pp 249-250).

- Jolly Octopus (Ravensburger)
- Katimino (Family Games America FGA Inc., Montreal, Quebec, Canada)
- Kerplunk (Mattel, Inc., El Segundo, CA)
- Kid K'nex (K'NEX Brands, L.P., Hatfield, PA)
- Konexi (Wonder Forge)
- Koosh balls (Oddz On Products, Napa, CA)
- Lego (The Lego Group, Billund, Denmark)
- Lincoln Logs (Hasbro, Inc., Pawtucket, RI)
- Lite Brite (Hasbro, Inc., Pawtucket, RI)
- Lucky Ducks (Hasbro, Inc., Pawtucket, RI)
- Lycra (Lycra, Wichita, KS)
- M&M's (Mars, Incorporated, McLean, VA)
- Magformers (The Magformers Inc.)
- Magna Doodle (The Ohio Art Company, Bryan, OH)
- Magna-Tiles (Magna-Tiles)
- Magnet Express (Anatex Enterprises, Inc., Van Nuys, CA)
- Magnetix (Mega Brands, Inc., Montreal, Quebec, Canada)
- Mancala (Calfornia Dreams, San Jose, CA)
- Marshmallow Fluff (Durkee Mower Inc., Lynn, MA)
- Mastermind (Pressman Toy Corporation, Piscataway, NJ)
- Melissa & Doug Basic Skills Board (Melissa & Doug, LLC, Wilton, CT)
- Melissa & Doug Latches Puzzle (Melissa & Doug, LLC, Wilton, CT)
- Melissa & Doug Magnetic Puzzles (Melissa & Doug, LLC, Wilton, CT)
- Memory Game (Hasbro, Inc., Pawtucket, RI)
- Moon Sand (Spin Master, Ltd., Toronto, Ontario, Canada)
- Mr. Mouth Game (Hasbro)
- Mr. Potato Head (Hasbro, Inc., Pawtucket, RI)
- Nuk Brush (Gerber, Fremont, MI)
- Ocean Wonders Musical Fishbowl (Fisher Price, East Aurora, NY)
- Operation (Hasbro, Inc., Pawtucket, RI)
- Oreo Matchin' Middles Game (Fisher Price, East Aurora, NY)
- Othello board game (Mattel, Inc., El Segundo, CA)
- Pattern Blocks & Board (Melissa & Doug, LLC, Wilton, CT)
- Pattern Play (Small World)
- Perler Beads (Wilton Brands Inc., Woodridge, IL)
- Peg Domino (Sammons Preston, Bolingbrook, IL)
- Penguin Pile-Up (Ravensburger USA, Newton, NH)
- Perfection (Hasbro, Inc., Pawtucket, RI)
- Pick Up Sticks (Commando LLC, South Burlington, VT)
- Picture Perfect Design Tiles (Educational Insights, Rancho Dominguez, CA)
- Plastic Jumping Frog Toys (U.S. Toy Company, Grandview, MO)
- Popsicle (Unilever, Englewood Cliffs, NJ)
- Pustefix Bubble Bear (Pustefix, Tübingen, Germany)
- Rainbow Loom (Rainbow Loom)
- Rapper Snapper (Cleveland Tubing Inc., Cleveland, TN)
- Rock Em' Sock Em' Robots (Mattel, Inc., El Segundo, CA)
- Rush Hour Jr. (ThinkFun Inc., Alexandria, VA)
- Scatterpillar Scamble (Hasbro, Inc., Pawtucket, RI)
- Scrabble (Hasbro, Inc., Pawtucket, RI)
- SET (Set Enterprises, Inc., Fountain Hills, AZ)
- Silly Putty (Crayola, LLC, Easton, PA)
- Simon (Hasbro, Inc., Pawtucket, RI)
- Skip It (Hasbro, Inc., Pawtucket, RI)
- Smart Snacks Mix & Match Doughnut Game (Learning Resources, Inc., Vernon Hills, IL)
- Smart Snacks Sorting Shapes Cupcakes (Learning Resources, Inc., Vernon Hills, IL)
- Spot It (Blue Orange)
- Sudoku (Nikoli Co, Ltd, Tokyo, Japan)
- Squiggly Worms Game (Pressman Toy, Piscataway, NJ)
- Stare! Board Game (Game Development Group)
- Styrofoam (The Dow Chemical Company, Midland, MI)
- Super Catch (US Games, Dallas, TX)
- Super Sorting Pie (Learning Resources)
- Tetris (Tetris Holding LLC, Bellevue, Washington)
- Theraband (The Hygenic Corporation, Akron, OH)
- Theraputty (GF Health Products, Atlanta, GA)
- Tinkertoys (Hasbro, Inc., Pawtucket, RI)
- Topple (Pressman Toy Corporation, Piscataway, NJ)
- Twister (Hasbro, Inc., Pawtucket, RI)
- Velcro (Velcro USA, Manchester, NH)
- Where's Waldo? (Martin Handford)
- Whac-A-Mole (Hasbro, Inc., Pawtucket, RI)
- Wiffle Ball (The Wiffle Ball Inc., Shelton, CT)
- Wikki Stix (Omnicor, Inc., Phoenix, AZ)
- Woggler (Elrey Enterprises, Corydon, IN)
- Wok and Roll (International Playthings)
- Zoom Ball (Pressman Toy Corporation, New York, NY)
- Z-Vibe (Ark Therapeutic Services, Inc., Lugoff, SC)

찾아보기

Index

Danto AH, Pruzansky M. 1001 *Pediatric Treatment Activities: Creative Ideas for Therapy Sessions, Second Edition* (pp 251-254).